皮书研究系列（七）

皮书与智库共同体建设

PISHU AND
CONSTRUCTION OF
THINK TANK COMMUNITY

主　编／谢曙光

副主编／蔡继辉　　吴　丹

社会科学文献出版社
SOCIAL SCIENCES ACADEMIC PRESS (CHINA)

目录
Contents

皮书研创与智库建设

皮书研创规范

皮书研创方法与经验

皮书研创中的数据应用

附 录

前　言

——皮书研究进入新纪元

谢曙光[*]

2020年注定是人类历史上不平凡的一年。至今仍在全球蔓延的新冠肺炎疫情带给世人的一个关键词就是"改变"，即所有人生活方式、工作方式的改变。

2020年，也是中国全面建成小康社会的收官之年，同时也是"十三五"规划的收官之年，中国特色社会主义现代化将开启新的征程。未来，互联网、大数据、人工智能和区块链技术的长足进步和广泛使用，又为人们精准把握外部世界、消除不确定性提供了无限的可能和想象空间。所有这一切，都成为各行各业发展必须面对和应对的时代课题。

---

[*] 谢曙光，中国社会学会秘书长、社会科学文献出版社社长。

作为与现实联系最紧密的智库成果,皮书在记录与研判时代重大问题、发挥咨政建言作用、引导社会舆论方向、促进国际合作交流等方面将发挥越来越重要的作用。截至 2020 年 6 月,皮书已累计出版 900 多种,合计 3700 多部,总字数达到 13.6 亿字。皮书作者总数近 3 万人,参与皮书研创的智库数量近千家。"皮书"作为一种重要的智库成果表达形式,已经成为哲学社会科学工作者服务于中国特色社会主义现代化建设的重要载体。

伴随"皮书"品牌自身不断成长的需求,在发展中不断总结,以"皮书"为研究对象的科研成果也越来越多。本年度,皮书研究院将继续发布《智库成果蓝皮书:中国皮书发展报告(2020)》《皮书手册:写作、编辑出版与评价指南》(第四版),以及皮书人对皮书自身的研究成果——《皮书研究系列七:皮书与智库共同体建设》。

作为服务于皮书研创机构、皮书作者、皮书读者的专业学术报告的集结,"皮书研究系列"目前已连续出版七部,其对"皮书"本身的研究逐步成为研究中国人文社会科学的巨大宝藏。本书以"皮书与智库共同体建设"为主题,探讨皮书作为智库产品,在学术共同体建设、智库建设、中国话语体系建设、参与国际话语体系构建中所起的作用。

本书共 26 篇文章,包括专论、皮书研创与学术共同体建设、皮书研创与智库建设、皮书研创规范、皮书研创方法与经验、皮书研创中的数据应用六个栏目和附录部分。

"专论"中收录的第一篇文章是第二十次全国皮书年会开幕式上谢伏瞻院长的讲话。谢院长在讲话中提出"要把质量作为皮书的生命线",并对新时代如何做好皮书的研创出版工作提出了明确要求。谢院长的讲话在皮书学术共同体中产生了巨大影响，特辑录于本书，以飨读者。"专论"的第二篇是中国社会科学院蔡昉副院长在第二十次全国皮书年会上的学术报告，讨论的主题是"东北地区如何利用自身规模经济优势实现自身的赶超目标"，这篇学术报告在会后也正式刊发，特辑录于本书。

"皮书研创与学术共同体建设"中收录的是皮书主编对皮书相关领域研究的论文。其中，既有对皮书推进学术共同体建设的经验梳理，又有对皮书如何推动学术共同体建设的总结反思，以及对皮书研创与学术共同体建设的互动式发展、皮书研创打造首都高端智库建设的总结。"皮书研创与智库建设"中收录的是第二十次全国皮书年会以及第六期全国皮书研创高级研修班上的专家发言，与会专家分别就皮书研创促进地方特色智库建设、地方社会科学院推动新型城市智库高质量发展、皮书智库建设与地方城镇化高质量发展有机结合、关于脱贫攻坚的智库建议、绿色发展的核心要义与政策取向、5G条件下传播的机遇与应对进行了阐述。"皮书研创规范"中收录的是第六期全国皮书研创高级研修班的讲课主题内容，重点关注皮书总报告的研创规范、皮书单篇报告的研创要求和学术规范。"皮书研创方法与经验"收录的是皮书主编、皮书作者对皮书研创方法的思考以及经验案例，其中，中国社会科学院日本研究所所长杨伯江研究员论述了国别类皮书总报告在撰写中应把握好几对关系的处理；中国社会科学院美国研究所所长倪峰研究员以"美国蓝皮书"为例，重点阐述皮书研创与智库建设应紧密结合，以便打造更大的平台；其余作者分别就"皮书助力智库与学科建设、中国人文发展研究的人工智能化探索、"遥感监测绿皮书"、体育类皮书，以及"新三板蓝皮书"的策划、研创与质量评价等议题分别做了详细说明。"皮书研创中的数据应用"中收录的是第五期全国皮书研创高级研修班讲师的高质量论文，以及出版机构的专业人员对于数据助推皮书研创高质量发展的出色案例。知名社会学家、北京大学邱泽奇教授以"对大数据的理解与误解"为题，探讨了大数据在学术研究中的作用；《贵州大数据战略发展报告》主编吴大华研究员分享了以皮书形式对贵州省发展大数据战略的全面总结，探索了皮书研创优化发展的全新出版形态。

　　附录部分是荣获第十届"优秀皮书奖""优秀皮书报告奖"一等奖的获奖名单、皮书年会 20 周年纪念专题以及皮书最近 10 年的大事记。

　　总的来看，本书收录了上一年度关于皮书的最新研究性成果，进一步丰富、深化了皮书相关的理论、认识，很多创新的观点已经对皮书发展的实践产生了重要的指导作用。作为本书主编，我要感谢本书每篇论文的作者对皮书事业的支持与指导！感谢蔡继辉、吴丹、丁阿丽、白云这几位来自皮书研究院的同事为本书的编辑、出版所付出的努力！相信本书的出版能够为进一步推动皮书高质量发展提供新的指南，引发新的思考！

2020 年 9 月于北京马甸

专论

进一步做好皮书的研创出版工作[*]

谢伏瞻^{**}

摘　要：皮书是构建中国特色哲学社会科学三大体系的重要平台之一。进一步做好皮书的研创出版工作，一要坚持正确的政治方向、学术导向和价值取向；二要坚持以研究重大理论和实际问题为主攻方向；三要坚持把质量作为皮书的生命线；四要坚持皮书数字化和国际化发展方向。

关键词：皮书研创　学科体系　学术体系　话语体系

2016 年 5 月 17 日，习近平总书记在哲学社会科学工作座谈会上强调，"要加快构建中国特色哲学社会科学，在指导思想、学科体系、学术体系、话语体系等方面充分体现中国特色、中国风格、中国气派"。这是一个极为重要的战略考量，关系中国特色哲学社会科学的长远发展，关系中国特色社会主义的发展全

　＊　本文系作者在第二十次全国皮书年会（2019）开幕式上的致辞，刊发时略有修订。
　＊＊　谢伏瞻，中国社会科学院院长、党组书记，研究员。

局。加快构建中国特色哲学社会科学三大体系，是时代发展的迫切要求，是新时代中国哲学社会科学工作者的职责任务，广大哲学社会科学工作者要自觉肩负起加快构建中国特色哲学社会科学三大体系的崇高使命，奋力书写新时代哲学社会科学的壮丽篇章。

皮书是构建中国特色哲学社会科学三大体系的重要平台之一。一门学科、一种理论、一个重要概念被接受，往往离不开学术出版和学术刊物的传播平台。从这个角度看，学术出版是新学科、新理论、新概念、新话语诞生的摇篮。经过长期努力，皮书的规模不断壮大，影响力不断提升，不仅成为中国社会科学院的重要学术品牌，也为广大哲学社会科学工作者开展应用研究提供了重要载体，还为国际、国内各界了解中国国情提供了重要渠道。

自 2000 年起，皮书年会已连续举办二十年，在不断提高皮书研创水平方面发挥了积极作用，已成为中国特色新型智库建设和哲学社会科学工作者交流的年度学术盛会。借此机会，我就新时代进一步做好皮书的研创出版工作讲几点意见。

一要坚持正确的政治方向、学术导向和价值取向。皮书是服务党和国家决策、服务社会、服务行业发展的重要载体，做好皮书的研创出版工作首先要提高政治站位，增强"四个意识"、坚定"四个自信"、做到"两个维护"。

皮书研创人员在思想上、政治上、行动上都要与以习近平同志为核心的党中央保持高度一致，要旗帜鲜明讲政治，全面贯彻党的基本理论、基本路线、基本方略，既不走封闭僵化的老路，也不走改旗易帜的邪路。皮书绝不能出现与党中央精神不一致的言论，绝不能为错误思潮提供传播阵地。要坚持马克思主义的指导地位，特别是用习近平新时代中国特色社会主义思想指导皮书发展，不断提高运用这一重要思想分析和解决实际问题的能力，以更宽广的视野、更长远的眼光来思考、把握新时代皮书研创出版工作。要落实意识形态工作责任制，做到守土有责、守土负责、守土尽责，在意识形态领域不出问题是皮书的底线和红线，既要坚持马克思主义党的方针政策，又要旗帜鲜明地批评历史虚无主义、新自由主义等错误思潮。

二要坚持以研究重大理论和实际问题为主攻方向。习近平总书记指出，只有聆听时代的声音、回应时代的呼唤、认真研究如何解决重大紧迫问题，才能真正把握住历史脉络、找到发展规律、推动理论创新。坚持以马克思主义为指导，必须以皮书研创人员正在做的事情为中心，既要落到研究中国发展和中国共产党执政面临的重大理论和实践问题上来，又要落到解决问题的正确思路和有效办法上来。

当今世界处于百年未有之大变局，正在经历大发展、大变革、大调整。中国日益走向世界舞台的中央，中华民族迎来了从站起来、富起来到强起来的伟大飞跃，这个大变局在给中华民族伟大复兴带来重大机遇的同时，也必然带来诸多风险和挑战。如何有效防范并化解重大风险，迫切需要各皮书课题组深入研究并做出有针对性的科学解答。中国特色社会主义进入新时代，中国社会主要矛盾发生深刻变化，统筹推进"五位一体"总体布局，协调推进"四个全面"战略布局，推进国家治理体系和治理能力现代化，实现"两个一百年"奋斗目标，开启全面建成社会主义现代化强国新征程，提出一系列全新的重大理论和现实问题，迫切需要皮书研创人员深入研究并做出有说服力的科学解答。这些都为皮书的研创出版工作提供了丰富的素材和广阔的空间。

皮书的研创出版工作必须始终坚持和发展中国特色社会主义大局，贴近党和国家的决策需求。要坚持问题导向，以研究新时代重大理论和实践问题为主攻方向。要产出更多对政策制定有重要参考价值、对事业发展有重要推动作用的优秀成果。要注意补足短板，发掘更多有价值的研创主题，将皮书研究与时代要求、与经济社会发展趋势紧密结合。

三要坚持把质量作为皮书的生命线。皮书自问世以来，选题不断拓展、品种不断增加、质量不断提高，在学界或社会上的影响力不断扩大。

各皮书课题组和社会科学文献出版社要继续坚持"质量是出版工作的生命线"这一理念，在任何时候都要坚持"质量第一"的方针。第一，坚持宁缺毋滥的原则，多出专业性、权威性的精品力作，图书质量一旦出现问题，不仅有害于读者，而且有害于出版社的声誉。第二，要正确处理社会效益和经济效益的关系，把社会效益放在首位，实现社会效益和经济效益相统一。第三，做好皮书的研创出版工作，制度是保障、队伍是关键，不断健全和严格执行各项管理制度，充分发挥准入、质量审核、评价、发布、淘汰等管理制度。第四，严把出版质量关，要根据编辑力量确定出书品种。第五，严格遵守审稿制度，对于政策性很强的图书要坚持集体讨论，有些观点还要做到内外有别，要努力创造一支高素质的编辑队伍，提升编辑队伍的政治素质、业务素质和道德修养。第六，努力推动形成事业为上、质量为本、崇尚精品、追求卓越的工作氛围，秉承认真负责的态度，运用科学严谨的论证方法，严肃对待学术研究，讲究学术诚信，拿出有真知灼见的研究成果。

四要坚持皮书数字化和国际化发展方向。话语体系是中国特色哲学社会科学"三大体系"建设的重要内容，增强中国哲学社会科学的国际话语权，是新时代哲学社会科学工作者的重要使命。迄今为止，皮书已发展成为覆盖 700 多个研究领域、涵盖 800 余个出版品种、数据库总字数超过 40 亿字、12 个语种共同出版的庞大智库成果。皮书数据库的资源价值将越来越高，皮书的海外出版将成为世界各国研究中国当代问题必不可少的参考资料。希望皮书能在中国学术"走出去"的战略实施中发挥更大作用，加快推进皮书的国际化和数字化发展，把皮书系列打造成融合发展的典范和争取国际化权利的重要平台。

"虽比高飞雁，犹未及青云"。皮书已走过 20 多年的不平凡历程，皮书发展与每一位皮书参与者的辛勤劳动密不可分，希望同志们讲政治、勤思考、敢担当、善作为，推进皮书在新时代有新气象、新作为，为繁荣中国学术、发展中国理论、传播中国思想，为实现"两个一百年"的奋斗目标、实现中华民族伟大复兴的中国梦做出更大贡献。

从比较优势到规模经济

——重新认识东北经济[*]

蔡　昉[**]

摘　要： 与国家间的赶超不同，国内地区之间赶超的理论和经验依据不是比较优势，而是后发优势和趋同。自 21 世纪初中国实施各种区域均衡发展战略以来，就解决最紧迫问题而言，相关地区在一定程度上分别达到了应有的效果。然而，地区发展不平衡的问题仍然存在，并且表现出一系列新的特点，对区域均衡发展战略也提出新的挑战。在几轮东北振兴战略过去之后，东北地区应抓住制造业升级优化、提升价值链位置的新机遇，利用自身规模经济优势，从改善营商环境和市场配置资源机制入手，实现自身的赶超目标，成为中国经济高质量发展的新增长点。

关键词： 比较优势　规模经济　后发优势　东北经济　东北振兴战略

---

* 本文根据作者在第二十次全国皮书年会（2019）开幕式上的学术报告内容整理而成，刊发于 2019 年第 9 期《学习与探索》，收录时略有改动。

** 蔡昉，中国社会科学院副院长、党组成员，研究员。

东北三省曾经是中国工业化的先驱，自中华人民共和国成立以来，其对国民经济发展和工业化做出了巨大的贡献。1952 年，东北三省地区生产总值占全国 GDP 的 12.4%，第二产业增加值在全国占比高达 23.0%。在整个计划经济时期（1952～1978年），东北地区对全国 GDP 增长的贡献率为 13.4%，第二产业产值增长贡献率为 17.4%。在改革开放后的一段时间里，东北的贡献率有所下降，1978～2000 年，该地区对全国 GDP 增长的贡献率为 9.6%，第二产业产值增长贡献率为 10.3%。21 世纪初开始实施东北等老工业基地振兴战略以来，东北地区对全国 GDP 增长的贡献率和第二产业产值增长贡献率分别下降到 5.9% 和 4.9%。实施东北振兴战略，通常被认为是一种旨在提振该地区经济发展的赶超战略，而把该战略实施多年之后东北三省的经济发展现状——增长率低于其他许多地区，看作是战略成效不显著的表现。然而，东北的经济发展比赶超发达地区这一目标更为复杂，因为随着时间的推移，该地区既是赶超的对象也是赶超的主体，东北振兴战略的性质与在中西部地区实施的均衡发展战略应具有不同的出发点和归宿点。本文拟从探讨几个经济发展理论问题入手，重新认识东北经济，尝试提出若干具有针对性的政策建议。

一　误导的地区赶超理论和经验依据

国家实施区域均衡发展战略的意图是使相对落后的地区赶上发达地区的发展水平。所以，无论就其本质而言还是就其出发点而言，区域均衡发展战略就是赶超战略。从另一个角度来看，一个经济发展相对滞后的地区，也有赶超发达地区的意图，无论是提出并实施某种地区发展战略，还是制定并实施某种特定政策，也都属于赶超战略的范畴。发展经济学的诞生和获得的早期关注，实际上大多是关于赶超战略的理论、方法和政策的讨论。

赶超的理论依据是什么，或者说应该遵循什么样的基本理论和原则发展地区经济，才能实现对更发达地区的赶超呢？我们先从国家的赶超战略及其实施效果谈起。按照林毅夫等的概括，落后国家的赶超战略分别遵循两种大相径庭的原则，一个是违背比较优势的发展战略，通常导致赶超失败；另一个是遵循比较优势的发展战略，成功实现赶超的案例通常属于此类。中国改革开放前后的发展成效，是对这两种赶超战略实施结果的最好诠释。

中国从 20 世纪 50 年代开始实行的重工业优先发展战略，是同当时劳动力过剩、资本稀缺的资源禀赋相违背的。为了降低工业化成本，就要扭曲生产要素价格并形成工农业产品价格剪刀差；为了集中资源发展重工业，就要建立起高度集中的资源配置体制和没有经营自主权的国有企业体制；为了防止生产要素的自发流动，就要形成农产品统购统销制度、人民公社体制和"三驾马车"体制。这种计划经济体制产生了微观环节缺乏激励、宏观层面资源配置效率低、经济结构失调和区域发展不平衡等弊端。作为实施重工业优先发展战略的结果，这个时期虽然建立起了比较完备的工业体系，但也使经济发展付出了巨大的资源代价，同时也未能实现对发达经济体的赶超。

改革开放以来，从改善微观环节的激励机制开始，农户获得了自主配置生产要素特别是劳动力的权利，企业也获得了生产经营的自主权，阻碍生产要素流动的体制障碍不断得到清除，农业剩余劳动力转移到非农产业。20 世纪 90 年代以来，产品市场和生产要素市场逐步发育，农业劳动力转移满足了沿海地区外向型制造业发展的需求，丰富的劳动力被转化为劳动密集型产品，在对外开放过程中实现了资源比较优势，在国际市场赢得了竞争力，也由此创造了经济高速增长奇迹。违背比较优势的重工业优先发展战略有两个渊源。第一个渊源是德国经济学家霍夫曼根据若干工业化国家统计经验得出的结论——无论是资源禀赋、影响布局因素，还是制造业结构，任何国家的工业化必然遵循一个统一的模式，即从生产消费品提升到生产资本品。表现为一个系数关系就是，随着经济发展阶段的提升，消费品部门与资本品部门的净产值之比（霍夫曼系数）趋于降低。既然生产资本品的重工业是工业化的高级形态和归宿，那么跨越生产消费品的阶段直接以重工业为优先序，岂不更符合赶超要求？第二个渊源是经济学家费尔德曼的增长模型。在劳动力无限供给和资本不能从国外流入的假设下，他证明，投资越多地配置在生产资本品的部门，长期经济增长速度越高，最终越能形成资本品生产部门与消费品生产部门之间的均衡发展。与此相关的经验基础似乎是，在以小农经济为特征的工业化启动阶段，把发展的重点放在重工业这个生产资本品的领域，可以利用其自我循环和自我服务的特征，帮助打破市场瓶颈，提升经济增长速度，并希冀在未来带动产业结构的平衡发展。

比较优势战略可以简单概括为：由于各国具有不同的生产要素禀赋，每个国家分别从事凝聚不同要素强度产品的生产并形成各自的比较优势，从而使国家之间进行产品贸易且均能获益。基于东亚一些经济体成功实现赶超的经验，林毅夫等把这个原理引申为一个国家根据自身资源禀赋特点形成相应的产业结构，可以最充分地利用丰富的生产要素，提高最稀缺生产要素的生产率，在开放的条件下把资源比较优势变为在国际市场上的竞争优势，故在国家层面可以称之为比较优势战略。如果说比较优势战略可以用来指导形成国家发展战略的话，该战略却不是一个国家内部欠发达地区赶超发达地区的理论依据，因而也不应该以此理论为指导制定地区发展战略。这是因为国家之间经济互动与国家内部地区之间经济互动具有不同的性质。在国家之间，生产要素的流动性比较小，产品贸易却相对容易。因此，按照比较优势战略把生产要素禀赋特征转化为具有不同要素密集度的产品进行交换，各国相当于输出相对丰裕的生产要素，以此交换相对稀缺的生产要素。

然而，在一个国家的地区之间，生产要素的流动性很强，特别是在生产要素市场的条件下，资本和劳动可以无障碍地从一个地区转移到另一个地区。如果依据一个地区的资源禀赋特点做出判断，以为该地区可以靠发挥与之相关的比较优势形成专业化生产，事后很可能出现这样的情形：早在与资源禀赋或要素相对稀缺性特点相适应的产业结构形成之前（甚至在国内统一的产品市场形成之前），最活跃的生产要素便已经转移到其他地区。也就是说，资源禀赋或要素相对稀缺性特点，固然可以在事先认识到并且做出判断，比较优势却只能是依据一系列条件而实现的。可见，比较优势战略并不是地区赶超的理论依据。

二 关于地区赶超理论依据（ABC）

这里所说的 ABC 并不是通常意义上"基础知识"或"基本

原理"的意思，而是对地区赶超两种理论依据的简称，分别是后发优势（Advantage of Backwardness，简称 AB）和趋同（Convergence，简称 C）两个经济增长理论。前面我们指出了比较优势不是地区赶超的理论和经验依据，现在所要指出的是，从理论逻辑和经验证据看，经济增长理论中的后发优势和趋同，可以作为我们认识赶超现象的参照框架。

后发优势是美国经济学家亚历山大·格申克龙首先提出的一种假说，认为落后国家由于在诸多形态特征上与发达国家不同，反而具有这种有助于赶超的"源自落后本身的优势"。简而言之，这种优势来自后起国家可以较少甚至在一定程度上免于支付"试错"的代价。经济发展是在技术、制度、管理等诸多方面进行创新的结果，而这些创新的过程具有创造性破坏的性质，是在试错过程中实现的。后起国家恰恰可以引进先行国家的技术，甄别借鉴其已有的体制和机制，汲取前人付出代价获得的经验和教训，使发展过程相对快一些。对于国家内部的落后地区来说，不仅道理是相同的，而且与国家之间的相互借鉴相比，更具有可行性。[1]

经济学家（代表性人物是索洛）从资本边际报酬递减假设出发，认为起点上人均收入水平越低的国家，随后越倾向于实现更高的经济增长速度。一旦这个后起国家比先行国家增长更快的过程持续下去，前者就趋于实现对后者的赶超，形成所谓的趋同现象。经济发展的赶超和趋同不仅仅缘于初始人均收入水平，还

---

[1] 增长经济学家发现，在一些同质性比较强的国家之间（如欧洲国家之间）或一个国家内的地区之间（如美国各州之间和日本各县之间），更容易发生赶超因而达到相互间的趋同。也被称为俱乐部趋同。

需要有诸如资源禀赋、人力资本积累、投资率、基础设施、市场化水平、开放度、政府作用等条件的配合，因此，人们在讨论趋同问题时，通常是指"条件趋同"。

后发优势与趋同两个理论假说之间也具有逻辑上的联系，可以互相印证。例如，趋同所依据的资本边际报酬递减假设的存在和各种条件的形成，都具有后发优势的特质。同时，我们也需要时刻区别两者在内在属性上的差别。例如，在其他条件相同的情况下，初始人均收入水平与随后的经济增长速度成反比关系，即初始人均收入水平越低、经济增长速度越高，初始人均收入水平越高、经济增长速度越低。然而，这种关系只能理解为一般性的或趋势性的。图1显示的就是这样的趋同现象。图1中的两个部分其实是用相同的数据绘制，第二张图是第一张图的局部放大。二者结合起来，既有助于我们观察在这一轮经济全球化过程中，世界经济呈现的总体趋同趋势，即新兴经济体和发展中国家的赶超，也可以从中看出总体趋势中的差异性表现。同时，世界经济的一些特征也可以帮助我们认识中国经济发展趋同的预期效应和多种可能。

首先，如图1所示，1990年人均GDP与1990～2017年年均增长率之间的关系，虽然具有一条负斜率的趋势线，即总体表现出趋同的倾向，但是两个变量之间的相关系数并不显著，即存在着大量的国家，其经济增长速度与自身的初始人均收入水平并不具有符合预期的联系。由此得到的启示是，大趋势中总是存在着变异，就单一国家或地区来说，呈现异于众数规律的个性化结果也属必然。其次，有些依靠石油天然气的出口而位居高收入行列的国家，如果从工业化水平等方面进行全面衡量却算不上是发达

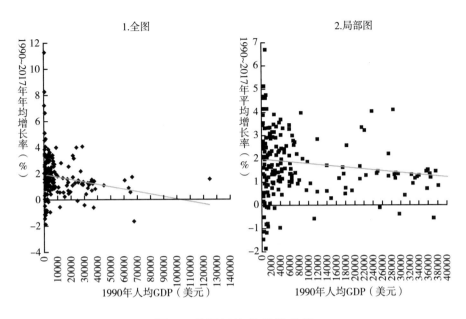

图1 世界经济趋同的趋势

资料来源：World Bank，https：//data.worldbank.org/。

国家，因而也未在上述趋同关系之列。也就是说，在统计意义上，这些国家虽然初始人均收入水平较高，但并无实质性地对世界整体的趋同关系做出贡献；在政策含义上，此类国家或地区不是后起国家的赶超对象，而且存在着诸如"资源诅咒"等特殊原因，反倒应该作为避免重蹈覆辙的反面教材。最后，许多属于初始人均收入水平且尚未具备必要的发展条件的国家或地区，仍然挣扎于低收入均衡陷阱之中，因而也不能实现应有的增长速度。也就是说，趋同是一个对经济发展均衡化的事后统计描述，而不是一种发展手段，并不存在自然而然、唾手可得的后发优势。

实际上，现实中表现出的趋同现象都是"条件趋同"。在计量经济学的意义上，经济学家通常把一组理论上有利于经济增长的"条件"作为解释变量或控制变量，看初始人均收入水平与随后经济增长绩效的关系。而这些"条件"则可以包括所有与经济增长有关的因素，换句话说，如果不能满足这些条件，特别是如果不能满足其中最为基本的条件，初始人均收入水平这一因素就不能保证随后的经济增长绩效。

三 区域均衡战略何以存在效果差异？

经济史表明，在国家层面推行重工业优先发展战略，无一成功案例。对此，苏联、中国和印度三个大国可以提供最典型的实践及结果。苏联从1928年第一个五年计划开始，中国从1953年第一个五年计划开始，印度从1956年第二个五年计划开始，分别正式实施重工业优先发展战略。该战略的实施虽然的确帮助国家建立起以重工业为主的工业体系，特别是加强了不可或缺的国防能力，但是，激励缺乏、资源错配和其他体制弊端最终使长期经济发展付出了沉重的代价。在该战略实施的年代，这三个国家无一实现经济发展的赶超。

20世纪70年代以后，苏联经济的全要素生产率始终为负增长，国民经济增长停滞并最终陷入难以为继的境地，也是其国家解体的重要经济原因。印度虽然采取了一系列改革和开放举措，近年来逐渐进入高速增长的轨道，然而，迄今为止，制造业比重仍然很低，国家工业化的任务尚未完成。改革开放以来，中国按照资源禀赋特点对资源进行了重新配置，实现了产业结构调整，取得了史无前例的经济增长成就。从事后的角度看，中国这个时期的总量增长和结构变化的确获益于遵循了比较优势战略。然而，必须强调的是，按照比较优势战略对资源进行的重新配置，是通过改革开放形成有效的激励机制、赋予微观主体自主配置生产要素（特别是劳动力）权利、引进外商投资和扩大对外贸易的结果。既然生产要素跨越城乡、区域和产业的流动是这个过程的关键，就意味着在市场发育和运作过程中，各地区生产要素禀赋必然发生变化，比较优势战略也就不能用来实现地区赶超。

美国经济学家埃尔文·扬认为，"国家内各地区应该发挥各自的比较优势"，因而预计，中国在改革开放以后地区专业化水平应该得到提高，并以此作为整体效率的来源。因此，当他看到相反的情形，即各省争相发展相同的产业，甚至省与省（如浙江与上海）之间发生争夺原材料的贸易摩擦（如著名的"蚕茧大战"）时，只好做出所谓增量渐进式改革诱导地方政府"寻租"行为的解释。他本人对这种说法并没有给出站得住脚的经验证明，因而其判断不能令人信服。实际上，这个案例恰恰说明，地区之间初始禀赋差异并不能等同于各地的比较优势。而且，即便出现由资源禀赋特点决定的地区专业化格局，也仅仅是短暂的现象。因为，在现代市场经济条件下，地区间竞相发展同类行业与相同行业的企业之间的竞争并无本质上的不同。这里，诸方面追逐的是盈利机会而非制度租金。[①]

我们不妨做个模拟性的推导：就争夺蚕茧原料来说，浙江省内两个地级区域绍兴与嘉兴之争同浙江与上海之争，很难说有本质的

---

① 即便在改革过程中因实施"双轨制"过渡的方式，而在一定时期产生和存在"制度租金"，无论是寻租本身的套利效应还是改革的推进，都使得租金和寻租只能是短暂的现象。在这个特指的案例中，生产要素流动最终会抹平地区之间的禀赋差异。

差别；而嘉兴下面两个县级区域海盐与海宁之争，也与地级区域间的争夺别无二致。如此继续推论，所谓的地区原材料大战归根结底是企业竞争，只不过在改革的特定时期地方政府介入其中而已。埃尔文·扬教授所臆想的那种依据要素禀赋差异而形成的地区专业化格局，如果一度的确形成的话，终究也会消失。

曲玥等研究发现，在中国劳动密集型制造业形成的过程中，从国家整体看，固然是劳动力丰富这一要素禀赋因素起着决定性的作用，但是，从国内的地区布局角度看，基础设施、交通条件和配套能力等规模经济因素则发挥了更为重要的作用。实际上，资源配置效率的提高，与其说来自区域经济的专业化，不如说来自生产要素流动和再配置。蔡昉的一项研究表明，中国在改革开放期间劳动生产率提高的一个重要贡献因素，是劳动力跨地区、跨产业流动带来的资源重新配置效率。

无论是埃尔文·扬认为比较优势战略应该导致地区专业化，还是其他学者把比较优势战略作为地区赶超的依据，在中国经济发展事实面前均遭遇理论与现实不一致的尴尬，从学理上讲也都不可避免地难圆其说。有趣的是，埃尔文·扬教授用来讽喻中国改革成效的语境，其实恰好可以用在他自己的研究结论上，即由于他所秉持的理论出发点具有过于狭窄的认知域，一旦将其应用于一个具有非广阔视角的全方位改革开放过程，便如同走在剃刀之刃上，备感狭窄和痛苦。①

进入 21 世纪以来，中国实施了一系列区域均衡发展战略。

---

① 印度古代哲学典籍《奥义书》中有一句名言：智者说，通往救赎的路狭窄且痛苦，如同走在剃刀之刃上。埃尔文·扬引用这句话否定中国市场化改革的进展，并且以"剃刀之刃"作为自己文章的标题。

从 2000 年开始，先后推出了西部大开发战略、东北地区等老工业基地振兴战略、中部崛起战略和东部地区率先发展战略。由于国家实施西部大开发战略与加快中西部地区发展是相提并论的，并且随后在 2004 年又明确了中部崛起战略，所以，我们将其合并在一起称为中西部开发战略，与东北振兴战略进行对比分析。按照条件趋同假说，如果区域均衡发展战略要取得预期的赶超效果，那么必须在实施中为相应地区创造基本发展条件，即缺什么补什么。正如图 1 所显示的那样，在全球经济趋同这个大的态势之下，仍然有诸多独立的经济体因其各具独特性和差异性，增长表现有所不同。从理论上说，许多具有相同或相似特征的经济体，常常会彼此靠近，并以此"同类项"区别于彼"同类项"。由此来看，中西部地区与东北地区不是同质的，具有不同的发展短板以及政策需求。

例如，在图 2 中我们把全国各省 2000 年初始人均 GDP 与各省在 2001～2018 年年均增长率对照，从具有负斜率的趋势线可

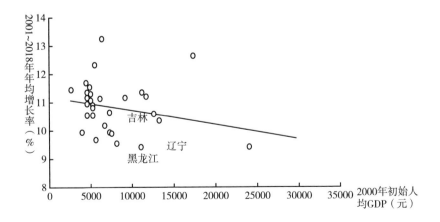

图 2　2000 年初始人均 GDP 与 2001～2018 年年均增长率的关系

资料来源：国家统计局网站，http：／／www. stats. gov. cn。

以看到一定程度的趋同倾向。其中，就东北地区来看，吉林省相对而言起点低，因而随后呈现趋同倾向的情形，而辽宁省和黑龙江省的初始人均收入则处于较高水平，因而随后也没有显现更快的增长速度。从初衷来看，无论是针对两组异质性的地区采取相同的战略予以推动，还是预期取得相同的政策效果，都值得反思，不能简单评说战略实施。下面，我们结合中西部开发战略和东北振兴战略实施中的主要举措，观察其适用性和效果的不同。

首先，倾斜性投资产生的资本积累可持续性不同。正如任何赶超战略都必然作为重要关注点一样，补足经济落后地区资本积累不足的瓶颈，是必不可少的政策举措。在实施区域均衡发展战略中，中央政府实施了倾斜政策，加大对中西部地区和东北地区的基础设施建设和大型项目投资。特别是，这种倾斜性投资与应对世界金融危机的刺激性政策举措，以及增强国有经济影响力的政策倾向结合起来，使得战略实施后这些地区的投资增长明显加快。从统计数据可以看到，中西部地区和东北地区在相关战略实施之后，全社会固定资产投资总体来说都发生了一个巨大的跳跃。譬如，把 2001～2010 年全社会固定资产投资实际年均增长率与 1991～2000 年进行比较，中部、西部和东北地区分别提高了 11.8、8.6 和 16.3 个百分点，均明显大于没有特殊区域政策支持的东部地区（仅提高 4.6 个百分点）。但是，如果说中西部作为经济发展相对滞后的地区，固定资产投资是瓶颈制约的话，东北地区只是在小得多的程度上如此。因此，当政策效应集中显现之后，两类地区的资本便产生了巨大的分化：在中西部地区仍然保持较快的投资增长速度的同时，东北地区投资增速大幅度跌落。2011～2017 年，中西部地区投资年均增速为 14.0%，东北

地区则为 - 0.4%。

其次，传统体制遗产对经济增长的负面效应强度有所不同。伴随着计划经济向市场经济的转轨，通常国有经济比重会降低，相应地非公有制经济比重会提高。反过来，如果在起点上一个地区的经济增长在更大程度上依靠国有经济的资产形成来推动，则可以预测，该地区传统体制遗产对随后的经济增长会产生较大的抑制作用。例如，过高的国有经济比重可能从占用资源要素方面形成垄断，对非公有制经济产生挤出效应；习惯于依靠大型国有经济支撑地区经济增长、财政收入的地区，则不情愿形成"创造性破坏"的竞争和创新环境；形成过重的政策性负担，并以此为借口寻求政策保护；面对需求的变化和产业调整的要求时尾大不掉。统计显示，在区域均衡发展战略开始实施前的 2000 年，东北地区国有控股工业固定资产现值与 GDP 的比率，明显高于东部、中部和西部地区。

最后，财政转移支付的政策着力点及效果不同。中央对地方的财政转移支付是所有区域均衡发展战略的重要内容之一，也是倾斜政策中最具有含金量的举措。从积极的方面说，无论是中部地区、西部地区还是东北地区，都依靠这种政策推动建立了城乡社会保障体系。然而，东北三省作为国有重工业企业集中、资源枯竭特点突出的地区，更大的转移支付资金被用来支付遗产成本，解决下岗、失业和提前退休职工的补偿，以及填补职工养老保险缺口等问题。在这些省份依靠转移支付资金把生产性职工安置为非生产性人员的同时，中西部地区却依靠劳动力市场的发育，推动农村剩余劳动力转移到生产率更高的地区、产业和企业，把人口红利兑现为城乡居民收入。

四　东北振兴：比较优势还是规模经济？

处于不同的发展阶段、具有不同的省情和区情、所需的发展条件各异，都决定了东北地区不能指望用相同的发展政策促成同样的赶超效果，甚至也不应该用相同的期望值进行效果评价。东北振兴战略实施以来，在解决老工业基地和资源枯竭地区的职工安置、剥离企业办社会职能、发育产品市场和要素市场等诸多方面取得了重要的进展，一系列民生指标得到了有效的改善，在一段时间里也实现了合理的经济增长。从事后来看，如果我们从东北地区当年所遇到困难的特殊性出发，为其设定与其他地区不同的目标函数，应该说东北振兴战略的实施效果是差强人意的。

同时，我们也应该看到，近年来该地区的经济增长的确不尽如人意。随着中国经济发展进入新常态，增长速度减慢是正常的。东北经济引起人们关注，关键是其增长速度下滑的趋势相对于其他地区更为严重。我们在讨论实施区域均衡发展战略时，通常以东部地区为参照，希望其他地区能够取得更好的赶超效果，实现相对快的增长速度。如果东北地区不能保持其快于东部地区的增长速度，甚至还持续慢于东部的增长，两者之间的发展水平差距则会扩大，赶超的目标就难以在近期实现。

以东部地区 GDP 年均增长率为基准，我们可以发现，自实施区域均衡发展战略以来，中西部地区和东北地区都处于赶超东部地区的发展态势之中。只是在 2012 年中国经济整体明显减速之后，在中西部地区仍然保持较之东部地区更高的相对增长率的同时，东北地区经济增长速度下行更为显著，相对增长率大幅度下降（见图3）。这就是为什么社会各界高度关注"新东北现象"的原因。应该说，对东北经济进行过认真研究的人，并不是想得出东北经济衰落的结论，也不应该沿袭传统观念探讨东北振兴之路，而是需要找到东北经济再振兴的新机遇和新思路。

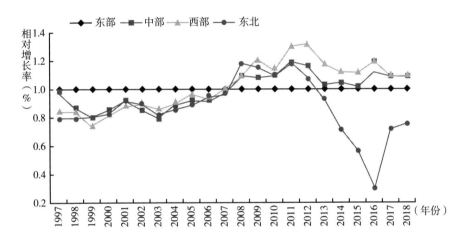

图3 实施区域均衡发展战略以来地区相对增长率

资料来源：国家统计局网站，http：//www.stats.gov.cn/。

无论在东北振兴战略实施之前还是实施之后，从工业基础、基础设施、人力资本等条件来看，东北三省都不能算是落后地区。但是，鉴于目前和预期的该地区经济增长表现，我们应该对其提出设立以东部地区经济发展水平为对象的赶超要求目标。为达到赶超的目标，需要从三个方面进行战略性思考：第一，从中国经济长期可持续发展大格局中，找准自身再振兴的新机遇；第二，把自身既有的积累和基础潜力挖掘出来，作为赶超所需的基本发展条件；第三，把自身与东部地区的关键差距找出来，充分利用赶超的后发优势。

中国的人口转变进入新阶段，2004 年，第一次出现以民工荒为主要表现形式的劳动力短缺现象。进而，随着 2010 年之后劳动年龄人口转入负增长，长期支撑中国二元经济发展的劳动力无限供给特征逐渐消失，以劳动密集型为特征的制造业比较优势也迅速弱化。从 2006 年开始，在人均 GDP 刚刚达到 3069 美元（2010 年不变价）这个中等偏下收入国家水平、农业劳动力比重仍然高达 43% 的时候，中国制造业增加值占 GDP 比重就开始下降，从 36.2% 降低到 2017 年的 29.3%。按照国际经验，制造业比重下降通常发生在国家进入高收入阶段，因此，中国这个转折性的变化无疑来得太早，需要予以遏制。中国制造业比重之所以遭遇早熟型的下降，原因是劳动力成本的提高使得劳动密集型产业比较优势逐渐丧失，在国际市场上的份额相对下降，与此同时，这一效应尚未被资本密集型技术提高的市场份额所抵消。虽然中西部地区尚有一定的成本优势（包括劳动力成本和土地成本），加之该地区不断改善基础设施和人力资本等条件，从而形成了一个制造业从东向西的转移趋势，但是，中国的生产要素市场是统一的，中西部地区的优势并不能长期维持。可见，稳定中国制造业比重，需要另辟蹊径，即着眼于提升其价值链位置。

一项研究表明，1998～2008 年，在中国制造业的区位因素中，交通运输、基础设施、产业配套等聚集效应（或称规模经济效应）的作用下降了 46.5%，同期工资水平和土地价格等成本效应（或称比较优势效应）的作用则提高了 80%。这无疑就是劳动密集型产业从沿海地区向中西部地区和邻国转移的原因。就其性质而言，随着制造业在价值链中位置的提升，该产业的资本和技术密集度将提高，规模经济效应将再度发挥重要的作用。作为新中国工业化的先行者，东北地区的制造业特别是装备制造业基础并不薄弱。东北地区所需要的是找到突破口，加快制造业优化升级，在重塑自身并赢得优势地位的情况下，其基础条件的作用才能得到发挥。以人力资本为例，从与本地常住人口对应的在校学生的数字来看，东北地区与其他地区相比都占有优势，然而，从企业研发人员占比和企业研发活动频率看，东北地区却排在后面（见表1）。这种情况意味着在经济增长不活跃地区，即便培养了人才也不能为己所用，不能转化为生产率。可见，把诸如人力资本流量这样的优越条件转化为提升制造业价值链位置的动能，需要一个临界最小突破力。

表1 人力资本和研发活动

单位：%

地区	在校学生与本地常住人口的比例	企业研发人员占比	企业研发活动频率
东部	1.97	3.69	16.24
中部	2.07	2.97	11.65
西部	1.86	2.53	8.59
东北	2.27	2.61	6.22

注：三个指标分别为在校学生与本地常住人口的比例、从事研究与开发的人员占企业就业人员的比例、有研发活动的企业占全部规模以上工业企业比例。

资料来源：根据《中国统计年鉴2019》《辽宁统计年鉴2018》《吉林统计年鉴2018》《黑龙江统计年鉴2018》《中国经济普查年鉴2013》整理。

这个临界最小突破力应该来自把既有优势条件转化为实际经济增长、生产率提高和产业结构优化的有利源泉。对于东北地区来说，以沿海地区为参照，营造良好的投资环境和市场机制，可以作为后发优势帮助实现赶超。研究者根据"政府与市场的关系""非国有经济的发展""产品市场的发育程度""要素市场的发育程度"以及"市场中介组织发育和法治环境"等五个方面，为全国和各省构造了总体和分项的"市场化指数"，我们可以借此研究成果，找到东北地区在市场化水平上的短项。

虽然用于编制市场化指数的各项指标并非是关于市场发育水平的充分信息，但是，这个成果仍然可以帮助我们认识各地在培育市场发挥资源配置决定性作用的相对进展，找到瓶颈从而加以改善。世界银行关于"营商环境"的研究表明，后起国家在改善营商环境方面也具有后发优势，即可以取得比先进对手更快的改善。此外，中国聚焦自身短板有针对性地进行改善，在世界银行营商环境排名中一年即提升46位的经验，也值得推崇和借鉴。

总体而言，2008～2016年，东北地区在市场化指数总得分中与全国一道获得很大的进步，在多数分项中也有提升，并且在所有的得分中均高于西部地区，有些也高于中部地区。但是，如果与东部地区相比，东北地区仍然在很多方面存在较大差距（见图4）。这些差距中最突出的表现是"政府与市场的关系"和"市场中介组织发育和法治环境"。再深入一步看，前一项差距主要表现为东北地区与东部地区相比，政府对企业实施了过多的干预，后一项差距则主要表现在东北地区与东部地区相比，对知识产权的保护不足。

市场化指数所反映出来的几个方面，虽然内容有限但具有代表性，标志着东北地区应该着眼于深化经济体制改革，吸取自身长期以来积累的教训，借鉴东部沿海地区的成功经验，探索取得市场配置资源这只看不见的手与政府更好发挥作用这只看得见的

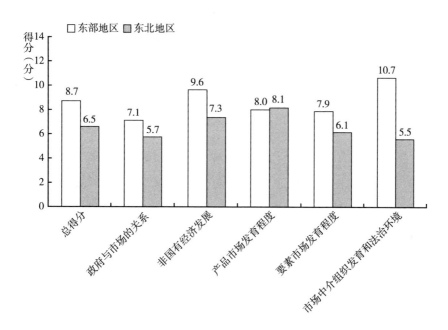

图 4　东部地区与东北地区在市场化指数方面的差距

资料来源：王小鲁、樊纲、胡李鹏，《中国分省份市场化指数报告（2018）》，社会科学文献出版社，2019。

手之间的平衡。政府一旦通过改善营商环境，激发起经济主体自身发展动力，形成充分竞争的市场机制，这一地区的历史、物质资本以及人力资本存量，都将成为赶超的有利条件。

五　结语和政策建议

进入 21 世纪以来，中国实施各种区域均衡发展战略，分别针对不同地区的主要矛盾取得了应有的效果。然而，地区发展不平衡问题是一个旷日持久的课题，一定时期内的紧要问题解决之后，还会出现反弹，也不可避免产生新的问题。包括东北振兴战略在内的区域均衡发展战略面临着新的挑战，需要新思路和新作为。当前，应对东北地区经济增长下行趋势，需要从政策上澄清一些认识，抛弃历史遗产中的负面因素，将其中的正面因素转化为赶超条件，借助新一轮振兴战略走出困境，实现对东部地区的赶超。

首先，从着眼寻找"比较优势"，转向立足发挥规模经济效应。以生产要素相对稀缺性和相对价格为表征的区域差异，终究会随着各种要素跨地区充分流动而消失。因此，这个意义上的"比较优势"，不是国内地区之间的赶超和趋同的理论依据，不应成为各地区制定赶超战略的指导原则，各地区更不应为了强调这个"比较优势"而妨碍生产要素市场的发育。从长期看，保持中国制造业大国地位，其出路不是寻找传统比较优势的空间，而是挖掘规模经济潜力。东北地区的工业基础以及与之相关的一系列条件，都可以转化为有利于制造业升级优化、提高价值链位置的规模经济优势。其次，刷掉产业结构"锈迹"，实现制造业优化升级。国内外经验教训表明，包括国际上诸多著名"锈带"在内的经济困难地区，摆脱困境的"等""靠""要"传统思路都未能奏效。如，资源枯竭型地区等待能源价格反弹，夕阳产业集中的地区依靠短暂的产业景气，历史包袱沉重的地区争取财政补贴等，都不能自然而然获得新的发展动力。对东北地区来说，把曾经有过的上述机会仅仅作为赢得时间的手段，主要依靠自身工业发展基础，刷掉"锈迹"，实现产业结构优化升级，避免产业空心化，是摆脱困境的出路。最后，从强调保护性的产业政策，转向营造"创造性破坏"的竞争环境。中国经济从高速增长转向高质量发展，意味着经济增长动力从要素投入型转向生产率提高型，而生产率源泉则从主要依靠产业之间的资源重新配置，转向越来越依靠经营主体之间的优胜劣汰。在这个大背景下，产业政策必然包含越来越多的平等竞争因素，其实施方式也必然主要依靠市场机制。对地区经济来说，以获得政策性支持为取向而实施产业政策，不再是培育增长动能、形成现代经济体系的可持续源泉。在这个更高的发展阶段上，东北地区的发展必须全身心地依靠竞争的市场环境。

参考文献

〔英〕海韦尔·G. 琼斯：《两部门的经济增长模型》，载《现代经济增长理论导引》，郭家麟等译，商务印书馆，1994。

〔英〕亚历山大·格申克龙：《经济落后的历史透视》，张凤林译，商务印书馆，2009。

林毅夫、蔡昉、李周：《中国的奇迹：发展战略与经济改革（增订版）》，格致出版社、上海三联书店、上海人民出版社，2014。

蔡昉：《全球化、趋同与中国经济发展》，《世界经济与政治》2019年第3期。

蔡昉：《中国经济改革效应分析——劳动力重新配置的视角》，《经济研究》2017年第7期。

蔡昉：《哪些因素扭曲了全球供应链？》，《财经》2019年第15期。

王小鲁、樊纲、胡李鹏：《中国分省份市场化指数报告（2018）》，社会科学文献出版社，2019。

Gerald M. Meier, *Leading Issues in Economic Development (Revised)* (Oxford University Press Incorporated, 1995).

Justin Yifu Lin and Yan Wang, "China's Integration with the World: Development as a Process of Learning and Industrial Upgrading," in Cai Fang (ed.), *Transforming the Chinese Economy*, (Leiden Boston: Brill, 2010), pp. 201–239.

Justin Yifu Lin, Cai Fang and Zhou Li, *The China Miracle: Development Strategy and Economic Reform (Revised Edition)* (Hong Kong: The Chinese University Press, 2003).

W. G. Hoffmann, *The Growth of Industrial Economies* (Manchester University Press,

1958）.

QuYue, Cai Fang, and Zhang Xiaobo, "Has the "Flying Geese" Phenomenon in Industrial Transformation Occurred in China?" in Huw McKay and Ligang Song (eds), Rebalancing and Sustaining Growth in China, (Canberra: Australian National University Press, 2012).

皮书研创与学术共同体建设

以皮书研创为抓手　努力推进学术共同体建设[*]

郑春荣[**]

摘　要：皮书研创者已经形成了学术共同体，皮书研创既是学术共同体建设的目的，也是手段和着力点。结合"德国蓝皮书"的研创实践，本文尝试提出通过皮书研创推进学术共同体建设的若干建议，具体涉及扩大与国际学术共同体的交流、促进学术知识在社会各领域的转化、增强各个亚学术共同体之间的协同以及加强与其他学术共同体的沟通与联动等方面。

关键词：皮书　学术共同体　智库平台　德国蓝皮书

皮书研创者已经形成了学术共同体，而且，这个学术共同体已经建立了自己的运作机制、评价体系和学术规范。但是，在实

---

　*　本文根据作者在第二十次全国皮书年会（2019）上的主题发言录音整理而成，已经本人审阅。

　**　郑春荣，同济大学德国研究中心主任、同济大学政治与国际关系学院副院长、教授，《德国蓝皮书：德国发展报告》主编。研究方向：德国与欧洲问题研究。

践层面，仍需要以皮书学术共同体存在的问题与发展需求为导向，探索进一步巩固和加强这个学术共同体的有效路径。

一 对皮书与学术共同体建设关系的若干认识

1. 把握学术共同体的含义

20世纪的英国哲学家托马斯·布朗在《科学的自治》一文中，首次使用"学术共同体"一词。根据他的理解，"学术共同体"是指一个由具有共同信念、共同价值、共同规范，从事科学研究的科学家构成的社会群体。具体而言，他们具有相同或相近的价值取向、文化生活、内在精神，拥有特殊专业技能，为了共同的价值理念、目标或兴趣，并遵循一定的学术规范。

由此可见，学术共同体是一个专业性的学者共同体，他们有共同的事业追求，为了这份事业的长久发展以及学术共同体的繁荣，他们秉持共同体精神，形成并遵循一定的学术规范。因此，"学术性"和"共同体性"是学术共同体的两个紧密相关的组成部分。

2. 皮书研创是学术共同体建设的目的、手段和着力点

在中国，与社会科学院系统不同的是，在高校系统从事皮书研创遇到的挑战更大，原因是皮书并未作为成果纳入高校系统传统的评价体系中。在这样的背景下，进行皮书研创尤为需要讲好皮书故事，遵循皮书研创的3P法则。这是指，人们首先想到的是，皮书是一本论文集（Papers），一本质量更高的论文集。但是，我们的视野不能停留于一本论文集的编辑出版，而是应将皮书研创视为一个促进学者、学科、智库联动的平台（Platform）。

通过皮书研创，可以极大地吸引高校各个学科领域的教师参与研创过程，这是因为他们可以从参与过程中获得诸多收益。例如，教师通过参与皮书研创可以获得对前沿选题的新认识，可以以此为基础争取到更高层级的课题；教师可能会在参与皮书研创的过程中萌生新的想法，使得其撰写的内部决策咨询报告更容易得到采纳或获得批示。从这个意义上讲，皮书研创更是一个可以衍生出许多增加值的过程（Process）。

与此相关，皮书研创的学术共同体既是有边界的，又是开放的。它的边界性在于学术共同体中一些公共资源的学术共享性，也就是学术共同体中的成员对学术公共资源的专有，可以促进成员对这一共同体的认同。与此同时，它又是一个开放的共同体，甚至具有国际开放性，保持与国内和国际学术共同体之间的对接、沟通和联系。另外，皮书学术共同体不应该是孤立的，它需要联动其他的（学术）共同体，包括与媒体共同体、智库共同体的对接和协调互动，从而发挥协同作用。

二　皮书研创推进学术共同体建设的实践：以"德国蓝皮书"的研创为例

首部"德国蓝皮书"于 2012 年出版，至今已经连续出版 8 部。总体而言，该皮书的质量稳步提升，持续保持在较高的水平上。

1. 通过皮书研创，扩建了包括国际作者在内的德国研究学术共同体

1985 年成立的同济大学德国问题研究所是一个实体建制的

研究机构，具备实体的研究人员，"德国蓝皮书"的研创正是依托这样一支稳定的主干队伍。2012 年，学校又成立了德国研究中心，作为全校跨学科、跨机构从事德国研究的平台。平台的辐射作用使得德国研究学者的共同体队伍建设吸收了"实体建制 + 智库平台"两方面的优势，做到虚实结合。

以"德国蓝皮书"的研创过程为例，作者的队伍总体保持稳定，近年来补充了一些有代表性的国外作者参与皮书研创。在一些有针对性的选题中，国外学者的参与能丰富皮书的视域，大大促进国内和国际学者的学术交流，从而扩大学术共同体的队伍。例如，在研究德国政党问题时，"德国蓝皮书"研创团队邀请德国杜塞尔多夫大学政党与政党法研究所所长参与撰文；研究德美关系时，研创团队则邀请美国约翰斯·霍普金斯大学当代德国问题研究所所长参与撰写；而在中德经贸关系问题上，研创团队邀请德国纽伦堡应用科学大学的学者专门跟踪这一主题。

2. 通过皮书研创，扩建与国内学界（学会）的交流与合作

皮书研创过程也是与国内学界互动交流、加强合作的过程。研创团队可以将全国性的学术研讨会与皮书发布会相结合，以促进与国内学界（学会）的交流与合作。就"德国蓝皮书"而言，研创团队在每年的 6 月或 7 月举行皮书发布会的同时，也举办有关"德国内政外交及中德关系"研讨会，扩大皮书在中国、德国及欧洲研究界的学术影响力，这一形式已经形成了一种惯例。此外，研创团队也可以通过在国内其他学术会议期间推介蓝皮书，扩建与国内学界（学会）的交流，从而吸引更多学者加入皮书学术共同体。

3. 通过皮书研创，扩建与国际学术共同体的联系，扩大国际认同度和影响力

对于国际问题研究类（包括研究对象为国别区域类）皮书，其研究成果的学术价值应该得到国际学术共同体的认同。"德国蓝皮书"也在做这方面的努力。例如，在 2017 年 7 月举行的G20 汉堡峰会期间，同济大学德国研究中心与德中企业家联合会（汉堡）、德国全球与区域研究所（GIGA）在汉堡联合主办了"全球化与我们"暨"一带一路"德中合作论坛，努力扩建与国际学术共同体的联系，扩大皮书的国际影响力。

4. 通过皮书研创，加强与学科及智库共同体的联动

皮书有助于国别区域学科的建设。在同济大学，"德国蓝皮书"的研创促进了德国学、欧洲学的发展。尤其在政治学学科下，研创团队汇聚了国别和区域研究力量。另外，研创团队在外国语言文学学科下设立了国别和区域研究方向。目前，同济大学在一流学科建设方案中，为全校所有文科设定了集成式一流学科"欧洲跨学科交叉研究"，主要有以下四个方向。第一，欧洲思想文化与中欧文明交流互鉴研究；第二，欧洲马克思主义的现代演化与中国特色社会主义理论创新研究；第三，中欧现代化战略路径比较研究及合作机制构建；第四，"一带一路"框架下对欧战略传播体系研究。而且，研创团队在同济大学一流学科建设方案中还设想成立"同济大学德国与欧洲研究院"，考虑通过筹建中德研究生院或中德人文社科高等研究院，推动国别区域研究人才的跨学科培养。

同时，皮书也是智库的标志性成果之一，甚至是智库的标配和共同话语。皮书研创能汇聚智库人才，促进学科主岗和智库副岗之间的结合；皮书研创能培养智库人才，使研究人员能针对不同目标群体撰写不同的文章，赋予学科教师科研产出的第二根支柱。在皮书研创过程中，将学科与智库建设合二为一，后者可以服务于前者的发展。目前，同济大学德国研究中心于 2016 年 12 月 18 日，入选中国首个智库垂直搜索引擎和数据管理平台——中国智库索引（CTTI）；于 2017 年 11 月 10 日，入选"中国智库综合评价核心智库榜单"；于 2018 年 12 月 22 日，入选"中国智库索引（CTTI）2018 年度高校智库百强榜"。

5. 通过皮书研创，加强与媒体共同体的联动，形成话语共同体

媒介构建是学术共同体构建的一条重要途径，研创团队应该努力借助媒体融合之趋势扩大参与，从而促进学术共同体的构建。在"德国蓝皮书"研创的起步阶段，研创团队研究的重点更多地放在重视皮书本身方面，而缺少对其衍生产品的重视，即在皮书研创的 3P 法则（Papers，Platform，Process）中，只关注 Papers，而未充分挖掘 Platform 和 Process 的功能。随着研究的深入和经验的积累，研创团队与媒体建立紧密的联系对于塑造皮书研创话语共同体至关重要。例如，举行皮书发布会的时间点的选择最好与大事件联系起来，同时，在皮书发布会上传递一些媒体可能较为关注的话题信息，加强与媒体的联动和合作。研创团队也尝试与媒体开展深度合作，开设专栏，比如，在"澎湃新闻"开设"同观·德国"，通过媒体平台传递皮书学术共同体成员的洞见。

此外，同济大学德国研究中心已经形成与德国研究相关的系列产品，包括微信公众号、微博等在线传播平台，还有《德国快讯》等短平快信息类产品，它们与《德国研究》学术季刊、一年一度的《德国发展报告》、内部决策咨询报告等形成了相互关联的系列产品。通过这一"产品链"，研创团队可以把对某一个选题的新的认识转化为一篇学术文章，或是相应的对策建议，将不同类型的德国研究的产品进行按需转化，形成协同效应，再利用平台推进更多的产品。最后，研创团队也在搭建德国研究数据库，尝试利用大数据为选题的确立、热点的抓取、趋势的研判提供定量算法支持。

三　对皮书研创推进学术共同体建设的若干建议

学术共同体的本质是"学者之间有机的结合，而非机械的加总"。然而，要真正做到将每一位学者个体有机融入这个总体，在同一组织中实现对话与协同，形成学术共同体的整体合力，实现"1＋1＞2"的效果，并非一件易事。因此，推进皮书学术共同体的建设，是每一位"皮友"的使命，学术共同体的每一位成员都应加强在实践层面的行动自觉性。结合"德国蓝皮书"的研创实践，笔者提出以下进一步加强学术共同体的建议。

第一，皮书学术共同体应进一步扩大与国际学术共同体的交流，扩大其在国际学术共同体的影响力。现在，大多数皮书研创团队还没有实现"国际化"，既无国际学者的参与，也未向国际层面推广。为此，那些已经"走出去"并在国际学术共同体中有一定影响的皮书和研创团队，可以为更多潜在的皮书研创提供经验和指导，甚至提供搭载平台，帮助更多的皮书"走出去"。

第二，皮书学术共同体应进一步促进学术知识在社会各领域的转化，提供学术服务以及共享研究成果与数据。首先，在学术的知识转化方面，准予发表的皮书报告应该是能够被提炼成2000～3000字的内参，进而增强皮书研创的政策转化作用。其次，在学术服务和研究成果共享方面，社会科学文献出版社（简称"社科文献"）已经为皮书研创提供了很好的支持，各皮书研创团队也可以学习社科文献的"良好实践"，为学术共同体的研究人员分享一定的学术服务和研究成果。

第三，各皮书研创团队应进一步强化作为亚学术共同体的功能，并增强各研创团队之间的协同。每一个皮书研创团队都是一个大的学术共同体下面的亚学术共同体，加强各个亚学术共同体之间的资源共享和协同能力，是皮书研创团队这个大的学术共同体在未来发展过程中需要努力的一个方向。例如，所有国别区域研究类以及国际问题研究类皮书是整个皮书学术共同体下的亚学术共同体，它们之间理应进一步加强协同；又例如，其他专业议题类皮书学术共同体，如科技创新类皮书学术共同体，也可以邀请国别区域研究类皮书研创团队参与，这样，可以在专业视角下增加域外比较视角。

第四，皮书学术共同体应加强与其他学术共同体的沟通与联动。比如，智库共同体、媒体共同体，它们也有自己的资源与传播平台，皮书学术共同体可以与它们进行战略合作，进行资源交换或共享，实现合作共赢的目标。

总之，在社科文献的大力支持与推动下，皮书学术共同体已经建立，"皮友"的队伍不断扩大，对共同体的认同不断加强。与此同时，皮书学术共同体也在加强学术评价和学术规范方面的建设，使得这个学术共同体的凝聚力和声望不断提高。未来，皮书学术共同体可以将自身打造为学术共同体建设的典范，加强在其他学术共同体建设中的引领作用，进一步推动其他学术共同体之间的协同发展。

参考文献

范军：《充分发挥出版学术共同体的作用》，《出版科学》2018 年第 4 期。

周新原：《新时代构建学术共同体的理论逻辑与现实路径》，《教育评论》2019 年第 6 期。

田晓伟：《论学术新媒体的发展与学术共同体的构建》，《教育研究》2017 年第 4 期。

培育高水平学术共同体
研创高质量皮书成果*

李　群**

摘　要： 本文首先解析了学术共同体内涵，阐述了皮书成果如何发挥企业智库的重要作用，科学判断中国皮书进入高质量发展新阶段。其次，从皮书研创角度探索学术共同体搭建的路径；从内容与写作特点着手，深入挖掘皮书框架内容的研创、编写的重要步骤和关键点。最后，提出积极探索"优秀皮书奖"和"优秀皮书报告奖"的颁发机制、充分发挥皮书研究院理事会的重要作用、完善皮书系列评价机制和指标体系、开创皮书研创新境界新水平等建议。

关键词： 皮书　学术共同体　高质量发展　智库研究

---

 　* 本文根据中国社会科学院数量经济与技术经济研究所大数据与经济模型研究室主任李群在第二十次全国皮书年会（2019）上的主题发言录音整理而成，已经本人审阅。

 ** 李群，中国社会科学院数量经济与技术经济研究所大数据与经济模型研究室主任、研究员、博士生导师，社会科学文献出版社皮书研究院高级研究员。研究方向：不确定性经济预测与评价、生态治理与林业发展、科技创新。

皮书是对中国与世界发展状况和热点问题进行年度监测，以专业的角度、专家的视野和实证研究方法，针对某一领域或区域的现状与发展态势展开分析和预测，具备原创性、实证性、专业性、连续性、前沿性、时效性等特点的公开出版物，由一系列权威研究报告组成。

中国皮书最早发端于1990年。1997年，社会科学文献出版社开始对皮书进行专业化、系列化、品牌化运营。经过20多年的发展，截至2019年5月，皮书已经覆盖700余个研究领域，累计出版800余种、3132部；研创机构有近千家，参与皮书出版的作者累计超过7万人；除中文外，皮书在全球以英文、俄文、日文、韩文等12种语言出版发行，成为有影响力的知名学术品牌，进入高质量发展阶段。皮书在国际、国内的影响日益扩大，推动了图书功能从阅读向查阅、使用方向的转化。

党的十八大以来，中国特色社会主义进入新时代，党和国家非常重视中国话语体系建设，习近平总书记指出，"在解读中国实践、构建中国理论上，我们应该最有发言权，但实际上我国哲学社会科学在国际上的声音还比较小"。我们要建立中国的话语体系，关键就是构建"当下中国"的话语体系，这是中国话语体系建设的核心内容。中国发展、中国经验为皮书研创提供了动力与广阔空间，中国特色新型智库建设为皮书研创搭建了利好平台，推动哲学社会科学"三大体系建设"。普及中国特色哲学社会科学、助力中国话语体系建设成为皮书研创的重要使命。因此，培育高水平学术共同体、研创高质量皮书成果具有重要的学术价值和现实意义。

一 皮书研创促进作者搭建学术共同体平台

2016 年 5 月 17 日，中共中央总书记、国家主席、中央军委主席习近平在哲学社会科学工作座谈会上强调，"一个没有发达的自然科学的国家不可能走在世界前列，一个没有繁荣的哲学社会科学的国家也不可能走在世界前列。坚持和发展中国特色社会主义，必须高度重视哲学社会科学、广泛普及哲学社会科学。继承性、民族性、原创性、时代性、系统性和专业性是中国特色哲学社会科学的明显特点"。皮书研创也体现出这一特色，利用皮书研创平台及皮书的广泛影响力来普及哲学社会科学，意义非常重大。

学术共同体指具有相同或相近的价值取向、文化生活、内在精神和具有特殊专业技能的人，为了共同的价值理念或兴趣目标，并且遵循一定的行为规范而构成的一个群体。

第一，原创性、时代性、系统性和专业性是皮书的知名学术品牌属性，成为作者的价值追求，有利于传播、推广和普及哲学社会科学的精神、思维、知识和方法。皮书作为特殊的公开出版物，在推动中国特色哲学社会科学普及方面，有它独特的优势。充分利用好这一优势，必能传播好中国声音，提供好中国方案，扮演好中国角色。它体现学者的价值、成果的价值以及学术共同体的价值。

第二，皮书出版的连续性是作者搭建学术共同体的基础。它区别于点状、间断性的成果，其连续的成果影响深远，稳固了作者团队。皮书对当前中国与世界热点问题进行年度监测，并对中国经济社会发展起到推动作用，其也是促进中国特色哲学社会科学研究的一种重要成果形式，还是引导主流舆论、体现专家专业知识的重要工具，更是各类智库开展应用对策性研究、发挥咨政作用的重要平台。

第三，皮书的本质特点，有利于促进学术共同体的原创性、实证性、专业性、连续性、前沿性和时效性。皮书必将精准普及中国特色哲学社会科学的内涵。皮书作为哲学社会科学应用对策性研究成果，召唤作者成为学术共同体。作者和学者共聚一堂，破解重大现实问题，提升个人的获得感、幸福感和责任感。皮书研究院理事会的建立是皮书研创与学术共同体的创新，进一步推动了皮书研创，培育了高水平学术共同体。

二　中国皮书高质量成果发挥企业智库的重要作用

中国皮书事业已经进入高质量的发展阶段。主要体现在以下五点。第一，皮书已成为中国哲学社会科学界的学术品牌，成为广大哲学社会科学界学者追求科研的目标。第二，皮书研创者是高层次人才，具备顶层思想设计能力，能够产出高质量成果。第三，目前已形成多方参与、多元合作的皮书研创与学术共同体，为打造高质量皮书成果打下坚实基础。第四，积极推进中国特色皮书事业高端智库的繁荣发展，在建言献策等方面表现非凡。第五，皮书有力支撑着中国特色的学科体系、学术体系、话语体系建设。

皮书研创成果发挥了如下几个方面的重要作用。

第一，坚持正确的政治方向、学术导向和价值取向。皮书是服务党和国家决策、服务社会、服务行业发展的重要载体。做好皮书的研创出版，首先要提高政治站位，增强"四个意识"，坚定"四个自信"，做到"两个维护"，在思想上、政治上、行动上同以习近平同志为核心的党中央保持高度一致。

第二，在理论创新方面，坚持以研究新时代重大理论和实践问题为主攻方向。只有聆听时代的声音、回应时代的呼唤、认真研究如何解决重大而紧迫的问题，才能真正把握住历史脉络、找到发展规律、推动理论创新。当今世界处于百年未有之大变局，正在经历大发展、大变革、大调整。中国日益走向世界舞台的中央，中华民族迎来了从站起来、富起来到强起来的伟大飞跃。这个大变局，为中华民族伟大复兴带来重大机遇，也必然带来诸多风险和挑战。如何有效防范并化解重大风险，迫切需要各皮书课题组深入研究并做出有针对性的科学解答。中国特色社会主义进入新时代，中国社会主要矛盾发生深刻变化，统筹推进"五位一体"总体布局，协调推进"四个全面"战略布局，推进国家治理体系和治理能力现代化，实现"两个一百年"奋斗目标，开启全面建成社会主义现代化强国新征程，这些都为皮书成果发挥智库作用提供了丰富的素材和广阔的空间。党的十八大以来，皮书的研创出版始终坚持和发展中国特色社会主义大局，紧贴党和国家的决策需求，坚持问题导向，以研究新时代重大理论和实践问题为主攻方向，推出了更多对政策制定有重要参考价值、对事业发展有重要推动作用的优秀成果，发挥了皮书的智库作用，支撑了学科体系、学术体系和话语体系建设，涌现出像"经济蓝皮书"这样一批又一批高质量的皮书。

第三，在咨政建言方面作用突出，皮书成果不仅为中国政府决策提供了对策建议，而且还为国际应用实践提供中国方案，承担着中国角色，发挥中国话语影响力的作用。

第四，在服务社会方面，事实也已证明，各行各业已经享受到了皮书带来的红利，皮书成果为中国经济社会高质量发展提供了有力的智力支持。

第五，在舆论引导方面，皮书成果传播主流思想价值，聚集社会正能量，为提高舆论的传播力、引导力、影响力、公信力发挥了重要作用。

第六，在公共外交方面，坚持皮书的数字化和国际化发展方向。迄今为止，皮书已经有 12 个语种的庞大智库成果，皮书数据库的资源价值将越来越高，皮书的海外出版成为世界各国研究中国问题必不可少的参考材料。皮书为中国学术"走出去"、争取国际话语权发挥了重大作用。

三　皮书学术共同体搭建的实践体会

笔者在皮书学术共同体搭建的道路上，主编了五种蓝皮书，结合自身体会，学术共同体的搭建路径主要体现在以下三个方面。

第一，按照研究领域和研究方向搭建。比如，可以选择经济预测与评价、国家治理体系和治理能力现代化、科学技术普及与评价等为研究领域或研究方向。

第二，以按照科学技术普及与评价方向搭建为例，需要做到以下三点。一是以组织本单位学术力量为基础，构建皮书研创学术共同体。二是以研究领域为导向，比如，研创机构协同科技部门（科技部、中国科协、北京科委、北京市科技传播中心等）共建共创学术共同体，体现协调创新机制的作用。三是以重大专项研究为方向，精准构建学术共同体团队。

第三，共同体人员构成情况。第一，以"公民科学素质蓝皮书"和"北京科普蓝皮书"为例，搭建两支学术共同体团队，共计23人左右。主要编写人员由教授、研究员组成；人员主要分布在中国社会科学院、科技部下属科研部门、高校、北京科委下属科研院所等。第二，以"生态林业蓝皮书"和"生态治理蓝皮书"为例，搭建两支学术共同体团队，共计35人左右。主要编写人员由教授、研究员组成；人员主要分布在中国社会科学院、中国生态经济学会、中国林业生态发展促进会、林业高校、林业科研部门等。

四　培育高水平学术共同体
打造高质量皮书的建议

第一，要按照理论创新和重大现实问题研创皮书题目。比如，《公民科学素质蓝皮书：中国公民科学素质报告》参照了《科技部、中宣部关于印发〈中国公民科学素质基准〉的通知》，是以重大现实问题为依据研创的皮书题目。《北京科普蓝皮书：北京科普发展报告》以全国科技创新中心建设为依据创立了题目。《科学城蓝皮书：北京怀柔科学城发展报告》以重大现实问题为依据研创了皮书题目。《生态林业蓝皮书：中国特色生态文明建设与林业发展报告》是以重大现实问题、新组建的国家林业和草原局部署的新任务为依据研创的题目。《生态治理蓝皮书：中国生态治理发展报告》以重大现实问题、污染防治攻坚战为依据研创了题目。

第二，要认真填写高质量《皮书准入申报表》（简称《申报表》）。皮书研创人员应认真填写《申报表》，《申报表》体现了皮书选题价值及创新之处，它涵盖了皮书内容框架（章节目录）、皮书总报告内容结构等。皮书发展进入高质量阶段，《申报表》的填写质量将直接影响皮书的出版。

第三，提升皮书获奖层次和质量，积极探索"优秀皮书奖"和"优秀皮书报告奖"的颁发机制。在每年一度的全国皮书年会召开的基础上，探索建立国家或部委级别的"优秀皮书奖"和"优秀皮书报告奖"评奖机制，通过提高奖励层次和质量，推送一批优秀成果，抢占国际上中国特色哲学社会科学的话语权。

第四，建立《皮书摘报》发布制度和网上皮书成果博览会制度。首先，建立《皮书摘报》发布制度，选择有影响力的皮书研究成果上报中央；其次，建立网上皮书成果博览会制度，定期举行皮书成果博览会，扩大中国特色哲学社会科学普及范围。

第五，研究完善以"经济蓝皮书"为开端的皮书系列评价机制和指标体系，量化精准表达皮书质量和影响力。建议皮书研究院进一步完善皮书系列准入及再入评价机制和指标体系，将皮书打造成一流高端智库平台。

第六，发挥皮书研究院理事会的重要作用，开拓国际国内两个市场，积极宣传优秀皮书成果，支持哲学社会科学界"三大体系"建设，为国际市场提供中国方案。

参考文献

谢伏瞻：《中国社会科学院院长谢伏瞻在第二十次全国皮书年会上的讲话》，社会科学文献出版社官网，2019 年 8 月 11 日，https：//www. ssap. com. cn/c/2019 - 08 - 11/1079942. shtml。

谢曙光主编《中国皮书发展报告（2019）》，社会科学文献出版社，2019。

谢曙光主编《皮书研创与当代中国研究》，社会科学文献出版社，2018。

崔铮：《学术共同体的构建原则、价值内涵与行为模式》，光明网，2018 年 5 月 18 日，http：//www. gmw. cn/xueshu/2018 - 05/18/content_ 28865069. htm。

皮书研创与学术共同体建设

——以河南省高校智库联盟为例[*]

于善甫[**]

摘　要： 皮书研创与学术共同体建设息息相关，其互动式发展效应明显，深入研究二者在发展中的内在支撑关系，厘清皮书研创与学术共同体协同发展中存在的问题，在此基础上探索二者协同发展之对策，具有较强的理论价值和现实意义。本文结合河南省高校智库联盟发展历程，从对皮书研创及学术共同体建设的认识入手，分析总结了河南省高校智库联盟建设中的经验教训，对皮书研创与学术共同体建设提出了对策建议。

关键词： 皮书研创　学术共同体　智库建设　高校智库联盟

皮书作为专业性、方向性、实用性极强的学术载体，在学

---

* 本文根据作者在第二十次全国皮书年会（2019）上的发言录音整理而成，已经本人审阅。

** 于善甫，黄河科技学院中国（河南）创新发展研究院院长助理、副教授。研究方向：区域经济、创新创业、组织管理等。

术共同体建设中发挥的作用越来越重要。学术共同体借助皮书研创实现了人才集聚、品牌塑造、社会服务及影响力提升，皮书研创也得益于学术共同体的快速发展而迅速壮大，其发展也愈加规范，影响力与日俱增，二者协同效应明显。

一　对皮书研创及学术共同体的认识

（一）学术共同体的发展演变

"学术共同体"一词最早由 20 世纪的英国哲学家托马斯·布朗提出，他指出，"学术共同体是由具有相同或相近价值取向、文化生活、内在精神和具有特殊专业技能的人，为了共同的价值理念或兴趣目标，遵循一定的行为规范而组成的一个学术群体"。但是，学术共同体的存在由来已久，中国历史上以孔子、孟子为代表的儒家思想及以苏格拉底、亚里士多德等为代表的古希腊雅典学派均具有学术共同体的基本特征，都可以称为学术共同体。

在中国，学术共同体的雏形可以追溯到春秋战国时期，以孔子等先贤为代表的"诸子百家"竞相争鸣，影响中华民族文明传承的诸多思想体系逐渐形成，并在历史潮流中迭代创新发展。到了近代，在西方文明的影响下，具有相同学术观念和兴趣爱好的学者开始聚在一起，现代版的学术共同体正式形成。学术共同体在国外的发展演变与国内有很多相似之处，其源头最早可以追溯到2000多年前的古希腊雅典学派，学者依托修道院、学院、大学等聚在一起进行交谈，孕育着西方文明的发展。

从历史渊源来看，学术界是在学术共同体的基础上发展而来的，在当下的语境中，二者代表着不同类型的公共学术空间。学术界的范围界定依赖于已确定的正式建制，而学术共同体则可以突破既有的框架，打通自然、人文、社会科学等不同领域，打通正式与非正式的学术群体，打通社会实践与理论研究，真正将个人之学术研究与众人之学术交流、学术讨论、学术争鸣结合起来，将个人的学术研究与社会、时代密切关联起来。

（二）新时代皮书研创与学术共同体建设的总体要求

进入 21 世纪，学术共同体的发展意义和影响更为突出。当今世界正面临百年未有之大变局，因而，新时代的皮书研创和学术共同体建设也要与时俱进，承接起新的使命。首先，在意识形态领域要充分发挥舆论引导和社会服务功能。其次，新时代要求中国智库以社会主要矛盾为主攻方向，多解民生之忧。最后，要立足国内，放眼全球，多层面提升中国的国际话语权。这是新时代对皮书研创以及学术共同体建设的要求。

高校智库型学术共同体一定要顺应新时代新要求，从传统学术研究中解脱出来，借助学术共同体实现多领域跨学科研究，要坚持应用导向、创新思维和国际视野，不忘初心和使命提升研究能力与水平，落实好习近平总书记提出的"把学问写进群众心坎里"的新要求，推动学术健康发展。

（三）皮书研创与智库建设紧密相关

皮书研创与智库建设紧密相关，其相关性主要体现为智库的代表性产品，皮书是其中十分重要的一种。皮书已经成为中国智库成果发布的重要载体形式，具体有以下特点。

1. 智库与皮书评价标准相关性较强

智库的评价标准一般包括政策影响力、学术影响力、媒体影响力、社会影响力和国际影响力。而这五大影响力又与皮书有着密切的关系。皮书研创与学术共同体建设的总体要求高度契合，皮书研创水平日益成为学术共同体建设的重要评价指标之一，皮书发布会也成为智库宣传的主要方式之一。

2. 皮书研创是学术共同体塑造品牌的有力武器

学术品牌是评判学术共同体建设的重要标志，它代表着学术共同体学术水平和服务能力的水准，所以，塑造品牌是学术共同体的重要目标。皮书研创就是其中非常重要且行之有效的选项。一方面，皮书研创是对某个热门领域的持续深耕，研究的深度、广度、专业性等都非常强，它一般能代表这个领域的最高水平，是政府、业界、学界了解这个行业的重要参考，很容易让人把皮书和负责研创的学术共同体联系在一起。另一方面，皮书研创是学术共同体集体智慧的结晶，它代表着学术共同体研究的方向和领域。学术共同体可以依托皮书研创奠定在某个领域的地位，通过持续关注形成影响力，进而实现品牌的塑造。

3. 皮书是智库构建话语权的重要平台

皮书具有专业性、前沿性、持续性、客观性、数字性、传播性等特点，这些特点决定了皮书一经发布，就会引起媒体和社会的广泛关注，经过各类媒体的转发评论，能够迅速引领社会主流舆论。皮书已经成为智库构建话语权的重要平台。第一，海内外媒体在传播皮书观点、及时报道皮书进展的过程中，相应地扩大了智库建设的影响力和话语权。第二，聘用国内外专家，鼓励其积极参加学术交流和国际会议，以此提高皮书研创和智库建设的影响力。第三，制造热点，通过网络语言缩短与网友的距离，让智库建设更加贴近人民大众。

4. 皮书是推动智库核心能力提升的重要抓手

皮书研创为学术共同体凝聚研究队伍提供了一种可靠途径。从皮书的选题、前期的调研，到大纲的讨论、文章的撰写，再到皮书的出版、成果的发布，皮书研创的每个阶段都需要大量学者的广泛深度参与。同一部皮书的研创，作者可以是政府、高校、行业协会、学术共同体等不同组织的成员，大家围绕一个主题贡献自己的智慧。再加上皮书是连续出版物，学者的合作是持续的、长期的，这是其他学术出版物所不具备的。皮书研创过程聚集了专家学者队伍，实现了学术创新和学术交流，已成为学术共同体集聚人才、锻炼队伍的重要抓手。

5. 学术共同体建设是皮书研创的重要保障

一方面，皮书研创推动了学术共同体的健康成长，是学术共同体建设的重要抓手；另一方面，学术共同体的发展壮大也为皮书研创提供了重要的人力、物力、智力支撑，已成为皮书健康发展的重要保障。皮书之所以取得这么大的成就，和其背后千余家各类学术共同体及万余名专家学者是分不开的。皮书表面的光鲜源于学术共同体的发展壮大及学者的艰辛付出，越是有想法、敢创新、踏实做事的学术共同体，越能研创出精品皮书，这样的皮书社会影响力巨大，累计十万余次的中外媒体报道既是对皮书的肯定，也是皮书作者的荣耀。

二 河南省高校智库联盟的基本情况

在全国范围内，河南省高校在智库联盟建设的起步阶段处于落后状态。在国家出台相关智库建设的政策之前，河南省高校智库建设存在着许多问题。第一，智库专业人才缺乏。一些高校虽然挂牌成立了智库研究机构，但缺乏配套的机构设施和研究团队作为支撑，智库人员兼职受任现象普遍。第二，河南省高校智库与政府之间的信息交流渠道不畅，供需对接缺乏机制化安排，导致高校智库的科研力量没有形成有效合力。第三，智库研究针对性有待加强，服务省委省政府决策的能力有待提升。第四，智库内部治理机制不健全，河南省高校智库整体发展水平较低。

（一）河南省高校智库联盟产生背景

2014年2月，教育部印发《中国特色新型高校智库建设推进计划》，统筹规划高校各类科研机构、人才团队和项目设置，凝练智库建设的主攻方向（经济、政治等）。2015年1月，中共中央办公厅、国务院办公厅印发《关于加强中国特色新型智库建设的意见》，把智库作为国家软实力的重要组成部分提高到国家战略高度。2015年7月，中共河南省委办公厅、河南省人民政府办公厅印发《关于加强中原智库建设的实施意见》，明确了推动中原智库建设的总体要求、发展格局、政策措施和组织领导。河南省智库建设从此迎来快速发展的新阶段。2017年5月，国家八部委联合印发《关于社会智库健康发展的若干意见》，明确了社会智库的基本标准，确立了社会智库实行民政部门和业务主管单位双重负责的管理体制。

（二）河南省高校智库联盟建设进程

2017 年 4 月 9 日，河南省教育厅社科处牵头召开河南省"推进高校智库建设研讨会"，并根据专家建议成立河南省高校智库联盟（简称"联盟"）。随后，2018 年 12 月 30 日，河南省高校高端智库联盟揭牌仪式暨首届河南高校高端智库峰会在郑州召开，峰会还举行了河南省高校智库联盟揭牌仪式并通过了河南高校智库联盟公约。2019 年 1 月 15 日，河南省教育厅下发《关于成立河南省高校智库联盟的通知》，确定 46 所高校的 64 个智库为联盟首批成员，成立了理事会和秘书处，选举产生理事长、副理事长、秘书长等，且将秘书处设在黄河科技学院中国（河南）创新发展研究院。

联盟成立以来，黄河科技学院中国（河南）创新发展研究院已出版四期《智库要报》，通过与河南省人民政府研究室、河南省科学技术协会及其他单位建立联系，积极组织联盟成员联合开展调研，为策划皮书系列的出版做好准备工作。

（三）河南省高校智库联盟创建之初的感想

联盟成立时催生了许多想法和思考。第一，联盟的成立应该采取的组织形式选择。如果联盟在民政部门登记注册，备案后可能会将许多政府体制内的人员排除在联盟之外，削弱联盟聚集人才的价值。第二，联盟的运作模式选择。由于现代社会智库联盟的发展历程较短，经验借鉴有限，河南省高校智库联盟在其运作形式上选择紧密型或是松散型仍需慎重决定。第三，联盟成员的诉求解决。就联盟对成员的现实意义而言，它的整体发展和影响力固然重要，但如何实现联盟单位及个人的诉求也至关重要。第四，联盟的整体设计和着力点的定位。第五，联盟成员的激励机制和提高联盟成员积极性的途径。

三 对皮书研创及智库型学术共同体发展的思考

皮书研创与学术共同体发展相辅相成，在运作过程中二者若能相互借力、协同发展，就很容易形成叠加效应。皮书研创与学术共同体协同发展需要尽快克服皮书研创过程中存在的不足，在运作中坚持正确的政治方向，借助新科技打造二者协同发展的生态环境，突破体制机制约束，创新发展理念，加强人才保障，实现协同发展。

（一）构建多层次智库体系，创新管理方法，大力推进智库国际化

皮书研创和学术共同体建设首先应明白是为谁服务的，学术研究要坚持正确的政治方向。二者均要以研究新时代重大理论和实践问题为主攻方向，坚守理论工作者的初心使命。在智库建设中，研创人员应构建多层次的智库体系，创新智库建设和管理方法，大力推进智库国际化，提升智库的国际话语权。

（二）加强智库与政府、产业之间的信息共享互通机制建设

联盟成立之前，教师、学者等相关研究人员的成果因为缺乏

途径和连接机制，难以转化为政府的政策，不能引导社会产业的发展。智库可以作为一种平台，承载学者与政府之间的沟通。目前，联盟已经与河南省人民政府研究室建立比较密切的合作关系和信息沟通机制，并与河南省统计局建立了信息的交流机制。可见，搭建皮书、智库交流平台，建立健全供需之间信息沟通和共享制度，是加强智库建设的重要途径。

（三）打造智库与媒体的生态共同体建设

智库建设可与媒体之间通过合作取长补短，相互借力。一方面，智库研究人员可以通过参与课题研究，以约稿、访谈、座谈会、专家点评等方式，就某些重大问题请媒体发表意见，提升媒体传播效能和报道的权威性。另一方面，智库研究人员通过为媒体撰写文章，提供知识产品，进而借助媒体传播平台和渠道，实现产品的及时有效传播。双方既有战略合作机制，又有具体的合作制度保证，通过合作加强交流，实现资源共享。同时，智库和媒体还可以通过诸如共同承担研究项目和调研任务，联合发布产品推介并传播，建立联合人才培养和人才交流机制等措施促进二者融合发展。

（四）加强智库的信息收集与处理能力建设

如今是个看流量的社会，皮书研创和学术共同体建设也是如此，流量是评判其社会影响力和成效的基本指标。首先，课题组在皮书研创阶段就应该树立流量意识，一方面，注重利用大数据、云计算等技术获得更多的研究数据，用数据说话；另一方面，在研究中紧跟社会焦点，将焦点打造成学术热点。其次，在皮书发布阶段，学术共同体及皮书作者要充分利用现代科学技术，借助各类直播平台来吸引流量，通过接受媒体访谈、发布各类指数、专家解读等形式实现成果多次传播。再次，在推动皮书研创和学术共同体建设过程中，研创人员要充分运用好各类网络学术载体，主动参与网络学术评价及学术交流，将自己的研究成果通过网络传播，提高学术影响力和学术知名度。最后，要突破新媒体发展中存在的障碍，新媒体从业者要通过参与体制内的学术交流获取发展资源，要通过技术创新创造更加丰富的价值，来获得学术界及全社会的认可。

（五）加强智库国际话语体系建设

加强智库国际话语体系建设，积极参与全球治理，是新时代对中国智库建设的历史要求。通过话语体系建设，引导国际舆论走向，为中国的创新发展营造更舒适的国际环境，需要国家智库对热点问题及时发声，争取话语权。在国际交往中，如果能建造一套属于自己的语言体系和逻辑体系，让中国声音唱响国际舞台，让中国标准影响世界，将大大提升中国在世界的影响力。同时，构建智库国际话语体系，应积极寻求国际交流，主动"走出去""引进来"，通过交流，相互了解、增进友谊，并不断优化交流环境。此外，国际合作有利于营造全球话语体系建设，帮助促进中国主动与国际社会接轨，主动适应并创新国际规则。

（六）进一步加强学术规范

严谨扎实的学术研究是皮书研创及学术共同体发展的基础，不断健全学术规范，营造统一的行为准则，是皮书研创及学术共同体自身需要努力实现的目标。一方面，要健全学术规范，科学制定有利于学术交流融合的行为准则。另一方面，要加强学者的自律，让皮书研创和学术共同体成为学者真正追求科学真理的平台，任何违背学术道德的行为，都要受到严厉的惩罚。同时，学术研究应具有一定的前瞻性，追求独立但绝不能脱离社会和时代。

参考文献

谢曙光、吴丹：《皮书与当代中国研究》，《出版广角》2016 年第13 期。

房莹：《高校智库学术共同体建设路径研究——基于 6 所国家高端高校智库建设经验的分析》，《智库理论与实践》2017 年第 5 期。

叶祝弟、阮凯：《学术原创、学术评奖与学术共同体建设》，《探索与争鸣》2016 年第 3 期。

于善甫：《高校智库型学术共同体建设路径研究》，《创新科技》2019 年第 19 期。

周新原：《新时代构建学术共同体的理论逻辑与现实路径》，《教育评论》2019 年第 6 期。

陈蓓：《科技期刊与学术共同体的构建》，《科技传播》2019 年第14 期。

以皮书研创为抓手打造首都高端智库

——"京津冀蓝皮书"的一些做法分享[*]

叶堂林[**]

摘 要：20世纪90年代以来，首都经济贸易大学首都圈研究团队针对国家重大需求，对首都圈和京津冀协同发展进行了持续、系统、深入研究，连续出版8部"京津冀蓝皮书"，承担国家社会科学基金重大项目并获中央领导批示，其研究成果为京津冀协同发展决策制定以及京津冀协同发展上升为国家重大战略提供了重要智力支持。

关键词：皮书研创 京津冀蓝皮书 高端智库

一 夯实京津冀协同发展的研究基础

围绕京津冀协同发展，首都经济贸易大学首都圈研究团队

* 本文根据作者2019年11月在广州召开的第六期全国皮书研创高级研修班上的发言录音整理而成，已经本人审阅。

** 叶堂林，首都经济贸易大学特大城市经济社会发展研究院执行副院长，北京市经济社会发展政策研究基地主任、教授、博士生导师。研究方向：首都圈发展、京津冀协同发展。

（简称"研究团队"）进行了持续、系统、深入研究，以提高皮书研创的学术影响力、决策影响力和社会影响力。

1. 承担重要项目 100 余项，发表论文 441 篇，出版著作 46 部

近年来，研究团队完成咨询研究报告 50 余份，参与国家重大政策起草 19 项。具体来看，研究团队获国家级奖项 1 项、省部级奖项 12 项；申报并获批国家级项目 19 项、国家社会科学基金重大项目 5 项、国家自然科学基金重点项目 2 项；申报并获批中国科学技术协会重大调研课题 1 项、北京市社会科学基金重大项目 2 项、省部级项目 40 项。其中，《降低北京人口密度合乎规律》成果获习近平总书记重要批示；《关于京津冀一体化的几点建议》《对推进京津冀协同发展情况的调查与思考》等 6 项成果获得中央领导的重要批示。

此外，研究团队还获得了国家科学技术进步奖二等奖 1 项，教育部高等学校科学研究优秀成果奖（人文社会科学）二等奖 1 项、三等奖 1 项，北京市科学技术奖二等奖 2 项、三等奖 1 项，北京市哲学社会科学优秀成果奖一等奖 1 项、二等奖 1 项。

2. 为京津冀协同发展上升为国家重大战略提供了重要智力支持

研究团队为京津冀协同发展战略提供学术支持主要分为三个阶段——理论准备阶段、决策支撑阶段、推动落实阶段。

第一阶段是理论准备阶段（1990～2010 年）。1996 年，研究团队进行的"首都经济发展战略""持续首都"等研究为"首都经济"的提出及北京经济战略转型提供科学依据。2000 年开展的"北京与周边地区关系研究"对"首都圈"进行了系统科学的界定，而《京津冀都市圈区域创新体系专项规划（2004）》

《环渤海经济社会发展环境承载力研究（2008）》等研究成果为京津冀协同发展做了前期理论准备。

第二阶段是决策支撑阶段（2011～2013年）。2011年，研究团队受中央财经办委托，完成了"北京城市功能疏解问题、思路与措施""京津冀基础承载力测度与分析"等课题，为京津冀协同发展提出及习近平总书记"2·26"讲话提供了重要参考。2012年，研究团队开始研创"京津冀蓝皮书"等智库产品，并荣获3次"优秀皮书奖"一等奖。"京津冀蓝皮书"现已被打造成知名学术品牌，成为国内外研究京津冀发展的重要参考文献。2013年，研究团队将《京津冀资源环境综合承载力状况及提升路径》等成果直接提交给中共中央办公厅和国务院办公厅。同年，受中国发展研究基金会委托，研究团队完成了"京津冀资源环境承载能力的综合评价"课题，为中央研究机构起草习近平总书记"2·26"讲话、将京津冀协同发展上升为国家重大战略提供了重要的决策参考；受中共北京市委研究室委托，研究团队完成了"京津冀人口、交通、水资源、生态、土地、公共服务以及京津冀三地综合承载力基本状况及思路建议"的相关课题，为北京市政府迎接2014年初习近平总书记视察北京及主持召开座谈会提供了重要参考，中共北京市委研究室为此给首都经济贸易大学发来表扬信和资政证明。

第三阶段是推动落实阶段（2014年至今）。首先，宣传诠释。研究团队在国家级媒体发表系列署名文章，如《扎实推进京津冀协同发展》发表在2014年4月1日《经济日报》理论版、《找准京津冀协同发展的切入点》发表在2014年6月5日《经济日报》区域版、《找准京津冀协同发展的利益契合点》发表在

2014年6月9日《北京日报》理论周刊、《京津冀产业协同发展的新进展和新动向》发表在2016年5月12日《经济日报》理论周刊、《科学构建京津冀生态补偿机制》发表在2017年1月20日《经济日报》理论·智库版、《生产、生活、生态空间的统筹重点》发表在2017年7月31日《北京日报》理论周刊、《协同创新：京津冀经济转型突围的原动力》发表在2019年2月26日《光明日报》光明视野版等。其次，深入研究。研究团队承担一系列国家级重大、重点课题和决策咨询项目，组建京津冀大数据研究中心。最后，推动落实。研究团队的研究成果多次获国家领导重要批示，研创人员多次参加中央财经领导小组办公室和京津冀领导小组的闭门座谈会。如《推进京津冀协同发展情况的调查与思考》《完善治理机制推进京津冀生态环境共建》《从大数据看北京对津冀投资情况及相关建议（上、下）》《对京津冀44个市区县企业协同发展情况的调查》《专家认为京津冀生态补偿亟待调整》等成果获中央领导的重要批示；《北京应在推进京津冀协同发展中发挥核心引领带动作用》《完善治理机制是实现京津冀生态环境共建共享的关键》《京津冀与长三角、珠三角企业发展对比研究及政策建议》获得北京市主要领导的批示。

3. 建立京津冀协同发展学术交流、研究和咨询的基础体系

从发展历程来看，研究团队在推动京津冀协同发展方面成绩显著。2007年，研究团队设立了"都市圈发展高层论坛"，已连续举办13届，成为京津冀协同发展的重要学术交流平台。2015年，由北京大学牵头，南开大学、清华大学、河北经贸大学和首都经济贸易大学联合成立京津冀协同发展联合创新中心。2016年，中国社会科学院、北京市社会科学院、天津社会科学院、河北省社会科学院、首都经济贸易大学、河北经贸大学等联合共建京津冀协同发展智库。2017 年，研究团队获批成立城市群系统演化与可持续发展的决策模拟研究北京市重点实验室（简称"城市群重点实验室"）。2018 年，首都经济贸易大学特大城市经济社会发展研究院被北京市委确立为首批高端智库。研究团队现已逐步建立起京津冀协同发展学术交流、研究和咨询的基础体系，在推动京津冀协同发展领域建树卓绝。

二 形成以研究团队为核心的"课题研究—咨询服务—学术论坛"的互动皮书研创模式

1. 整合研究领域的专家力量打造研究团队

"京津冀蓝皮书"课题组依托于北京市经济社会发展政策研究基地（简称"基地"），坚持"不为我所有、但为我所用"的建设思路，整合京津冀"三地四方"研究力量，以学术带头人为核心，以课题为载体，以论坛为学术成果交流平台，以人才队伍建设为根本，以蓝皮书为抓手，聚集和整合研究力量，在核心成员相对稳定的基础上，根据每年的研究重点和研究选题的不同，对专家学者队伍进行适时调整，打造学术共同体。

在课题组建设上，研究团队坚持"以学术带头人为核心，以课题为载体"。"以学术带头人为核心"，意即要求研究团队必须在"京津冀一体化"研究领域有话语权和足够的人格魅力，从而凝聚研究团队的意志。"以课题为载体"就是指"京津冀蓝皮书"总报告、专题报告和分报告的总数要控制在 15 篇之内，并根据专家的研究特长对各课题进行设计。随后，再以任务的形式将每篇报告分配给各位专家，即通过开题让各方达成共识，以任务形式推动报告撰写。此外，研究团队还运用举办学术论坛和作者交流会等形式推动皮书研创者进行问题交流、内容修改，以此不断提升报告的学术性与原创性。在皮书研创过程中，研究团队积极鼓励年轻学者与领域内的专家交流，以推动其提高学术水平。

2. "课题研究—咨询服务—学术论坛"的互动皮书研创模式

研究团队根据研究发展需要不断探索，逐步形成了以研究团队为依托，以课题研究为核心，以咨询服务为使命，以学术论坛为助推器，四者有机结合、相互促进的运作模式。其中，研究团队是基地发展的基础和依托；课题研究是基地发展的核心任务和重要载体；咨询服务是基地发展的使命和价值所在，也是智库建设的重要内容，更是提升决策影响力和社会影响力的重要途径；学术论坛既是扩大学术影响力的催化器，也是推进课题研究、咨询服务的助推器。

通过这一特色鲜明、分工明确的皮书研创模式，"京津冀蓝皮书"的影响力发生了翻天覆地的改变。"京津冀蓝皮书"逐渐成为京津冀研究领域极具影响力的品牌和代表，在已经出版的8部"京津冀蓝皮书"中，获"优秀皮书奖"一等奖4次、二等奖2次。除此之外，这一模式还推动了研究团队与各级机关的互动合作，如为国家发展和改革委员会京津冀协同发展领导小组、北京市发展和改革委员会、北京市经济和信息化局、北京市统计局等部门提供关于京津冀领域问题上的学术支持。

3. 探索"顶天""立地"的发展模式

所谓"顶天"，就是要强调学理研究，力争在理论研究方面站在本学科学术最前沿。研究团队在基地的四期建设过程中共承担科研项目 51 项，其中，国家社会科学基金重大项目 2 项，国家自然科学基金重点项目 1 项，国家社会科学基金重点项目 3 项，国家自然科学基金面上项目 1 项，省部级项目 26 项以及其他项目 18 项。如研究团队于 2016 年、2017 年申报并获批国家社会科学基金重大项目"拓展我国区域发展新空间研究"（项目编号：15ZDC016）、"基于区域治理的京津冀协同发展重大理论与实践问题研究"（项目编号：17ZDA059）等，2017 年还申报并获批国家自然科学基金重点项目"我国产业集聚演进与新动能培育发展研究"（项目编号：71733001）等，取得了显著成效。

相比纯学术研究，作为决策研究的"京津冀蓝皮书"研创工作既强调资政功能，又力求学术上的规范性、前沿性和专业性。一方面，研究团队通过积极运用数据、模型等学术工具不断提高报告的学理性，同时更力图切合实际并不断提升政策解释能力；另一方面，研究团队还积极推动申报各项基金项目，以增强"京津冀蓝皮书"的学术影响力。

而在"立地"方面，研究团队坚持为京津冀三地政府提供决策咨询。在其提交的研究成果中，有 11 项获省部级以上领导肯定性批示，15 项被实际部门（局级以上）采纳，6 项被北京市哲学社会科学规划办公室《成果要报》采用。如《专家认为京津冀生态补偿亟待调整》《对京津冀 44 个市区县企业协同发展情况的调查》等成果获得中央领导的重要批示；《激发北京城市发展活力的三点建议》《建设"和谐宜居之都"，基于供给侧的四点建议》《建设国际一流的和谐宜居之都的目标评估体系研究》《打造以北京为核心世界级城市群的战略重点》《北京城市发展与首都发展要义的理论辨析》《深刻理解和把握首都发展要义》《减量发展本质上是可持续发展》《北京"减量发展"的路径与对策研究》等成果获得北京市主要领导的重要批示。

三 运用大数据实现皮书研创的实证性、权威性和时效性

1. 组建京津冀大数据研究中心，服务国家战略和区域发展

2015 年 4 月，基地与龙信数据（北京）有限公司共建了京津冀大数据研究中心，这是建设以首都新型智库为目标的产学研紧密结合创新共同体的一种有益尝试。

京津冀大数据研究中心自成立后发展迅速，逐渐形成了"两库、三平台、四中心"的发展格局。"两库"是指建立京津冀大数据基础信息库和应用信息库。基础信息库是所有分析和挖掘的基础，而应用信息库是基础信息库的应用，即在基础信息库的基础上进行的针对性的分析和挖掘，二者是不可分割的统一整体。"三平台"是指建立数据支撑平台、分析挖掘平台和 GIS 服务平台。"四中心"是指建立数据中心、交流中心、应用中心和咨询中心。

在这一基础上，研究团队以京津冀大数据研究中心为依托，以问题和目标为导向，以服务国家战略与区域发展为重点，通过建设京津冀大数据基础信息库和分析挖掘平台，打造产学研紧密结合的首都高端智库。从京津冀协同发展的国家战略出发，在对京津冀三地宏观经济数据、区域经济数据、全量企业数据进行集成整合的基础上，引入先进的大数据管理技术，开展深入细致的

大数据分析应用研究，动态监测京津冀三地经济社会发展的现状与趋势，全面、客观、动态、可视化地展现京津冀综合发展、协同发展以及可持续发展的基本态势和空间布局，以期及时发现问题，为京津冀三地政府更好地落实京津冀协同发展的顶层规划提供智力支持和决策参考，更好地助力企业发展，进而深化学术理论研究。

2. 积极参与政府课题，确保站在决策的最前沿

在首都高端智库建设方面，首都经济贸易大学特大城市经济社会发展研究院作为首都高端智库试点建设单位之一，也是市属高校唯一一家试点单位，主要有两个研究方向：一是京津冀协同发展，二是特大城市治理。首都经济贸易大学特大城市经济社会发展研究院每年承担智库建设的重点任务和若干调研任务，并意识到只有在京津冀协同发展和特大城市治理两个方向上协同并进、不断深入才能站在实践的最前沿，实现理论与实践的有机结合。

第一，在积极参与政府课题并确保站在决策的最前沿方面，研究团队与中国人民政治协商会议北京市委员会（简称"北京市政协"）、北京市发展和改革委员会、北京市科学技术委员会、北京市统计局等保持了长期的合作关系并积极共同开展相关研究。2019 年，研究团队全程参与北京市政协的课题"积极推进全产业链布局，加快推动京津冀协同发展"并撰写报告。这份报告获得了北京市政协主席吉林等领导的重要批示。此外，首都经济贸易大学特大城市经济社会发展研究院还主持了北京市统计局的两项课题——"北京构建现代化产业体系研究"和"北京城市副中心与北三县公共服务共建共享的机制与模式研究"，又主持北京市科学技术委员会的两项课题，分别是"京津冀科技创新与产业结构升级的耦合机制研究"和"京津冀、长三角、粤港澳创新能力与创新机制的对比研究"。

第二，在积极探索搭建京津冀协同发展监测平台及长期监测点方面，2015 年，为配合工业和信息化部的《京津冀协同发展规划纲要》的出台和宣传，受工业和信息化部委托，研究团队与工业和信息化部合作，共同编制了《京津冀产业协同发展导引》手册，并提交了"关于京津冀产业协同发展监测要报"。研究团队在摸清京津冀九大产业、30 个重点园区发展底数的前提下，运用大数据对京津冀投资动向及其产业发展态势进行了深入分析，发现了一些新情况与新动向。此外，研究团队还与张家口市、保定市和沧州市保持长期合作关系，除了合作课题外，更多将其作为京津冀协同发展进展的重要观察点。

参考文献

叶堂林、毛若冲：《京津冀科技创新与产业结构升级耦合》，《首都经济贸易大学学报》2019 年第 6 期。

叶堂林、毛若冲：《基于联系度、均衡度、融合度的京津冀协同状况研究》，《首都经济贸易大学学报》2019 年第 2 期。

叶堂林等：《京津冀协同发展的基础与路径》，首都经济贸易大学出版社，2015。

叶堂林等：《基于大数据的京津冀企业创新发展能力及扩散效应研究》，首都经济贸易大学出版社，2019。

皮书研创与智库建设

特色智库建设与河南全面发展[*]

张占仓[**]

摘　要：中国皮书研创已历经 20 余年的积淀，它主要通过年轮式研究现实问题、对全社会关注的问题发出学术界的声音、传承与弘扬中国传统文化与传统智慧、对经济社会发展进行系统分析与预测、向社会提供正能量来构建高端智库功能。皮书研创促进了地方特色智库建设，成为智库成果向社会公开发布、向全球讲好中国地方发展故事、科学引导社会发展预期和打造中国学术国际品牌的载体。以皮书为依托促进河南全面发展，需要抓好三个方面的工作：一是发挥区域优势，努力打好"四张牌"；二是落实国家批准的战略规划，推动"五区联动"；三是促进"四路协同"，全面融入"一带一路"建设。

关键词：皮书研创　智库建设　中国故事　河南发展

---

　*　本文根据作者在第二十次全国皮书年会（2019）上的发言录音整理而成，已经本人审阅。
　**　张占仓，河南省人民政府参事，河南省社会科学院原院长、研究员。研究方向：区域经济学。

一 中国皮书的智库功能

党中央高度重视中国特色新型智库建设，智库成果在现代决策中的作用越来越显著。作为智库成果及时进入社会的最大载体，中国皮书出版功不可没。由于历史的原因，中国哲学社会科学研究领域科研人员对现实问题的研究一直偏弱。但是，一旦智库成果搭上皮书出版的快车，受出版周期的驱动，所有参与皮书研创的人员均需要对现实问题及时进行研究并对社会关注的重要问题做出回应。因此，中国皮书出版历经 20 余年的持续磨炼，皮书作为智库报告在当下中国被赋予新的智库功能。

1. 年轮式研究现实问题

中国作为全世界最大的发展中国家，面临着一系列特殊难题。但是，专业科研机构或者高等院校有责任面对纷繁复杂的经济现象、社会现象、文化现象，他们用专业的方法研究专业的问题，从专业的视角回应社会关切、回答百姓疑问、引导社会舆情、平稳社会心态、维护国家安全。皮书作为其出版载体，能够促使研究者年轮式研究现实问题。

2. 向社会发出学术界的声音

在国内，皮书出版后一般会举行新书出版发布暨专题研讨会，社会各界人士以及主要新闻媒体都会参加会议，对区域发展或行业发展的影响越来越大。不同领域的皮书回答了社会若干方面的问题，能够在面对全国性或区域性重大问题或敏感问题时，为社会做出科学、客观的学术性的解答，向社会发出学术界的声音。

3. 传承与弘扬中国传统文化与传统智慧

中国传统文化包容、开放，皮书是各级各类智库成果的表达形式之一，代表了中国传统文化与现代经济社会发展相结合的智慧，是专业研究机构集体研究的成果，是当代中国知识界奉献给社会的最好成果之一，发行量非常大，对中国国家发展及各省区市（县）发展具有重要的指导意义。

4. 对经济社会发展进行系统分析与预测

中国社会科学院原副院长、经济学家李扬研究员曾经指出，"中国如此之大，中国的事情如此之复杂，中国的变化如此之伟大，是需要一套出版物来给予跟踪、反映，给予宣传的"。从近20年发展历程来看，专家学者通过皮书这一载体对经济社会发展进行系统分析与预测，并且取得了很大的成效。

皮书研创者对上一年经济社会问题的梳理与总结，以及对新一年的发展预测，基本上可以代表学界对经济社会发展重大问题的看法。特别是近几年，中国经济进入新常态，国内外对中国经济发展前景给予了各种各样的分析与预测，社会上对此出现过认识上的恐慌。但是，皮书通过"对上一年总结，对下一年展望"的基本模式，对当年的经济社会发展情况进行预测并发布，起到了定海神针的作用，大大稳定了社会预期。

5. 向社会提供正能量

"正能量"的流行源于英国心理学家理查德·怀斯曼的专著《正能量》。其中，将人体比作一个能量场，通过激发内在潜能，可以使人表现出一个新的自我，从而更加自信、更加充满活力。

现在，"正能量"指的是一种健康乐观、积极向上的动力和情感。一般认为，所有积极的、健康的、催人奋进的、给人力量的、充满希望的言行，是"正能量"。在中国社会大变革时期，它已经成为一个充满象征意义的符号，是积极向上的社会行为。

皮书研创人员既要科学研判经济社会发展大势，又要抱着一种负责任的态度，客观、冷静、包容地对待改革发展过程中遇到的各种各样的问题，寻求破解难题的途径，促进经济社会稳定、健康、可持续发展。近年来出版的皮书从科学研究的角度回答社会热点问题，向社会提供了"正能量"。

二 中国皮书促进地方特色智库建设的价值

1. 扮演好智库成果向社会公开发布的基本角色

党的十八大以来，党中央、国务院对智库建设高度重视，特别是 2016 年 5 月 17 日，习近平总书记主持召开哲学社会科学工作座谈会，并发表重要讲话，各地方党委也相继召开哲学社会科学工作座谈会。2016 年 12 月 30 日，习近平总书记主持召开中央全面深化改革领导小组第 31 次会议，审议通过了《关于加快构建中国特色哲学社会科学的意见》，从而使中国哲学社会科学发展进入空前加速状态，全国哲学社会科学迎来全面发展的历史机遇。

目前，各地按照党中央、国务院的要求，加快建设服务于各级各类决策的新型智库，智库成果也起到了哲学社会科学服务于社会的作用。而智库成果向社会公开发布的主要形式之一，就是大规模出版的各种皮书。

因此，皮书必须明确这个最基本的智库职能，而且要不断创新与完善这种职能，开展各种学术研讨活动，积极为地方政府科学决策服务。如今，皮书的出版多数会举行正式的新闻发布会或者专题研讨会，通过这种方式向社会发布代表智库的信息。

2. 向全球讲好中国地方发展故事

习近平总书记在 5·17 讲话中指出，"发挥我国哲学社会科学作用，要注意加强话语体系建设"。在解读中国实践、构建中国理论上，哲学社会科学工作者最有发言权，但实际上我国哲学社会科学在国际上的声音较小。因此，哲学社会科学工作者要善于提炼标识性概念，打造易于为国际社会所理解和接受的新概念、新范式、新表述，引导国际学术界展开研究和讨论。国家要鼓励哲学社会科学机构参与和设立国际性学术组织，支持和鼓励建立海外中国学术研究中心，支持国外学会、基金会研究中国问题，加强国内外智库交流，推动海外中国学研究。

已经出版的各种外文版皮书，都在用最鲜活的素材向全球讲述中国故事，提高中国在全球的话语权。如英文版的《河南发展报告》在地方大型外事活动中影响较大，中共河南省委、省政府接待外宾时也直接使用了该英文版皮书，而且英文版皮书也已经被国外大学与研究机构引进使用。

3. 科学引导社会发展预期

当今世界，互联网应用进入深度影响经济社会发展的阶段，中国逐步担当起引领互联网发展的新角色，大量传统学科、传统技术、传统产品、传统商业业态均处在快速调整之中，科技创新日新月异，新业态、新技术、新理念、新人物层出不穷。现代科学技术在为生产和生活带来空前财富创造能力的同时，在思想与意识形态领域也时常带来新的冲击。微信的深度普及与应用使得人们获取信息的渠道更加多样化，受众阅读信息的习惯受微信朋友圈的影响较大，经常会有各种各样的新想法、新概念、新信息、新说法等。但是，起到凝聚民心作用的核心价值观既要与时俱进，也要有良好的继承。所以，当大众面对纷繁复杂的各种社会现象时，皮书必须像习近平总书记要求的那样，"当代中国正经历着我国历史上最为广泛而深刻的社会变革，也正在进行着人类历史上最为宏大而独特的实践创新"。哲学社会科学工作者要"立时代之潮头、通古今之变化、发思想之先声，积极为党和人民述学立论、建言献策，这是一切有理想、有抱负的哲学社会科学工作者应当担负起的光荣使命，也是哲学社会科学繁荣发展的时代契机"。皮书研创者在科学引导社会发展预期方面有比较系统的研究，在国家发展、地区进步、行业变化等方面，通过皮书的发布，科学研判变化趋势，把握发展变化规律，及时向社会发布科学客观的引领性信息，起到了引导经济社会发展预期的作用。

4. 打造中国学术国际品牌

伴随着中央出台的《关于加快构建中国特色哲学社会科学的意见》的深入贯彻落实，全国哲学社会科学系统应契合中国传统文化优势，立足于社会科学文献出版社持续创造了20年之久的皮书出版基础，团结协作，共同打造皮书的国家品牌和国际品牌。中国皮书在国内已经具有较高的知名度，每年数百种皮书的出版覆盖了多个专业，对全国和地方影响均较大。全国各省区市在进一步提升中文版皮书研创水平的同时，应重视外文版皮书的研创，尽快形成全国和各省区市大型外事活动普遍使用社科系统外文版皮书的潮流，为中国哲学社会科学繁荣发展并走向全球开辟路径，形成协同效应，全面提升全国哲学社会科学工作者的历史地位。

三　以皮书为依托促进河南全面发展

河南在全国是有代表性的省份之一，人口较多，经济总量稳居全国第五位。根据河南省社会科学院近几年的系统的研究，认为河南促进全面发展需要抓好以下三个方面的工作。

1. 努力打好"四张牌"

按照习近平总书记2014年5月在河南指导工作时重要讲话精神的要求，河南转型升级发展要努力打好"四张牌"。

第一，打好产业结构优化升级牌。在三大产业层面，河南省要敏锐地认识与适应中国国民经济服务化的历史趋势，加快产业结构转型升级，特别是要加快服务化发展步伐，这是河南向发达国家和沿海地区学习的战略支撑点。在实体经济运作层面，河南省要加快发展战略性新兴产业，持续发展先进制造业、高效种养业，不断提升产业核心竞争力。

第二，打好创新驱动牌。河南省应全面实施创新驱动战略，围绕发挥人才创新潜力这个核心问题，向湖北、深圳等省市学习，聚天下英才而用之，做足人才大文章，释放各类人才尤其是青年人才、基层一线人才的创新活力，转化科研成果，培育经济高质量发展的新动能。

第三，打好新型城镇化牌。立足河南实际，抓住2017年全省城镇化率突破50%的历史机遇，大胆探索具有河南特色的新型城镇化之路，更多地关注城镇化质量提升；支持郑州加快建设国家中心城市，促进中原城市群健康发展、协调发展、绿色发展。

第四，打好基础能力建设牌。与发达国家相比，中国在基础设施均衡化方面差距很大。河南省应充分利用中央财政转移支付等资源，大力提升基础设施、基础产业现代化的水平，加快郑州铁路枢纽、"米字形"高铁枢纽、郑州国际航空货运枢纽、多式联运体系、高速公路"双千工程"等基础设施建设，打造发展新支柱产业，持续不断地培育基础设施新优势。

2. 推动"五区联动"

第一，郑州航空港经济综合实验区。经国务院批准建设的郑州航空港经济综合实验区，成为内陆开放高地建设的主要支撑，需要持续加快发展。第二，中国（河南）自由贸易试验区。该试验区包括郑州片区、洛阳片区和开封片区，实际上分布在三座城市，现在三个片区发展各有特点，推进速度很快。第三，郑洛新国家自主创新示范区。该示范区依托郑州、洛阳、新乡三座城市高新技术产业开发区建设。第四，中国（郑州）跨境电子商务综合试验区。该试验区是全国跨境电子商务创新发展的标志，需要加大政策扶持力度，加快发展步伐。第五，国家大数据河南综合试验区。

这五区之间如何联动发展，对全省经济高质量发展影响很大。如郑州航空港经济综合实验区，2010 年启动建设，2013 年得到国务院批准，近年来的货运吞吐量在全国位次由 2010 年的第 21 位，上升到 2016 年的第 7 位，并在 2017 年和 2018 年持续稳定在第 7 位，上升速度较快；旅客运输量也从 2010 年全国的第 20 位上升到 2018 年的第 12 位。该国际航空枢纽建设对全省开放型经济发展影响很大，河南省正是因为该枢纽的建设连续几年进出口总额在全国中西部地区位列第一。

3. 促进"四路协同"

在全面融入"一带一路"过程中，河南省创造出了"四路协同"开放发展模式，先后形成了"陆上丝绸之路"——中欧班列（郑州）、"空中丝绸之路"——郑州–卢森堡"双枢纽"航线、"网上丝绸之路"——"1210"海关监管模式和"海上丝绸之路"——海铁联运。

2013 年 7 月 18 日，首趟郑欧国际铁路货运班列开始运行，开启了中国与欧洲的"陆上丝绸之路"。郑欧班列的车次为"80001 次"，是全国各地发往欧洲货运班列中的"第 1 号"。2013 年 9 月，习近平总书记提出建设"丝绸之路经济带"。2014 年 5 月，习近平总书记到郑州国际陆港公司调研了中国最早开通的中欧班列。

2014 年，河南省开通了郑州–卢森堡的定期洲际货运航线，搭建起了横贯中欧的"空中丝绸之路"，卢森堡把郑州作为其在亚洲的国际航空枢纽，郑州将卢森堡作为其在欧洲的国际航空枢纽，"双枢纽"战略加快了货物流通，使中卢两国均从中受益。卢森堡货运航空公司是全球十大货运航空公司之一，在货航领域影响很大；郑州机场也是目前中国国际机场中唯一实行"货运优先"的机场，货物运输发展速度很快。2014 年 6 月，郑州–卢森堡航线开通后，于当年底完成 1 万吨货运；2015 年货运量突破 5 万吨，2016 年突破 10 万吨，在 2017 年达到了将近 15 万吨。2017 年 6 月 14 日，习近平总书记会见卢森堡首相贝泰尔时指出："要深化双方在'一带一路'建设框架内金融和产能等合作，中方支持建设'空中丝绸之路'。"

2014 年 5 月 10 日，习近平总书记在河南省调研期间，在中国（郑州）跨境电子商务综合试验区考察，勉励其朝着"买全球卖全球"的战略目标迈进。中国从 2012 年开始发展跨境电子商务，在 2012～2015 年国家第一期试点期间，郑州的业务量一直占全国的 50% 以上。郑州作为最早一批跨境电子商务试点城市，首创了"1210"海关监管模式，已经在国内外推广和应用。

海铁联运的"海上丝绸之路"是河南各地通过海铁联运与沿海港口联动发展，推动内河水运、沿海港口的无缝衔接，加快了载重量比较大的货物的进出口发展。

四　小结

通过以上分析，可以总结出以下三点。

第一，努力打造新时代中国皮书学术品牌。中国特色社会主义进入新时代，哲学社会科学的新作为之一就是要让皮书成为智库领域更好的代表性成果，要打造中国皮书的学术品牌。第二，进一步提高中国皮书在全国和地方决策中的应用价值。加强组织协调，建立健全皮书重大问题研创的协同合作机制，共同为科学决策、民主决策、依法决策提供高水平智库成果支撑。第三，要继续以皮书研创为依托促进河南省全面发展。河南省依据皮书调研成果，在促进全面发展方面成效很大，未来仍需要进一步努力。

参考文献

张大卫：《构建中国特色新型智库生态圈》，《国土资源》2019 年第 2 期。

谢曙光：《以中国智库成果服务新时代发展》，《中国新闻出版广电报》2019 年 9 月 26 日，第 6 版。

河南省社会科学院"河南经济蓝皮书"课题组、张占仓：《河南省 2017 年上半年经济运行分析及全年走势展望》，《中州学刊》2017 年第 8 期。

李培林：《把皮书打造成优秀的新型智库产品》，载谢曙光主编《皮书与中国话语体系建设》，社会科学文献出版社，2016。

谢曙光：《皮书与当代中国研究》，载谢曙光主编《皮书与中国话语体系建设》，社会科学文献出版社，2016。

吴丹：《学术出版机构提升年度性智库报告出版能力的探索——以社会科学文献出版社皮书系列智库报告为例》，载谢曙光主编《皮书与中国话语体系建设》，社会科学文献出版社，2016。

沈开艳：《地方经济类皮书与地方智库建设》，载谢曙光主编《皮书专业化二十年（1997～2017）》，社会科学文献出版社，2017。

吴大华、张松：《服务党委政府决策　推动新型智库建设——"贵州蓝皮书"研创与发展的体会》，载谢曙光主编《皮书专业化二十年（1997～2017）》，社会科学文献出版社，2017。

殷文贵、王岩：《新中国 70 年中国国际话语权的演进逻辑和未来展望》，《社会主义研究》2019 年第 6 期。

习近平：《在哲学社会科学工作座谈会上的讲话》，《人民日报》2016 年 5 月 19 日，第 2 版。

谢伏瞻：《加快构建中国特色哲学社会科学学科体系、学术体系、话语体系》，《中国社会科学》2019 年第 5 期。

祝君壁：《打好"四张牌"河南更"出彩"》，《经济日报》2019 年 8 月 27 日，第 1 版。

张占仓、蔡建霞：《建设郑州－卢森堡"空中丝绸之路"的战略优势与前景展望》，《河南工业大学学报》（社会科学版）2018 年第 6 期。

宋敏：《"四路协同"打造内陆开放高地》，《河南日报》2019 年 4 月 17 日，第 2 版。

赵振杰：《第三届全球跨境电商大会在郑开幕 王国生宣布开幕 陈润儿出席》，《河南日报》2019 年 5 月 11 日，第 1 版。

战略转型　整体跃升

——建设高质量新型城市智库的战略思考与具体实践[*]

张跃国[**]

摘　要： 广州市社会科学院构建新型城市智库的总体思路与建设目标可以概括为"1122335"，即确立"一个立院之本"，明确"一个主攻方向"，突出"两个导向"，提升"两个能力"，坚定"三个定位"，瞄准"三大愿景"，发挥"五大功能"。

关键词： 新型城市智库　智库建设　智库研究

在建立新型城市智库的实践路径方面，广州市社会科学院确立了"三重大＋舆论引导"方针，即通过重大课题研究、重大平台建设、重大学术活动和舆论引导推动新型城市智库高质量发展。

---

[*] 本文根据作者 2019 年 11 月在广州召开的第六期全国皮书研创高级研修班上的发言录音整理而成，已经本人审阅。

[**] 张跃国，广州市社会科学院党组书记、院长。研究方向：城市发展战略、创新发展、传统文化。

广州市社会科学院构建新型城市智库的总体思路与建设目标可以概括为"1122335"，即确立"一个立院之本"——研究广州、服务决策；明确"一个主攻方向"——决策咨询研究；突出"两个导向"——坚持目标导向、问题导向；提升"两个能力"——综合研判能力、战略谋划能力；坚定"三个定位"——马克思主义重要理论阵地、党的意识形态工作重镇、新型城市智库；瞄准"三大愿景"——创造战略性思想、构建枢纽型格局、打造国际化平台；发挥"五大功能"——资政建言功能、理论创新功能、舆论引导功能、公众服务功能、国际交往功能。

一　重大课题研究

所谓重大课题研究，就是要坚持目标导向和问题导向，紧紧围绕广州发展战略问题，开展前瞻性、针对性、储备性研究，加强顶层设计、统筹协调和分类指导，突出优势和特色，形成系统化设计、专业化支撑、特色化配套、集成化创新的重大课题研究体系。建立起多轮次论证立项、多形式调查研究、多环节结项评审、立体化宣传推介、宽渠道转化运用的课题组织模式。

1. 精心组织论证，重大课题和重大专项研究成果丰硕

近三年来，广州市社会科学院在精心组织、论证重大课题和重大专项研究方面成果丰硕。总体上看，2017～2019年，广州市社会科学院提交中国共产党广州市委员会、广州市人民政府有关部门咨询报告200多份。

第一，在开展课题研究领域，广州市社会科学院共开展43

项重大课题及 218 项自主研究课题。其中，比较具有代表性的是"四个走在全国前列"系列专项课题及"广州近期经济增长主要制约因素、潜力与对策研究"重大专项课题。第二，在成果新闻发布方面，广州市社会科学院不断加大成果宣传力度，先后举行了四次课题成果发布会，国内外新闻媒体对其进行了专题报道。第三，在专版成果发表方面，近三年来广州市社会科学院在《中国社会科学报》四个专版摘编发表了 26 项成果。第四，在出版智库丛书工作上，广州市社会科学院与中国社会科学出版社合作建立了"广州城市智库丛书"平台，并于 2018 年出版 4 部著作，在 2019 年出版了 5 部著作。

2. 多渠道成果报送体系增强传播力、影响力

广州市社会科学院不断通过主要由上报专报、报送党政信息、编辑印发院办刊物、起草政策文件四方面构成的多渠道报送体系促进学术成果宣传，并不断增强传播力和影响力。

近三年来，广州市社会科学院提交市委市政府有关部门咨询报告 200 多份，积极主动向市委市政府报送《研究专报》67 期，向党政信息平台报送研究性决策参考信息 400 多篇；印发《领导参阅》140 期、《决策信息参考》23 期、《每周院情》143 期。截至 2019 年 11 月，广州市社会科学院共印发 9 期反映新型城市智库动态的《智库通讯》（每月一期）。除此之外，广州市社会科学院还派人员参与广州市委《市委全会报告》起草、广州市乡村振兴战略制度框架和政策体系制定、《广州市文明行为促进条例（草案）》出台等工作，得到中国共产党广州市委员会政策研究室、广州市委宣传部、广州市人民政府外事办公室等单位致函感谢。

3. 决策咨询研究成果批示应用达到新高度

近三年来，广州市社会科学院在决策咨询研究成果批示方面取得重大进展，批示项数和人数均创新高。各类决策咨询报告获省市领导批示，并且多个决策咨询研究成果进入政府决策和实施程序。具体而言，2018 年，广州市社会科学院向市委市政府报送 32 期《研究专报》，其中，有 12 期获得领导批示。2018 年，广州市社会科学院共发布《领导参阅》48 期，其中，有 25 期获得领导批示；截至 2019 年 9 月底共发布 31 期，有 12 期获得领导批示，如《广州居民获得感、幸福感和安全感状况调查报告》获广东省委常委、广州市委书记张硕辅同志批示。《决策信息参考》于 2018 年创刊，并在当年共发布 12 期，获得广州市委主要领导批示。在决策信息方面，2018 年，广州市社会科学院向党政信息平台合计报送 121 篇参考信息，中共中央办公厅采用 4 篇、广东省委员会办公厅采用 4 篇、广州市委员会办公厅采用 68 篇，其中，有 5 篇获得省市领导批示。

4. 组合式成果转化传播平台，增强传播力、影响力

通过出版著作、撰写《研究专报》、发表论文、发布成果、媒体宣传五方面组合形成的成果转化传播平台，广州市社会科学院的传播力、影响力获得了显著提高。近三年来，广州市社会科学院出版著作 41 部、发表论文 127 篇。2018～2019 年，广州市社会科学院的专家学者接受包括中央广播电视总台、新华社、香港无线电视台在内的境内外媒体采访超过 210 人次。此外，广州市社会科学院每年都举办重大课题成果发布会、学术论坛、学术研讨会等。

二　重大平台建设

广州市社会科学院坚持立足广州、面向全国、放眼全球，精心构建"枢纽＋网络"的研究格局。积极依托自身研究力量，发挥学科优势和学术专长，吸引集聚国内外的高端研究资源，编织全球研究网络，搭建国际化学术平台、智库平台和合作平台。

作为国内学术期刊平台，广州市社会科学院创办的学术期刊《开放时代》的学术影响力指数在世界范围内排第 38 名，期刊影响力指数在全国 600 多种综合性人文、社会科学类学术期刊中连续 5 年位居第二。此外，《开放时代》连续 4 年荣获"中国国际影响力优秀人文社科期刊"。同时，广州市社会科学院还不断推动"广州蓝皮书"的研创工作，取得了一系列令人瞩目的成绩。

1. 学术平台："广州蓝皮书"的研创质量和社会评价不断提升

以"广州蓝皮书"系列为代表，2017 年，广州市社会科学院研创的《广州经济发展报告（2017）》获"优秀皮书奖"一等奖，《广州社会保障发展报告（2017）》之主报告《广州就业保障发展报告》获"优秀皮书报告奖"一等奖，当年共计四篇报告获得奖项。2018 年则有一本蓝皮书获奖，一篇报告获奖。2019 年成就卓越，《广州经济发展报告（2018）》获"优秀皮书奖"一等奖、《广州社会发展报告（2018）》获"优秀皮书奖"一等奖、《广州商贸业发展报告（2018）》获"优秀皮书奖"三等奖，共计三本蓝皮书获奖。与此同时，广州市社会科学院连续两年有蓝皮书被授权使用当年"中国社会科学院创新工程学术出版项目"标识。除蓝皮书系列外，广州市社会科学院还出版了以"广州城市智库丛书""21世纪海上丝绸之路与广东发展研究丛书"《湾区视角下广州建设国际大都市的空间战略》《新时代广州走在全国前列的使命与战略》《广州建设全球城市评价体系与战略研判》《广州建设全球城市的人口发展及战略选择》《广州千年商都文化的历史轨迹与传承创新》为代表的一系列著作。

2. 构建"实体 + 平台""枢纽 + 网络"运作模式

广州市社会科学院不断推动构建"实体 + 平台""枢纽 + 网络"的运作模式，打造了10个专业化智库平台，包括：广州城市战略研究院、广州国际城市创新传播研究中心、广州国际交往研究院、广州公共政策与社会调查研究中心、广州市统战理论研究中心、广州粤港澳大湾区研究院、广州"一带一路"研究中心、广州文化产业研究中心等。

专业化智库平台 + 品牌建设的模式产生了协同效应，其中：广州国际城市创新传播研究中心定期举办全球城市评价研究学术会议并形成《广州城市国际化英文报告》（Guangzhou Global City Development Report）。广州文化产业研究中心代表广州成功加入由伦敦市市长发起的世界城市文化论坛（World Cities Culture Forum，简称"WCCF"）国际文化组织，并负责WCCF广州秘书处运作及相关研究。广州城市战略研究院聚焦广州全球城市战略研究，撰写了《广州营商环境报告》。广州公共政策与社会调查研究中心则联合广州市委政策研究室、广州市民政局在全市开展"2019年广州社会状况综合调查"，在调查研究基础上撰写了《广州社会发展报告（2019）》。

3. 打造科学合理的智库人才队伍

广州市社会科学院致力于打造科学合理的智库人才队伍。2017 年，院内实施人才队伍建设三年行动计划。截至 2019 年，广州市社会科学院智库人员合计 139 人（包含 21 位研究员、57 位副研究员）。其中，9 人享受国务院政府特殊津贴、76 人拥有高级专业技术职称、10 人被评为广州市优秀中青年社会科学工作者。从年龄上看，拥有 41 位 30～39 岁的智库人才。从学历背景上看，获得博士学位的学者合计 45 人。在决策咨询人才方面，院内拥有广东省政府决策咨询顾问 3 人、广州市优秀哲学社会科学家 1 人、广州市政府决策咨询专家 5 人、广州市优秀专家 7 人、广州市重大决策咨询专家 16 人以及以倪鹏飞、马尔科·卡米亚、本·德拉德等为代表的众多中外顾问。

4. 推动国内外智库合作平台形成网络

广州市社会科学院不断推动国内外智库合作平台形成网络，以巩固广州智库研究的战略枢纽地位。广州市社会科学院的国内外智库合作平台合作方包括：全球化与世界城市研究网络、牛津经济研究院、日本森纪念财团、世界大都市协会、世界城市文化论坛、普华永道、科尔尼管理咨询公司、联合国人居署、世界银行、联合国教科文组织等以及中国发展研究基金会、中国社会科学院、中国与全球化智库。

广州市社会科学院与联合国教科文组织世界遗产中心（巴黎总部）开展深度合作，推进广州"海上丝绸之路"申报世界文化遗产。在这一合作过程中，广州市社会科学院举办多次研讨会议，联合国教科文组织世界遗产中心（巴黎总部）亚太处专员、巴黎索邦大学远东研究中心研究员林志宏教授，巴黎国际文化活动与合作顾问让·弗朗索瓦·阿尔巴特先生和广州市有关部门负责人等参会。在研讨会议中，林志宏教授以"机遇与挑战：丝绸之路世界遗产的系列跨国申报"为题，介绍了"丝绸之路"申报程序中 14 个国家所承担的不同角色和任务，他以 2011 年国际古迹遗址理事会就"丝绸之路"专题研究提出"遗产廊道"分段申报策略为例，认为广州"海上丝绸之路"申遗也可以采用同样策略。

WCCF 由伦敦市市长倡导发起，在 2012 年伦敦奥运会市长文化峰会上成立，秘书处设在英国 BOP 文化创意产业咨询机构。WCCF 是唯一一个世界级城市间通过文化来推进城市可持续发展的全球性网络与国际合作平台。广州市社会科学院受市政府委托推进广州成功加入 WCCF，并负责运作 WCCF 广州秘书处。2019年 10 月，广州成功加入 WCCF，成为第 39 个会员城市。

除此之外，2019 年 10 月，广州市社会科学院还派员赴葡萄牙参加"第八届世界城市文化论坛峰会"宣传广州。

三　重大学术活动

广州市社会科学院突出思想引领，充分发挥智库交往的独特优势，利用积累的学术资源和网络，积极联络国内外城市研究机构、新闻媒体、知名企业等，每年举办若干场重大学术会议，并形成了"全球城市评价研究学术会议"品牌，有效打通广州联结国内外的学术通道，讲好广州故事，跟踪研究前沿。

1. 精心举办的重大学术活动受到各界关注与广泛报道

在学术活动领域，广州市社会科学院举办多场高端智库会议，包括 2019 广州：全球城市评价研究学术会议、全球市长论坛暨第四届广州国际城市创新奖及 2018 广州国际城市创新大会分论坛："'一带一路'与城市建设"、习近平新时代中国特色社会主义思想理论研讨会、2018 广州全球城市评价研究——指标排名与发展趋势学术研讨会、"一带一路"与广州国际大都市建设学术研讨会、2018 "构建 21 世纪金融体系"中美研讨会平行论坛——"金融创新与产业金融"、"全球资源配置中心——国际经验与广州实践"学术会议、"枢纽型网络城市——广州特征"学术研讨会，等等。

2. 有力提升广州学术的国际传播力和全球影响力

在发挥国际学术网络功能方面，广州市社会科学院与联合国人居署、联合国教科文组织、全球化与世界城市研究网络、日本森纪念财团、世界银行等国际组织以及普华永道、牛津经济研究院等国际研究机构建立了实质性合作关系，具体运作广州加入 WCCF 等事宜，并与广州市委、广州市外办共同运作世界大都市协会亚太区秘书处工作。

在参加国际学术活动方面，广州市社会科学院积极参与 2019 亚太城市峰会暨市长论坛、中国文莱友好交流故事会、联合国人居署第九届世界城市论坛城市创新专题研讨会、"亚洲创新 2018：亚洲与欧洲的城市管理"国际研讨会等一系列国际学术会议。

此外，在举办智库学术论坛、研讨会方面，广州市社会科学院积极推动五项专题研讨会进程，共举办智库相关学术论坛、研讨会 61 场。第一，"一带一路"专题。如"以法护航'一带一路'的广州求索"研讨会、"广州海上丝绸之路史迹保护研究"

学术论坛等。第二，城市国际化专题。如"全球视野下广州国际商贸中心发展定位与功能提升"学术论坛、"向国际受众讲述广州故事：跨文化交流与广州国际城市形象塑造"研讨会等。第三，全球城市建设专题。如"全球城市竞争力论坛暨《全球城市竞争力报告》发布"学术会议、"科技创新模式与全球城市发展"学术论坛等。第四，公共政策与社会治理专题。如"广州老龄服务与老龄政策"学术论坛、"老城市新活力：广州社区治理创新与实践"学术研讨会等。第五，文化发展专题。如"深入贯彻党的十九大精神，实现基本公共文化服务均等化"研讨会、"广州市老旧城区微改造中的历史文化保护问题"学术论坛等。

四　舆论引导

广州市社会科学院不断强化理论宣传，积极发挥专家优势和理论优势，主动与主流媒体和新媒体开展战略合作，改变了以往单兵作战的宣传模式，构建起有计划、有组织、有重点的新型城市智库"大宣传"格局。此外，广州市社会科学院聚焦时代主题开展研究和宣传工作，不断发挥马克思主义重要理论的宣传推广功能。

广州市社会科学院在推动大型研讨交流活动方面成绩显著，具体包括：举办学习贯彻党的十九大精神宣讲报告会、学习贯彻党的十九大精神理论研讨会、学习贯彻习近平总书记"四个走在全国前列"重要讲话精神理论交流会、学习宣传贯彻党的十九大精神暨"不忘初心、牢记使命"主题教育学习班、习近平新时代中国特色社会主义思想理论交流会、习近平总书记视察广东重要讲话精神学习交流会、习近平总书记在庆祝改革开放40周年大会上的重要讲话精神学习交流会。

在深入社会开展宣讲活动方面，广州市社会科学院组织智库专家开展院外党的十九大精神宣讲和辅导30余次。据统计，2018~2019年，广州市社会科学院举办党的理论、广州经济形势等宣讲会共98场。

在推动智库学术媒介特刊、专栏宣传方面，广州市社会科学院在《领导参阅》等内刊中分设特刊、专栏刊载研究阐释党的十九大精神和习近平新时代中国特色社会主义思想的系列理论文章。此外，广州市社会科学院还在主流媒体上刊发专版，如推动《中国社会科学报》《广州日报》多次整版刊载理论学习研讨的系列成果并刊发理论文章、舆情分析文章和报道年均超过200篇。

在支持中共中央宣传部工作方面，近三年内，广州市社会科学院共上报39篇舆情分析专报和舆情信息稿件，其中，有10篇获中宣部采纳。2019年，中宣部在全国舆情工作会议上通报表扬了广州市社会科学院。

智库建设和四川城镇化高质量发展[*]

张鸣鸣[**]

摘　要："四川城镇化蓝皮书"是智库建设的组成部分，与四川城镇化高质量发展有机结合。立足四川城镇化的基本特征和发展阶段，皮书重点关注、回应政策热点和社会焦点问题，研究团队努力通过系统性、权威性的考察加大四川城镇化问题的研究深度。从皮书智库建设的要求出发，2020年，"四川城镇化蓝皮书"将围绕农民工的新变化和新需求这一主题，开展广泛调研，形成前沿性、时效性和实证性的皮书报告。

关键词：四川城镇化　智库建设　农民工

一　四川城镇化的基础和条件

1. 自然条件多种多样

四川省面积居全国第五位。全省地貌东西差异大，地形复杂

---

　*　本文根据作者在第二十次全国皮书年会（2019）上的发言录音整理而成，已经本人审阅。

**　张鸣鸣，农业农村部沼气科学研究所首席专家、研究员、博士。研究方向：城镇化、农村人居环境战略和政策。

多样。四川复杂的气候类型、地形结构以及丰富的自然资源，为各种生物的繁衍提供了良好的环境条件，形成了类型多样、风格多元的小城镇。

2. 国家战略落地

四川省位于中国西南腹地，与 7 个省接壤，地理位置十分重要。早在 2000 多年前就形成了以成都平原为中心的城市聚落，1949 年以后，根据时代战略要求和民族实战储备的需要，四川省在 1964～1978 年的三线建设工程中接收了许多大型战略性工业企业转移，建立起相对独立的、小而全的国民经济体系、工业生产体系、资源能源体系、军工制造体系。三线建设工程为四川日后的经济发展和城镇化建设奠定了良好基础，仅 1950～1957 年，四川就设立 7 座城市，绵阳、德阳、攀枝花、泸州等一批以重工业和资源开发为主的城市均在这一时期得到长足发展。进入新千年，西部大开发战略给四川城镇发展带来新的生机。这一时期，中央政府为了充分利用中国东部沿海地区的剩余经济发展能力，带动提高西部地区的经济和社会发展水平，通过西部基础设施建设、重大项目落地等一系列举措，缓解区域发展不平衡，缩小了四川、云南、贵州等西部地区省份内部的城乡差距。当前，基于在"一带一路"和长江经济带上的重要位置，借国家经济带建设的东风，四川继续快速发展，2018 年四川省 GDP 总量突破 4 万亿元，全国排名第六，而四川经济发展取得的成就离不开国家的战略计划支持。

3. 超大人口基数

四川省常住人口自 2011 年起已经连续 8 年呈现增长态势，目前人口规模全国排名第四，总量约占全国人口的 6%，平均每座城市拥有 256 万人。

4. 发展水平不足

四川省在经济发展方面仍存在一些不足之处。第一，四川公共财政收入规模较小。第二，在人口就业方面，四川的整体就业吸纳能力不足。第三，四川产业结构重型化，区域发展不均衡。

二 皮书、智库和四川高质量发展

自 2015 年开始研创出版的"四川城镇化蓝皮书"是皮书系列的新成员，得到省内各界的好评和皮书评审专家的高度认同，荣获一次"优秀皮书报告奖"二等奖、一次"优秀皮书报告奖"一等奖和一次"优秀皮书奖"二等奖。

该皮书是由四川省社会科学院和四川省统计局共同主持编撰的城镇化年度报告，由四川省社会科学院城镇发展研究中心负责组织实施。该皮书在权威数据和实地调研基础上展开，在准确把握四川省情的基础上，聚焦四川城镇化建设的全局性、整体性和焦点性问题，反映四川在推进新型城镇化建设过程中的探索、改革和创新，并为党和政府的民主执政和科学执政建言献策。每年皮书出版后都会通过邮寄方式递送到相关部门和多个图书馆，社会评价良好。

该皮书的研创目标与智库建设是高度契合的，为智库建设和四川城镇化高质量发展奠定了基础。在"四川城镇化蓝皮书"发展的五年期间，智库建设一直与四川城镇化的高质量发展有机结合。一方面，课题组在关注、回应国家政策热点的同时也追求挖掘四川城镇化问题本身的广度。另一方面，相应的智库研究团队也努力通过系统性、权威性的考察加大四川城镇化问题的研究深度。因此，在该皮书研创期间，每年都会讨论确定一个契合阶段的主题，研究人员则围绕这一主题开展一系列的研究工作。例如，2015 年是"四川城镇化蓝皮书"首创第一年，课题组在深刻理解新型城镇化战略的内涵、特征和要求的基础上，结合四川发展实际，编制了四川新型城镇化发展测评指标体系，并对四川省以及 18 个地级城市的新型城镇化发展水平进行测度，还对四川新型城镇化的阶段性特征进行解读；2016 年，四川拥有 180 多个县级市、2100 多个建制镇，数量在全国排名第一，针对这一现状，研究团队围绕四川小城镇发展的困境与潜力、县域城镇化问题展开调查；2017 年，中国（四川）自由贸易试验区成立，研究团队第一时间关注四川城市和小城镇的人口特征、变化情况，"四川城镇化蓝皮书"将"人，城镇可持续的核心"作为研究主题，通过权威数据分析，回应城乡人口流动、老龄化、二胎政策影响等热点、焦点问题；2018 年，居于内陆的四川获得了一个更高的对外开放平台，经济、社会、生态等方面的对外开放机遇及困难得到较大关注，如何促进四川深度开放合作、推动城镇化建设再上新台阶成为重要研究主题；2019 年，作为农业大省、人口大省，四川在新的城乡关系、新型城镇化和乡村振兴的背景下更加注重构建新型城乡关系问题，"四川城镇化蓝皮书"把"市村图景里的城市"定为重点和主题。

三 2020 年皮书：关注农民工的新变化和新需求

2020 年，农民工的新变化和新需求已经提升为"四川城镇化蓝皮书"的主题。目前，四川省农民工的总数达 2534 万人，每年农民工外出务工带来的劳务收入为 4144.2 亿元，农民工的人口和劳务收入体现了这一社会群体在四川城镇化建设过程中的重要地位。2018 年 10 月，四川省委书记彭清华和党政主要领导干部专程前往广州出席川籍农民工座谈会，看望、慰问川籍农民工并强调"把做好农民工工作作为重大政治责任，千方百计为广大农民工提供更好的服务保障"。现阶段，四川省对农民工的关注和重视还体现在《加强农民工服务保障十六条措施》和《促进返乡下乡创业二十二条措施》等类似政策的出台上。

课题组认为，农民工在改革开放以来为全省的经济、社会发展做出了重大历史贡献，他们是四川低成本高速度工业化、大规模高质量城镇化的重要推手，为农村经济增长和社会开放做出了突出贡献。新的形势下，农民工的地位和作用更加凸显，他们是产业工人的重要组成部分，还是新型城镇化关键群体，也是贫困地区脱贫攻坚的重要抓手，更是乡村振兴的可靠依赖。在对宏观形势进行科学研判、对四川发展态势进行客观分析的基础上，"四川城镇化蓝皮书"研究团队拟以"农民工的新变化和新需求"为主题，开展新的一年的皮书研创工作。当前，课题组与四川省人力资源和社会保障厅紧密合作，开展了较大规模的农民工调研，不仅在传统的农民工输出地如仁寿、仪陇等人口大县以及输入地如成都、宜宾等大城市调研，还赴阿坝州、凉山州等少数民族地区开展调查，甚至远赴广东考察农民工输入地的新需求、新变化，例如，课题组在东莞召开彝族农民工聚居的台资企业座谈会，在中山与川籍农民工和成功商人进行深度访谈。课题组相信，建立在扎实的实地调研和权威数据研判基础

上的皮书报告，将更具有针对性和可操作性，其权威性、时效
性特征将更为凸显。

四 新型城镇化和乡村振兴双重背景下
四川农民工的发展

在新型城镇化和乡村振兴两大战略背景下，四川农民工的发
展问题已经不局限在简单的劳务开发领域。农民工已经成为四川
省重要人力资源储备。充分倚重四川省人才队伍建设，审视农民
工的新变化及新需求具有重要意义。2020 年，"四川城镇化蓝皮
书"将重点围绕以下五个问题展开。

1. 四川农民工整体性的新变化

在四川劳动力的省际转移方面，自 2011 年起，四川的省内
农民工数量已经超过省外农民工人数，且连续八年均呈现该态
势，省内、省外的农民工务工人数差距仍在不断扩大。在四川省
内劳动力变化方面，以四川仁寿县为例，该县有 160 多万人口，
属于传统的农民工输出大县。就仁寿县现阶段发展情况而言，实
地调研得知其本县务工的农民工比例已经超过 60%，农民工返
乡创业、就业的现象变得更加普遍。

2. 四川农民工的趋势性变化

根据调研发现，普遍关注的四川省农民工返乡创业不再是
一枝独秀，很多农民工渐渐选择回乡从事相关治理工作，而且
治理工作进展较为顺利。在一则真实案例中，大学毕业后在城
市务工两年又回到村里的第一书记，观察到村里发展花椒产业
的企业、合作社和适度规模经营的大户需要劳动力驱动发展，

但是缺乏一个交流平台表达对劳动力的需求，而这个村里有一批年龄较大的劳动力处于闲置状态。于是，村里的第一书记发动组建了一个村级劳务公司，将村里的劳动力价值最大化。通过已有的案例和真实情况可知，四川省农民工在返乡创业、就业等趋势上存在着新的变化，体现了未来乡村振兴的发展。另外，少数民族和贫困地区的农民工发展取向也逐步成为研究的方向和重点领域。

3. 四川试点城镇的农民工规模变化

四川省在 2013 年开始进行"百镇建设行动"，300 个试点城镇在五年间就近吸纳劳动力近 120 万人。其具体表现为：人口规模超过 5 万人的城镇数量从 2013 年的 5 个增加到 2018 年的 18 个，占比由 1.7% 上升为 6.0%；人口规模为 3 万~5 万人的城镇数量从 2013 年的 16 个增加到 2018 年的 42 个，占比由 5.3% 上升为 14.0%。

4. 川籍省外农民工的新变化

在四川省 2500 多万农民工中，出省务工人员达 1025 万人，占比超过四成，他们主要集中在珠三角、长三角地区，分别为 389.8 万人和 222.9 万人。其中，广东省以 388.7 万人高居川籍省外农民工就业首位。从调查情况看，川籍省外农民工收入普遍高于省内务工者，综合素质较高，维权意识较强，生活和就业条件与过去相比有了大幅改善。其中，部分农民工具有较为强烈的返乡创业、就业意愿。但是调查同时发现，川籍省外农民工还面临多方面的困难，如难以参加本省组织的技能提升培训，省外法律援助不及时不充分，贫困和少数民族等特殊群体还需要特殊关爱等。

5. 农民工返乡创业、就业的发展态势

党的十八大以来，特别是在国务院、省政府相继出台支持农民工返乡创业的政策文件后，全省农民工返乡创业人员持续增多，返乡创业热潮逐渐形成。截至 2018 年底，全省累计农民工返乡创业人员达 65 万人，创办企业 16 万户，带动就业 200 余万人，实现总产值近 4000 亿元，成功创建 20 个国家级返乡创业试点县、示范县，数量居全国第三。在创业方面呈现创业领域相对集中、创业项目接地气、以青壮年农民工为主力军、农民工抱团发展等特点，在就业方面呈现省外农民工返回数量持续增加、本地就业规模扩大两个特点。

关于脱贫攻坚的智库建议[*]

张晓山[**]

摘　要：国务院扶贫办指出，2020 年完成脱贫攻坚任务之后，如何巩固脱贫攻坚成果、如何使脱贫后的群众做到可持续发展仍是需要引起重视的问题。第一，要做好临界贫困户的脱贫攻坚工作。第二，要帮助优化贫困人口的收入构成，增加贫困人口经营性和工资性收入。第三，要深化改革，增加农民财产性收入。第四，要将本土化的专业人才作为产业脱贫可持续的基础。第五，对于大规模的易地扶贫搬迁工作，要综合施策，多种形式并举，创新易地扶贫搬迁模式。

关键词：脱贫攻坚　可持续发展　临界贫困户　易地扶贫搬迁

脱贫攻坚战的冲锋号已经吹响，全面建成小康社会是中国共产党对中国人民的庄严承诺。首先，打赢脱贫攻坚战是智库建设的重

---

　* 本文根据作者在第二十次全国皮书年会（2019）上的发言录音整理而成，已经本人审阅。
　** 张晓山，中国社会科学院农村发展研究所研究员。研究方向：农业经济、农村发展、农村组织与制度。

要研究领域，智库建设必须密切关注脱贫攻坚工作进行过程中的问题、困难和取得的成就，在学术上不断跟进脱贫攻坚工作的进展，促进学术共同体的建设。其次，打赢脱贫攻坚战是地方经济高质量发展的组成部分，有助于缓解地区经济的不平衡不充分发展。

一　坚决打赢脱贫攻坚战的重要使命

习近平同志指出，"小康不小康，关键看老乡，关键看贫困老乡能不能脱贫。我们必须动员全党全国全社会力量，向贫困发起总攻，确保到 2020 年所有贫困地区和贫困人口一道迈入全面小康社会"。《中共中央关于制定国民经济和社会发展第十三个五年规划的建议》提出，"到 2020 年，我国现行标准下农村贫困人口实现脱贫，贫困县全部摘帽，解决区域性整体贫困"。

《中共中央国务院关于打赢脱贫攻坚战的决定》重申了打赢脱贫攻坚战的目标和任务。这是党中央对全体人民特别是亿万农民的庄严承诺，直接关系全面建成小康社会的成色和社会主义现代化的质量，也是以人民为中心的发展思想的根本要求。脱贫攻坚班子采取了一系列超常规举措，中国现已构筑起全党全社会扶贫的强大合力，到 2020 年完成脱贫攻坚任务具有现实可行性。但 2020 年之后，如何巩固脱贫攻坚成果、如何使脱贫后的群众做到可持续发展仍是需要引起重视的问题。

二　2020 年后如何巩固脱贫攻坚成果

习近平同志在 2018 年 9 月提出，"2020 年全面建成小康社会之后，我们将消除绝对贫困，但相对贫困将长期存在。到那时，现在针对绝对贫困的脱贫攻坚举措要逐步调整为针对相对贫困的日常性帮扶措施，并纳入乡村振兴战略架构下统筹安排。这个问题要及早谋划、早做打算"。

因此，相对贫困是永远存在的，在农村和城市仍然存在着部分群体处于相对比较贫困的状态。而到2020年现阶段的脱贫攻坚任务完成之后，部分低收入人口、相对贫困的弱势群体能否进一步跟上经济社会发展的步伐，共享现代化的成果，这是未来的发展战略思路必须考虑的关键问题。例如，现阶段的脱贫政策要求贫困县的领导必须三年之内保持不变，在完成脱贫任务之前不能调动、提拔等。但是，如果超过了时间的限制，人员变动对脱贫攻坚成果的巩固极有可能产生较大的不稳定影响。2019年中央一号文件指出，"要做好脱贫攻坚和乡村振兴的衔接，对摘帽之后的贫困县通过实施乡村振兴战略巩固发展成果"。

三　临界贫困户的脱贫攻坚工作

脱贫攻坚工作指帮助徘徊在贫困边缘的人口（临界贫困户）摆脱贫困，促进他们生活水平的提高，促进整个地区的发展。

习近平同志2015年11月指出，"在'扶持谁'的问题上，要防止不分具体情况，简单把所有扶贫措施都同每一个贫困户挂钩。强调扶贫措施精准到户到人，主要是强调对贫困户要有针对性的帮扶措施，缺啥补啥，但并不是说每一项扶贫措施都是对着所有贫困户去的"。他随后指出，在贫困地区发展现代农业，应允许和鼓励地方探索如何将产业扶持和精准扶贫有机结合起来；

进行农村基础设施建设，有的需要整村推进，有的需要整乡整县推进，有的需要整流域或整片区推进，应该统筹谋划。精准扶贫是指在穷人中找穷人，但是硬性衡量贫困的标准也会将部分人排斥在扶贫对象之外，这些群体徘徊在贫困线边缘，得到政府的支持和帮助较少。如此，一个矛盾虽然解决了、弱化了，但另一个矛盾却突出了。可见，"一刀切"是最省事的办法，但不是最有效的做法。因此，脱贫攻坚不能是教条式的做法和口号，需要对徘徊在贫困边缘的人口进行基本的估计和了解，将原则性与灵活性相结合，拨发部分项目资金或扶贫资金，通过整个区域的脱贫政策和区域发展政策帮助临界贫困人口脱贫。同时，2019 年中央一号文件也在论述巩固和扩大脱贫攻坚成果时提出，"下一阶段，要加大研究解决收入水平略高于建档立卡贫困户的群众缺乏政策支持等新问题"。

四　以脱贫可持续为标准，巩固脱贫成果

习近平总书记指出，"增加农民收入是'三农'工作的中心任务，农民小康不小康，关键看收入"。贫困农户的收入增加是脱贫的重要标志，但贫困农户的收入如何增加，脱贫户的收入构成以及如何做到收入增长的可持续问题在具体层面的解决至关重要。不同类型的贫困人口脱贫的路径和方式不同，其最终增加收入的方式、途径及脱贫后收入的构成也不同。2015 年 6 月 18 日，习近平总书记在部分省区市扶贫攻坚与"十三五"时期经济社会发展座谈会上的讲话中指出，"对不同原因、不同类型的贫困，采取不同的脱贫措施，对症下药、精准滴灌、靶向治疗"。

在 2010～2018 年，全国平均转移性收入占农民人均收入的比重由 7.65% 增加到 20.00%；经营性和工资性收入的比重由 88.97% 降到 77.70%。如果单从贫困人口的收入构成看，转移性收入的占比可能更高。

到 2020 年，通过产业扶持、转移就业、易地搬迁，总计可解决 5000 万贫困人口的脱贫问题。另外，还有 2000 多万完全或部分丧失劳动能力的贫困人口，可通过全部纳入低保覆盖范围，实现社保政策兜底脱贫。同时，脱贫政策的实施要根据不同情况，采取多种形式增加就业机会，从而增加贫困人口经营性和工资性收入。例如，针对上述 5000 多万有劳动能力的贫困人口，可以采用依靠产业发展实现脱贫的方法，帮助优化贫困人口的收入构成，使其能真正以经营性收入和工资性收入为主，大大提高其财产性收入，不再主要依靠转移性收入达到脱贫目的。只有这样，才能实现可持续的脱贫和巩固脱贫成果，让脱贫成效可以真正获得群众的认可，经得起实践和历史的检验。

五　深化改革，增加农民财产性收入

农民所拥有的最大财产是其以集体经济组织成员身份共同拥有的农村资源或资产，其中最主要的是农村土地。但长期以来，农民不掌握资源或资产的支配权和使用权，也就无法从中获益，从而得不到财产性收入。2014 年，农民的人均可支配收入中财产性收入占比是 2.12%，2017 年仅上升到 2.3%，2018 年不变。同期，2014 年，城市居民人均可支配收入中财产性收入占比是 9.75%，2017 年上升到 9.91%，2018 年继续上升到 10.26%。

可见，城市居民和农村居民的人均财产性收入的差距远大于人均可支配收入差距，在前后二者差距之中，财产性收入差距占有较大份额。所以，如何增加农民财产性收入，进一步深化脱贫攻坚步伐，需要重视以下三点要求。

1. 产权明晰之后要有实现形式，从而真正增加农民的财产性收入

需要明确农村资源变资产、资金变股金、农民变股东（三变）的载体承担。只有将农民的资产变现，才能帮助农户真正得到实惠。因此，农民拥有的资源要与资本联营，推动资源实现资本化。而且，需要探索不同的股权构成和资源入股，尽最大努力把各方面的资源和利益联结起来，把贫困户联结到合作社和资本经营链条中来，增加农民的收入，壮大农村集体经济。

2. 城乡资源结合、重新配置，形成相对均衡的利益格局

习近平同志指出，"农村一二三产业融合不是简单的一产'接二连三'，关键是完善利益联结机制，不能富了老板、丢了老乡，要通过就业带动、保底分红、股份合作等多种形式，让农民合理分享全产业链增值收益"。"资本下乡"是一把双刃剑，乡村发展不能成为新的圈地热，不能成为资本的盛宴。所以，乡村振兴的成果也必须由农民共享，让农民群众合法合理地分享乡村振兴的发展成果应成为基本前提。

3. 深化改革，做实集体经济

让集体的成员真正成为集体的主人，拥有集体资产的所有权、控制权（决策权和监督权）和受益权，必须深化改革，做稳做实集体经济。首先，村民自身能成为资源和部分资本的所有者，农村集体领导人作为集体成员的代理，接受集体成员的监督，使集体经济组织成为工商资本较为平等的合作伙伴，并在农村形成合作共赢的伙伴关系和较为均衡的利益格局。其次，农村在全面建成小康社会后以及脱贫攻坚战打赢之后仍然面临着挑战。在城乡融合发展的背景下，推进农村集体产权制度改革，在开放流动的农村产权格局下保障农民的合法权益，探索集体经济的有效实现形式，真正落实农民政治上的民主权利，保障他们的财产权利。

六　将本土化的专业人才作为产业脱贫可持续的基础

习近平总书记在东西部扶贫协作座谈会上强调，"要加大对西部地区干部特别是基层干部、贫困村致富带头人的培训力度，打造一支留得住、能战斗、带不走的人才队伍"。

2020 年，不可能从根本上解决一部分贫困群众内生动力不足的问题。培育内生动力首先要培育领头人，必须通过可行的措施，培养和造就一批本土化的专业人才。实践证明，扶智与扶志的重点是培养贫困地区和贫困群体的带头人，因为群众的主体意识是逐步形成的，而且首先是在少数先进分子身上逐步形成。

同时，本土化的专业人才大都来自本地农村，是当地的土专家、技术能手。他们能接受新生事物，勇于创新，是新型职业农民的缩影，是接地气的专业型人才和农业先进生产力的代表。一方面，榜样的力量是无穷的，如果能为这批专业人才提供适当的条件，提供一定的发展交流平台，他们就有可能成为改变当地贫困面貌、发展现代农业的催化剂、宣传队和播种机。另一方面，群众主体意识的培养也需要外部力量的帮助和培植。

比如，当下有相当多的一批本乡本土外出打工创业人士，经历过市场经济风雨的洗礼，开阔了眼界，积累了资本，培育了技能，增长了知识和能力。当地政府或者相关部门为其创造一个良好的制度环境，鼓励他们回乡带领乡亲们发家致富，也可以帮助这批人推动农业生产力的发展。

七 创新易地扶贫搬迁模式

"十三五"期间，中国建档立卡贫困人口中需要易地扶贫搬迁的约1000万人。这1000万人主要分布在深山区、石山区、高寒山区、荒漠化地区。其中，西北荒漠化地区、高寒山区约300万人，西南高寒山区、石山区约400万人，中部深山区约300万人。1000万人的易地搬迁，从数量来说，相当于一个中等规模国家全国人口的迁移。这是一项庞大的系统工程，不仅要保证迁出人口的就业，增加经济收入，还涉及社区建设、乡村治理等机制，关乎政治、文化、宗教、民族、心理等诸多方面。

对于大规模的易地扶贫搬迁工作，要综合施策，多种形式并举，注重组织和制度创新，杜绝2020年后出现遗留问题和反弹的隐患。关于"怎么搬"和"搬后怎么办"的问题，有的地方政府在实践中总结出以下经验和做法。

1. 关于扶贫搬迁的方式

第一，围绕扶贫抓搬迁，当地政府探索出以"六个坚持"贯穿始终的新路子，即以系统思维，坚持省级统贷统还、坚持以自然村寨整体搬迁为主、坚持城镇化集中安置、坚持以县为单位集中建设、坚持让贫困户不因搬迁而负债和坚持以产定搬、以岗定搬。搬迁要有稳定的产业为支撑，才能让"以产定搬、以岗定搬"的搬迁户得到就业岗位和就业机会，保证他们的收入，为搬迁地打下经济基础。

第二，采取城镇化集中安置，坚持以县为单位集中建设，改善搬迁后移民的生活条件与生活环境，搬迁前后的条件反差也能使得他们在新的地方安心落户。移民原来生活的乡村，往往自然条件和交通条件差，环境恶劣，一方水土养不活一方人。即使搬迁到生活环境更好的异乡，陌生的环境依旧存在许多不确定因素。所谓人生地不熟，移民往往容易产生失落感和不安全感。与插花移民相比，以自然村寨整体搬迁为主的安置成本较高。该方式的益处是能使移民群众依旧生活在熟人社会中，虽然原有的血缘和亲缘关系移植到一个新的环境中，却保留了移民群众的熟人社会圈，大大减轻了搬迁户的陌生感和失落感。

2. 搬迁后的发展和建设

2019 年 2 月，地方政府构建了易地扶贫搬迁的"五个体系"。即完善公共服务保障体系建设，完善文化服务体系建设，完善培训和就业体系建设，完善社区治理体系建设，完善基层党建体系建设。工作重心从以搬迁为主向后续扶持转变，着力做好易地扶贫搬迁"后半篇"文章。

第一，采取移民城镇化集中安置，加强公共服务保障体系建设。第二，减轻陌生环境对移民文化的冲击，强化文化服务体系建设，赋予移民在精神上的寄托和追求。第三，完善培训和就业体系建设，为移民创造和提供就业机会、就业岗位和就业门路。第四，保护新移民的权益，为他们提供基本的公共服务，建立起一套有效运行的机制保障移民权益，将社区治理体系的建设提上日程。第五，以党组织建设为核心和基础是所有体系建设必不可少的环节。上述五个体系建设，涉及搬迁移民的政治、经济、社会、文化、党建等诸多方面，既包括经济基础，又包括上层建筑，是一个庞大的系统工程，唯有把每个方面的工作都做扎实，1000 万移民才能搬得动、稳得住、能增收，实现可持续发展。

八　实现全面脱贫，实现社会公平，促进经济社会发展

通常来说，投资是快变量，消费是慢变量，但慢变量中也有快的因素。消费需求意愿和现实消费能力之间差距最大的那部分低收入群体，尤其是农村的贫困群体，就属于慢变量中的快变量因子。因此，减轻农村贫困人口在医疗、卫生、养老、教育等方面的负担，增加他们的收入，其经济净收入的增量就能迅速转化为消费，从而扩大消费需求，体现出脱贫不仅是社会公平问题，更是直接促进经济社会发展的重要方式。

2015 年，中国共产党中央委员会发布的文件《中共中央关于制定国民经济和社会发展第十三个五年规划的建议》提出"扶贫开发也是经济发展新常态下扩大国内需求、促进经济增长的重要途径"。2017 年习近平总书记提出，"如期实现第一个百年奋斗目标并向第二个百年奋斗目标迈进，最艰巨最繁重的任务在农村，最广泛最深厚的基础在农村，最大的潜力和后劲也在农村"。中国有世界上最多的农民，拥有世界上最大的农民消费群体。如果农村居民消费不足，农村市场就无法启动，将直接造成工业生产的产能过剩，经济增长也没有坚实的底蕴支撑。同时，

由于近些年来政府对"三农"问题实施重点扶持政策并攻克脱贫攻坚堡垒，农村经济社会有了较快发展，农民收入增长已经连续几年快于城镇居民收入增长的速度，进而在很大程度上刺激了国内消费需求。

2018 年，中国全年最终消费支出对国内生产总值增长的贡献率为 76.2%。其中，关于农业农村优先发展的一系列政策的出台以及乡村振兴战略的实施，将会促进农村经济发展和农民收入的增长，从而进一步促进农村和农民的消费，这是中国经济增长最深厚的底蕴，是脱贫攻坚工作对中国经济的高质量增长、地区经济高质量发展做出的巨大贡献。

参考文献

中国社会科学院扶贫开发报告课题组：《中国扶贫开发报告（2017）》，社会科学文献出版社，2017。

习近平：《在深度贫困地区脱贫攻坚座谈会上的讲话》，人民网，2017 年 8 月 31 日，http：//politics. people. com. cn/n1/2017/0831/c1024 - 29507971. html。

杨婷：《习近平主席在 2015 减贫与发展高层论坛上的主旨演讲（全文）》，新华网，2015 年 10 月 16 日，http：//www. xinhuanet. com/politics/2015 - 10/16/c_ 1116851045. htm。

刘军涛、曾伟：《攻克最后堡垒 习近平发出脱贫"总动员令"》，人民网，2016 年 8 月 6 日，http：//politics. people. com. cn/n1/2016/0806/c1001 - 28616185. html。

王佳宁：《习近平在东西部扶贫协作座谈会上强调 认清形势聚焦精准深化帮扶确保实效 切实做好新形势下东西部扶贫协作工作》，新华网，2016 年 7 月 21 日，http：//www. xinhuanet. com//politics/2016 - 07/21/c_ 1119259129. htm。

深刻理解绿色发展的核心要义与政策取向[*]

任保平[**]

摘　要： 绿色发展并不只是保护环境和建设生态环境，绿色发展的真正意义在于不仅要保护环境，而且要从环境保护中受益。绿色发展的核心要义是财富理论的创新，突出了绿色生态财富的价值，拓展了财富理论的基本框架。绿色发展的关键是发展绿色生产力，遵循自然的基本规律，以保护生产力为基本原则，实现绿色生产力的可持续发展。绿色发展的政策取向要致力于构筑绿色生产力的经济体系、社会体系、生态体系和科技创新体系。

关键词： 绿色发展　绿色生产力　绿色财富

---

* 本文根据作者在第二十次全国皮书年会（2019）上的发言录音整理而成，已经本人审阅。

** 任保平，西北大学研究生院院长、教育部人文社会科学重点研究基地——中国西部经济发展研究院院长、教授、博士生导师。研究方向：中国转型经济的增长与发展。

　　绿色发展是在传统发展基础上的一种模式创新，是在生态环境容量和资源承载力的约束条件下，将环境保护作为实现可持续发展的重要支柱。贯彻绿色发展理念的前提是理解绿色发展的核心要义与政策取向。

一　绿色发展含义的理解

　　20 世纪 70 年代，资本主义工业发展带来的资源和生态问题日益显现，进而促进了绿色发展理念在世界范围内的兴起。到 20 世纪 80 年代，人类对环境问题日益重视，进一步提出了可持续发展的思想，倡导经济发展与人口、资源、环境在一定程度上相互协调。具体而言，中国的绿色发展问题是在中国共产党第十八届三中全会之后成为一个重要的新发展理念和战略部署。党的十八大以来，生态文明建设和绿色发展问题得到高度重视，逐渐成为社会发展的重要趋势。尽管绿色发展的理念已经在国家和地区之间逐步落实，但环境问题依然影响着人类生活。因此，深入认识和理解绿色发展的含义、坚持绿色发展关乎人民群众的切实利益。

　　首先，坚持绿色发展，贯彻落实绿色发展政策，必须满足两方面的要求。第一，绿色发展的理论要最大化符合实际发展情况，保证绿色发展的理论层面存在最优解。第二，绿色发展的政策实施具有切实可行性。当一个问题不仅在理论上存在最优解，而且在现实生活中存在可行解时，该问题的相关社会经济政策才能得到有效执行。

　　其次，就绿色发展的理论而言，绿色发展并不只是保护生态

117

环境和建设生态环境。绿色发展的绿色意味着保护生态环境，而发展则表示社会的进步。因此，绿色发展的真正意义在于要从环境保护中受益，如果只是一味地注重"绿色"，人类社会的可持续发展就难以得到保障。

最后，要真正实现绿色发展和生态文明建设，一方面，必须坚持保护生态环境，奠定可持续发展的基础；另一方面，还需要在环境保护中获益，促进人类社会的可持续发展。

基于对绿色发展含义的认识，深刻理解绿色发展的核心要义及政策取向主要分为以下三个部分。第一，绿色发展的核心要义是财富理论的创新。第二，绿色发展的关键是发展绿色生产力。第三，明确绿色发展的政策取向。

二　绿色发展的核心要义是财富理论的创新

传统财富观把财富定义为具有使用价值的物质财富，资源环境的价值被排除在传统财富观的系统之外。在对增长极限论和传统财富观进行反思和修正中，生态资源的价值日益凸显，被视为人类生存、社会进步的基本来源和根本保障。因而，将绿色生产力创造出的绿色财富列入财富理论框架，意味着由绿色生产力衍生出的绿色财富和物质财富共同构成了中国特色社会主义财富理论。这一理论不仅强调了绿色财富的重要性和必要性，更推动了中国财富理论的创新。通过对环境问题和财富观念的反思，绿色财富和物质财富共同构成了中国现阶段的财富观。绿色财富理论不仅强调了绿色财富的重要性和必要性，还推动了中国财富理论的创新。可见，绿色发展是财富理论的创新，更是财富观念的创新。

1. 绿色财富理论突出了绿色生态财富的价值

地球上的自然资源是有限的，人类社会为满足生活需要而介入自然界时，应自始至终尊重自然、顺应自然和保护自然。发展绿色生产力，只有推动中国形成绿色的发展方式和生活方式，维护绿色生态财富的价值，才可以换取自然对生产力的最佳反馈。也就是说，绿色财富理论着重突出了绿色生态财富的价值。

2. 绿色财富理论拓展了财富理论的基本框架

在绿色财富理论体系中，测评经济社会的发展程度在时间维度上体现为长期可持续，目标函数由初始的追求物质财富效益最大化转向实现物质财富以及达到绿色财富总和的效益最大化，以解决人与自然之间物质转换过程中的协调问题。将发展绿色生产力作为财富理论框架的一部分，一方面，需要明确绿色生产力发展的内容、构建绿色发展的制度保障和规划绿色发展，进而促进社会总财富持续积累的路径安排；另一方面，需要通过一场彻底的、根本的、深刻的"生态－经济－社会"伟大革命推动形成绿色发展方式和绿色生活方式，以最适宜的方式影响和介入自然。

3. 建立在绿色财富理论基础上的绿色发展道路是一项深刻变革

目前，中国已经进入中等收入国家行列，但在自然资源的供给处于供求结构严重失衡的状态下，极易落入中等收入陷阱，而中等收入陷阱的根本症结之处在于一国的经济发展模式难以适应新时代新阶段的经济形势和特征。将绿色财富纳入中国财富观，通过创新发展方式转型，走可持续经济发展的绿色化之路，及时规避一味追求物质财富积累的西式化道路，绕过中等收入陷阱。

三 绿色发展的关键是发展绿色生产力

绿色发展的关键在于发展绿色生产力。邓小平同志将社会主义的本质概括为解放生产力，发展生产力。习近平总书记也强调了解放生产力，发展生产力和保护生产力。保护生产力在于保护生态环境，实现绿色发展，而绿色发展的核心内容是财富理论创新，实现财富理论创新的关键问题就在于发展绿色生产力。

绿色生产力是以人、社会以及自然三者之间的和谐和可持续发展为客观规律的，强调三者交互的和谐共生关系。绿色生产力的发展着眼于生产力的更新性和可持续性两方面，以绿色运行为生产力发展的基本要求，促进了代际平等和生态平衡。因此，绿色生产力的发展强调了维持生产力的可持续发展，是保护和发展生产力的具体实现。

1. 绿色发展就是保护生产力

保护生产力是遵循自然规律的发展。受工业文明的发展观和价值观的影响，发展生产力的过程往往会过度消耗生产力，使其丧失了自然属性的生机和活力。所以，在推进绿色发展的过程中，应遵循自然的基本规律，以保护生产力为基本原则，实现绿色生产力的可持续发展。

2. 绿色发展就是保障民众的基本生存条件

正如习近平总书记所说，环境就是民生。人的全面发展，不仅包含物质财富的积累，还包括提高人类生存、生活所处的环境质量。清新的空气、宜人的环境共同组成了人类生存的美好家园。另外，从民生的角度看待对生产力的重视和保护，体现了绿色生产力的发展有助于保障民众的基本生存条件，从而提高人们的生活质量和生活水平。

3. 绿色发展是推进经济、社会和生态三元协调的伟大智慧

中国特色社会主义新阶段强调高质量发展和经济效益增长，其中，高质量发展是指人的物质财富、福利财富、文化财富、生态财富的共同增加，而经济效益增长则意味着经济效益、社会效益和生态环境效益的有序发展。由此可见，保护生产力、发展绿色生产力，是推进经济、社会和生态三元协调的伟大智慧，要求中国特色社会主义新时代的绿色发展以人和自然的和谐相处为准则。

四　绿色发展的政策取向

绿色发展不只是对生产力和生活环境的保护，更重要的是在保护生态环境的基础上追求效益。因此，绿色发展意味着生产方式和生活方式的转变，同时，要实现真正的绿色发展，还意味着绿色发展的政策取向要致力于构筑四大体系。

1. 构建绿色生产力的经济体系

构建绿色生产力的经济体系，首先，要优化绿色经济结构，促进清洁型、生态型绿色产业的苗壮成长。其次，在优化绿色经济结构的基础上优化绿色产业配置，通过大力发展高新技术产业，构建资源配置效率递增机制，以较少的资源环境代价获得较高的经济生态效益，从而促进经济增长可持续性。最后，绿色经济体系的构建还包括推广绿色循环的生产技术。在推进内涵型扩大再生产的基础上，推广并普及清洁生产、循环经济以及污染物排放处理和降解等生产技术，从源头上弱化生产的污染要素，推动经济增长的可持续性。

2. 构建绿色生产力的社会体系

构建绿色生产力的社会体系主要有以下两方面的要求。一方面，通过制定绿色低碳经济战略，在全社会实现资源节约和环境协调，将创造物质财富以及绿色财富作为社会发展的基本财富理念；另一方面，要积极倡导全社会形成绿色低碳消费方式和文明的消费模式，包括购买绿色低碳消费品、使用环保可循环的生活物品、普及新型能源动力车辆、减少汽车尾气的排放等，以绿色生活、低碳循环消费促进人类社会和自然之间的和谐相处。

3. 构建绿色生产力的生态体系

在经济系统与生态系统相互冲突的矛盾下，合理地开发利用自然资源是保证生态体系可持续发展的首要条件。一方面，要注重保护水资源，减少水资源污染，及时建设水利工程和制定节约用水制度，以此达到缓解日益增长的人口数量对水量水质需求的矛盾的目的。另一方面，重视受到保护的森林资源和土地资源，通过培育森林资源，阻止森林的大规模缩减和退化，提高森林资源的供给能力。同时，通过退耕还林政策，恢复土地生产力，加强土地资源的保护。

4. 构建绿色生产力的科技创新体系

构建与绿色生产力对应的技术体系是相对于黑色发展而言的。19 世纪 70 年代至 20 世纪初，以电能的应用及内燃机出现为标志的第二次科技革命爆发，推动了内燃机的使用燃料——石油和煤炭的大量挖掘。中国改革开放 40 年以来，生产力的提高和经济的发展离不开石油和煤炭等"黑色资源"的消耗，也就不可避免地出现了许多生态环境问题。中国要实现绿色发展，应减少黑色发展带来的生态环境问题，在保护生态的基础上实现绿色发展。首先，通过创新发展绿色可再生新能源，推动新能源的革命进程。未来的绿色新工业革命不仅要求人们在新一代能源领域上有关键性的技术突破，提高可再生能源的技术开发水平，还应构建起高效、绿色、安全的能源系统，从而掀起绿色新工业革命浪潮。其次，通过技术创新，培育绿色经济多元化、低碳化发展的新动力。绿色经济多元化、低碳化的发展离不开自主创新能力的支持，技术创新需要为绿色经济的多元化和低碳化发展充当基础支撑和核心动力。最后，建立绿色高效节能的长效动力机制，大力推进高效的能源使用技术不断进步。绿色高效节能不应该只满足于现有的技术支持，还要加强世界前沿化的技术研发，在提质增效的关键技术领域进行突破，并争取全球绿色创新的主导地位。

总体而言，绿色发展的核心要义在于财富理论的创新，即把生态环境纳入新型的财富理论之中。同时，实现绿色发展的关键途径在于发展绿色生产力，以构建四大体系为绿色发展的主要政策取向。

参考文献

任保平、李梦欣：《新时代中国特色社会主义绿色生产力研究》，《上海经济研究》2018 年第 3 期。

任保平、段雨晨：《新常态下提高经济增长质量的新国家财富观构建》，《经济问题》2016 年第 2 期。

洪银兴：《构建解放、发展和保护生产力的系统性经济学说》，《经济学家》2016 年第 3 期。

5G 条件下传播的机遇与应对[*]

黄楚新[**]

摘　要： 4G 时代，信息传播从单向传播迈向双向沟通，移动化、社交化、视频化特征显著。5G 技术的创新突破势必引发新一轮科技变革，为信息传播带来更为深刻的变化。目前，全球各国在 5G 领域不断加快布局，5G 技术研发与商用进程不断加快，标准制定持续推进，发展特征越发突出。5G 技术对传媒的影响将使得视频制播更加丰富，助力融媒体平台建设以及提升网络舆情应对能力。同时，5G 环境下视频化将成为主流、智能化驱动升级、移动化更加凸显。传媒业需要把握 5G 条件下传播的机遇，科学理性应对，占领传播制高点。

关键词： 5G　传播　移动化　智能化

2019 年 6 月 6 日，工信部向中国三大电信运营商和中国广电

　＊　本文根据作者在第二十次全国皮书年会（2019）上的发言录音整理而成，已经本人审阅。
＊＊　黄楚新，中国社会科学院新闻与传播研究所新闻学研究室主任、研究员。研究方向：新媒体。

发放了 5G 牌照,中国正式进入 5G 时代。作为新一代移动通信技术,5G 具有高容量、大连接、低时延、高可靠等优势,是当前移动通信发展的最前沿,也是世界各国激烈竞争的重要领域。5G 这一全新的技术,势必将给传媒领域带来深刻影响,以下将从两个方面来阐述:第一,5G 到来之后传播所面临的机遇;第二,5G 时代主流媒体如何把握传播主动权。

一 5G 到来之后传播所面临的机遇

5G(5th – Generation),即第五代移动电话行动通信标准,也称第五代移动通信技术,是 4G 之后的延伸。根据国际电信联盟的解释,5G 由标志性能力指标和一组关键技术来定义。在标志性能力指标中,其速率更快,尤其在新型多址、全频谱接入和新型网络架构方面,比 4G 有了更大的突破。其中,标志性能力指标指"Gbps 用户体验速率",一组关键技术包括大规模天线阵列、超密集组网、新型多址、全频谱接入和新型网络架构。

传播速度的变化如图 1 所示,从 1G 时代到 5G 时代,每一个时代的诞生以及每一种技术的变化,基本上为 8 ~ 10 年。20 世纪 80 年代 1G 时代诞生,1991 年 2G 时代诞生,1998 年 3G 时代诞生,2008 年 4G 时代诞生,2019 年布局 5G 网络建设,2020 年可在全国各地大规模铺开。从 1G 时代到 5G 时代,功能越发丰富。3G 时代开始有了音频,4G 时代视频出现,5G 时代智能家居、无人驾驶、远程医疗等技术将更加成熟。5G 时代将提供峰值大于 10Gbps 的传输速率,也会稳定在 1Gbps 到 2Gbps 之间,传输速率更高,所需时间更少。

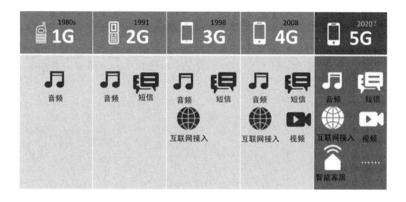

图1 1G时代到5G时代的变化

5G技术对传媒的影响主要包括以下六个方面。

1. 基于5G技术的视频制播更加丰富

在4G时代，由于容量、宽带、时延等各种技术条件的限制，在视频制作方面，除了广电领域应用较多之外，其他媒介形态应用相对较少。5G技术的高容量、大宽带、低时延等特点为超高清、大视频应用提供了有利条件。超高清视频、VR视频、AR视频将是未来媒体行业的基础性业务，这些类型的视频具有高分辨率、沉浸式或增强式体验，容量较大，且对配套基础设施要求较高，而5G技术能够很好地在渠道、流量、接收体验等方面满足需求，有力驱动了视频流的跨越式发展。

具体而言，5G对于视频制播的影响主要体现在三个方面。第一，5G+超高清的视频制播。大型活动举行期间，人们会产生大量连接需求，以及大量的高清摄像头和终端录屏的视频传输需求，5G技术是承载此类高清传输需求的最佳载体。第二，5G+VR视频制播。通过对演唱会、晚会的沿线摄像头进行移动采集、定点采集，能够为观众提供带有360度视角、4K以上分辨率的实况 VR 视频。第三，5G + AR 视频制播。5G 技术带来的大带宽数据可以满足 AR 视频远程交互。在景点游览过程中，与 AR 技术结合的有餐饮、民宿、景点、景区等，可以打造可循环发展的智慧旅游新业态。

2. 助力融媒体平台建设

2014 年 8 月，中央全面深化改革领导小组第四次会议审议通过了《关于推动传统媒体和新兴媒体融合发展的指导意见》（简称《意见》）。《意见》使媒体融合上升到了国家战略高度，从国家层面到地方层面全面推进媒体融合建设。当前，中国媒体融合正向纵深推进，中央级、省级媒体融合进程基本完成，县级融媒体中心建设如火如荼。为了继续增强媒体融合的实效性，让新闻传播全方位覆盖、全天候延伸、多领域覆盖，从而为受众提供更多互动式、服务式、体验式新闻信息服务，5G 技术是一个有力的抓手。

基于 5G 技术，融媒体平台建设将不断趋向智能化、多功能化，从而为受众提供更多更好的文化和信息服务，推动实现宣传效果的最大化和最优化。2018 年 12 月 28 日，中央广播电视总台联合中国移动、中国联通、中国电信、华为公司，共同合作建设第一个基于 5G 技术的国家级新媒体平台，该平台旨在将 5G 技术与 4K、8K、VR 等超高清视频相关技术有机结合，重构视频内容生产、制作、传播等流程。该平台于 2019 年 2 月 28 日成功制作 4K 超高清视频，这种超高清视频已经突破了过去传播时延较长的局限性。

3. 提升网络舆情应对能力

5G 环境下，信息传播更加高效，传播主体更加多元，信息体量更加巨大，网络空间中的舆论环境更加复杂，网络舆情应对能力亟待提升。5G 技术能够实现人与人、人与物、物与物的广泛连接，大数据是 5G 时代的基本特征。基于上述特性，以 5G 技术为依托，充分调动和运用大数据、人工智能等技术优势，能助力构筑全场景、全生态舆情监管。

5G 技术根据特定舆情事件，对其安全风险进行实时预测预警，并匹配生成精准应对策略，提升对网上各类舆情事件的应急处置能力。与此同时，5G 技术与其他技术的融合应用将为宣传思想文化工作提供更多更高效的解决方案，通过技术法则提前预知人们的信息需求，继而为其匹配推送相关信息内容或服务，在舆情发酵前最大限度消解社会不和谐因素，有效避免负面舆情事件的发生。

4. 视频化成为主流

5G 时代，视频化将成为主流。5G 时代的信息传播将不再考虑容量、速率、清晰度等问题，信息即时高效到达，视频作为最能还原人的本质性互动的内容形态，将成为社会交流的主要语言和表达形式。

近年来，短视频迅速崛起，已经成为人们日常获取信息的主流方式之一。传统媒体也纷纷布局短视频，一方面，入局抖音、快手等商业化平台，利用成熟平台优势传播；另一方面，积极建设自有平台，打造原创短视频品牌。此外，短视频会议、论坛接连出现，满足人们的日常工作和生活应用。在朋友圈中，人们可以选择录制短视频来传播自己的相关信息，增加现场感。在传统媒体时代，通过文字、图片等方式所呈现的是静态新闻，如今，通过短视频或者视频的方式其实是回到了新闻的本源，让信息的接受者立体地、全方位地了解事件的发生，有声音，有图片，有画面，如同置身新闻现场。视频化在未来将成为主流的传播方向。

5. 智能化驱动升级

智能化是传播格局变革的又一显著趋势。5G 视域下，万物实现互联，人机共生成为可能，信息传播全链条面临重构，向智能识别、智能采集、智能生产、智能传播、智能接收方向演进。

智能化驱动升级，主要包括汽车的无人驾驶、物联网中物与物的自动链接和无人配送、无人机拍摄等。此外，智能化驱动升级还体现在新闻传播领域当中，不仅创新新闻产品，而且以技术为核心驱动力，创新内容生产分发流程。在 2019 年两会新闻报道中，5G 技术与 4K、VR 等技术配合，打造出现象级的新闻传播景观，多家媒体借由 5G 网络对两会进行实时报道，以全景展现给观众，使观众可以从不同的视角观察、体验两会，取得良好的传播效果。目前，人工智能已渗透到新闻采集、生产、分发、反馈全领域，为新闻生产提速增效，为传媒业持续赋能。如2019 年新华社继 "AI 合成主播" 创新问世、"媒体大脑 3.0" 迭代升级后，建成投入运行智能化编辑部，将人工智能技术应用于内容采集、生产、分发、反馈全流程中，优化内容生产。

6. 移动化更加凸显

5G 环境下，万物皆媒，所有事物都有了感知信息、识别信息、传递信息的能力，以往信息传播所面临的各种限制几乎全部消失，人们可以随时随地进行传播。因此，移动化传播趋势将更加显著。5G 技术使得信息应用场景得到极大丰富和延展，人们将借助各种智能移动终端进行信息传播。如 5G 轻量级演播室以

5G 网络为依托，实现媒体的现场报道、现场连线、移动生产等功能，这种内容制播的移动化具有较强的灵活性，将极大提升传播效率，优化传播效果。

在传统媒体时代，拍摄视频或做直播时需要笨重的设备和庞大的队伍。随着 5G 时代的到来，每个人都是传播者，从视频的拍摄到剪辑再到制作，均可通过手机完成。手机就是迷你编辑室或工作室，甚至是一辆转播车。未来，移动化会更加凸显，移动直播会成为常态。媒体行业中的前线演播室、现场报道都应以移动化、便利性优先，以适应全新传播格局。

二 5G 时代主流媒体如何把握传播主动权

1. 打造精品力作，弘扬主流价值

5G 时代，面对越发多元的网络信息环境，主流媒体应着力从提升自身能力入手，创新方式方法，尊重 5G 环境下媒体传播规律，充分运用 5G 技术所带来的数据资源，挖掘数据背后发生在人们身边的感人故事，让社会中的正能量更充足，让主旋律更高昂。

在媒体的发展历程中，无论技术如何变化更替、如何创新，新闻都是需要倾注感情和人文关怀的。从这个角度出发，技术只是提供了工具，提供了更快更便捷的传播方式。但是，技术不能代替人文。如何倾注更多的人文关怀，如何把身边的感人故事和正能量传播出去，打造出更多感染人、激发人、团结人的精品力作，依然需要媒体单位和记者编辑的努力。

2. 推进媒体融合，强化配套支撑

5G 时代，数据采集、传输已实现无缝对接，融媒体平台将发展成更大的流量入口，通过提供全场景、多领域、跨平台的信息服务，成为新型主流媒体强大的舆论阵地。

自 2014 年以来，媒体融合有较大的推广力度，其已经成为国家战略。无论是从政治角度、市场角度还是经济角度来看，媒体融合都是重要的发展趋势。媒体要融合，除了机制、体制、内容、部门人员融合外，重要的一点是技术融合。在做媒体融合建设时，要留出相关接口，才能够在发展过程当中不落入被动。与此同时，研究人员需要注意的是，媒体融合应注重差异发展，不能因 5G 技术的助力而盲目求大求全，要充分结合融媒体发展需要，因时制宜，因地制宜，实现资源整合，从而打造出一支具有强大感召力、竞争力的主流媒体梯队。

3. 创新技术应用，坚持协同参与

5G 时代，研究人员应增强紧迫感和使命感，要以国家战略布局为导向，创新技术应用，坚持协同参与，加快 5G 等新一代前沿技术的研发与应用，坚持在国家主导下，协同社会各方面共同参与创新攻坚，确保 5G 技术的发展自主可控，不断增加 5G、大数据、人工智能等技术在主流媒体报道中的使用深度与广度。例如，中央级的主流媒体《人民日报》、新华社等，需要从理念中、从应用中思考如何把最好的技术利用到新闻传播领域中，也需要学界共同关注、研究、探讨 5G 技术可能带来的冲击、机遇和挑战。

通过打造共建共治共享的社会治理格局，鼓励多元社会主体协同参与网络空间治理，不断激发和增强各社会主体的责任感与

使命感，增加主流媒体报道的厚度与温度，使主流媒体在 5G 时代牢牢占据舆论引导、思想引领、文化传承、服务人民的传播制高点。

4. 严格规范管理，树立风险意识

5G 时代，若要把握传播主动权，必须严格规范管理，树立风险意识，从维护国家安全、文化安全和意识形态安全的高度，严抓内容建设。5G 技术使新闻传播有了更大的边界性，包括其移动化和视频化，使得传播越来越快。所以，人们要坚守网上内容传播的意识形态底线，确保规范执行的科学化、系统化和网格化。以 5G 技术为支撑，探索建立健全网上内容监管体系，不断强化意识形态安全等风险预警与应急管控能力，在新闻的采写、编辑、播出等流程树立风险防范意识。

除此之外，新闻媒体要对技术保持理性态度，善于运用技术发展升级所带来的驱动力，避免被技术绑架。所以，采取相关的措施，防范技术风险，也是新闻从业者应该重点考量的核心要素。

三 结语

5G 技术的全面应用将带来传媒领域的全新变革，信息传播更为便捷，互动交流更为突出，移动化、视频化、智能化特征更为显著。目前，以主流媒体为首的传媒业对于 5G 技术的应用更多停留在硬件层面。未来，研究人员可在交互方式、沉浸体验等方面有更多探索，在前沿技术、优质内容、创新理念的合力下积极推进媒体融合向纵深发展，构建合理有序的全媒体传播格局。

参考文献

黄楚新:《"互联网＋媒体"——融合时代的传媒发展路径》,《新闻与传播研究》2015 年第 9 期。

赵国锋、陈婧、韩远兵等:《5G 移动通信网络关键技术综述》,《重庆邮电大学学报》(自然科学版) 2015 年第 4 期。

皮书研创规范

关于皮书总报告研创的几点思考[*]

谢曙光[**]

摘　要： 作为中国最具影响力的智库产品，皮书进入高水平研创、高质量发展的新阶段。作为核心、灵魂的皮书总报告成为皮书高水平研创、高质量发展的关键所在。本文分享了三个方面的内容：一是皮书研创出版的现状，包括研创概况、取得的成就、存在的问题及改进方向等；二是皮书总报告的特性与类型；三是皮书总报告的具体写作规范与要求。

关键词： 皮书　总报告　写作规范

随着中国特色社会主义进入新时代，中国特色新型智库的路径转型也面临新挑战、新要求。皮书作为中国最具影响力的智库产品之一，已进入高水平研创、高质量发展的新阶段。由此，作为核心、灵魂的皮书总报告成为皮书高水平研创、高质量发展的

---

* 本文根据作者 2019 年 11 月在广州召开的第六期全国皮书研创高级研修班上的发言录音整理而成，已经本人审阅。
** 谢曙光，中国社会学会秘书长、社会科学文献出版社社长。

关键所在。

撰写较高水平的皮书总报告不仅仅是时代的要求，更是每一位皮书人必须考虑的事情。随着皮书影响力的扩大，社会对皮书研创的质量要求也逐渐提高。如今，皮书研创的纠错成本骤升，倘若存在与党和国家的要求或是与整个中国发展形势不吻合的皮书，那就很有可能对皮书品牌乃至整个社会造成不好的影响。在整体研创品质较高的皮书中存在个别报告有明显瑕疵的情况，会给整部皮书的质量造成极大的破坏。较为典型的事例就是在皮书中故意增添如领导讲话稿之类的内容，这就使得整部皮书出现"四不像"的状况。局部上的瑕疵累积起来就会给整体带来巨大的影响。所以，皮书研创者必须坚持提高质量、控制数量，将目光聚焦在皮书品质的提高上。

过去，皮书研创工作仅仅是针对整部书的质量进行审核，但如今的关注点应当落实到每一篇报告上。一部皮书的质量很大程度上由其总报告的质量决定，这是由皮书篇章的布局决定的。总而言之，总报告是决定整部皮书质量的关键。针对皮书总报告研创的问题，本文提出三点思考。

一 皮书研创出版的现状

1. 概况

从皮书品种的角度看，自 1997 年到 2018 年，皮书品种实现了飞速跨越，逐步在专业化、系列化、市场化、数字化、国际化的道路上奋进不息，成绩斐然。

皮书品种按内容大体可以分成六大类，即经济类（共计 478

部，约占 15%）、社会政法类（共计 434 部，约占 14%）、文化传媒类（共计 228 部，约占 7%）、地方发展类（共计 1107 部，约占 35%）、行业类（共计 564 部，约占 18%）以及国际问题类（共计 321 部，约占 10%）。细化而言，经济类分为宏观经济类（如"经济蓝皮书"）、区域与城市经济类（如"京津冀蓝皮书"）、产业经济类（如"产业蓝皮书"）。社会政法类分为社会类（如"社会蓝皮书"）、政法类（如"法治蓝皮书"）。文化传媒类则涵盖文化类（公共文化、文化产业）、传媒类，其中文化类以"文化蓝皮书"为代表，传媒类以"新媒体蓝皮书"为典型。地方发展类则包括地方经济类、地方社会类、地方文化类，如"广州蓝皮书""黑龙江蓝皮书"。行业类则主要包括行业及其他类（单一行业报告、行业融合），以"旅游绿皮书""数字经济蓝皮书"为代表。国际问题类则涵盖国际问题与全球治理类（如"世界经济黄皮书"）、国别与区域类（如"日本蓝皮书"）。

从总报告的数量上看，随着皮书品种的增多，皮书报告的数量增长明显。从 1997 年的 41 篇独立报告到 2018 年的 8832 篇，增长了 214 倍。

再根据研究功能及方法划分报告类型，皮书报告主要可以划分为分析预测型（以现状分析、未来预测为必备方法，以历史回顾、对策建议为可选方法）、评估评价型（以研究方法、研究过程、研究结论、对策建议为必备方法）、发展报告型（以过程与现状分析、对策建议为必备方法）。分析预测型报告的主要功能就是对当年度的状况进行分析，并对未来的趋势进行预测，甚至更进一步提出一些政策性的建议。评估评价型报告以城市竞争力、省域竞争力等为评价指标。这一类报告的重点是研究方法、研究过程、指标指数设计以及数据来源，其最终要形成指数报告和评价榜单。发展报告型报告则更多地考虑某个行业或某个领域，以年度为单元对发展过程现状和问题进行分析与描述。

站在字数控制的角度上，皮书研创也经历了一个逐步发展的过程——其平均字数从 2001 年以前的 30 万字以内发展到 2002～2010 年的 45.3 万字。2010 年以后，为提升可读性及信息传递有效性，《皮书操作手册》明确规定，单种皮书总字数不得超过 40 万字，建议在 35 万字内。此后，皮书报告的平均字数得到一定程度的控制。

从事皮书研创的作者也发生了较大的变化，作者数量自 1997 年的 60 人发展到 2018 年的 11422 人，拥有副高级及以上职称的作者数量则由 12 人增加到 7335 人，而拥有博士学历的作者数量从 8 人增加到 4659 人。再观察皮书累计发行量的演变状况，其由 2010 年的 28.54 万册迅速增加到 362.6 万册（截止到 2019 年 11 月 20 日）。

观察皮书数据库的使用情况可以发现，截至 2019 年 10 月 31 日，其收录的皮书数量已经达到 10209 部，收录皮书报告数量达 19.1 万篇，收录图片图表共 55.5 万张。而考虑其用户数据，使用皮书数据库的专业机构（含各类智库机构）近 1400 家、个人用户达 10 万余人、总浏览数已达 1400 万余次。目前，社会科学文献出版社（简称"社科文献"）正在努力提高皮书数据库的用户黏性并将其打造成中国智库类数据库的范本。

2. 取得的成就

从所取得的成就来看，第一，皮书已经成为中国最具影响力的智库成果交流与传播发布平台，在促进学术信息交流方面扮演着重要的角色；第二，皮书是决策、咨询的必备参考读物，皮书数据库成为提供决策信息的重要媒介；第三，皮书是引领社会舆论的有效工具，皮书发布往往成为舆论关注的焦点并对公众意见产生重大影响；第四，皮书是当代中国与世界研究的重要学术文献，是世界了解当代中国发展的可信路径，国外从事中国研究的学者和机构，往往将皮书作为获取中国学术信息的重要方式，将皮书数据库作为挖掘学术价值的丰富矿藏。

3. 存在的问题

目前，皮书研创工作主要存在着四类问题。

第一，皮书研创出现了数量与质量不成正比、头部产品占比过小的情况。在市场上表现良好的头部产品不超过 10 部。站在流量的角度统计每部皮书的浏览量，更能发现绝大多数的浏览量往往集中在少数皮书上。

第二，皮书品种结构失衡，研究主题、研究领域交叉重复现象较为普遍。如汽车相关领域的皮书反复出版、与粤港澳大湾区相关的皮书数量过多。皮书研创总体呈现不平衡不协调的局面。

第三，研创长效机制缺失，中途停产皮书比重过高也是较为严重的问题。研创年限多于 5 年的皮书占比较低。这固然存在一种优胜劣汰的客观现象，但同时应当注意到部分研创者为了特定目的而在成功出版过一部皮书后就不再进行研创的现象，对此必须引起皮书人的高度警觉。

第四，皮书学术质量认同度有待提升。研创人员应考虑对出版的皮书和智库报告进行统计评价和成果考核，从而形成某项固定指标并纳入科研成果的考核体系中。

4. 皮书研创出版的改进方向与措施

从皮书研创出版的改进方向和措施的角度来看，一方面，研创人员应进一步提升对皮书功能、价值的认识，以高质量发展为目标导向，包括采用末位淘汰制、专业化的内部控制机制等手段促进皮书整体质量的提高；另一方面，研创人员则必须调结构、补短板，以数据、流量、平台为抓手，着力推进皮书研创出版长效机制建设。调结构、补短板的核心在于针对研究主题重复的皮书，严格执行竞争性淘汰机制；针对相对空缺的热门领域，则应支持相关皮书的研创出版。以数据、流量、平台为抓手则意味着研创人员应不断推动皮书吸引流量、蹭流量以及流量变现运动，使皮书在新媒体时代更具影响力和竞争力。与此同时，还应发挥好社科文献的平台作用，不断推动皮书研创人员的内部交流、学术合作。

二 皮书总报告的特性、类型

1. 总报告的特性

皮书作为智库报告的象征通常采用"总报告—分报告—专题报告"的结构，而总报告是总揽全书的纲领，是全书的灵魂和精髓，在很大程度上，总报告的质量决定了全书的质量。分报告、专题报告则是以总报告为核心展开和深化。

总报告不能理解为全书之后各部分的综述，而是应当作为独立的部分存在，即脱离了分报告、专题报告等单独罗列也能够独立成篇出版。

2. 总报告的基本要求

总报告应当完全体现皮书的基本要求，即原创性、实证性、专业性、连续性、前沿性、时效性。关于原创性，应鼓励课题组针对某一主题进行调查研究并逐渐形成文稿。在实证性方面则需要注重对数据的处理和应用，要在真实完整的数据基础上进行分析预测。专业性则意味着：要组织专业的学者、机构运用各自领域的专业知识、研究方法进行学术报告的撰写。至于连续性，研创人员必须考虑主题延续和年度延续两方面的问题，努力在进行专题研究时做好回溯性分析。前沿性和时效性分别意指皮书研创必须关注学术前沿话题、约束创作时间。

除去关注皮书总报告的六个基本要求，撰写总报告还需要把握住其关键点——把握总体、突出主题和用数据说话。首先，把握总体意味着在皮书研创过程中要具备宏观思维。一方面，研创人员应注重主题与各报告以及总报告与分报告之间的逻辑关系；另一方面，研创人员则应对所研究领域的主要问题、过往研究成果等有着整体上的认识和理解。其次，皮书的生命和价值主要体现在突出主题。皮书研创不可能做到面面俱到，尤其对于总报告而言，必须针对所涉及领域最具话题性和影响力的主题、实例进行撰写。最后，用数据说话体现在研创人员能够对数据进行有效搜集整理，在此基础上形成直观的图表并将其运用在报告中，从而增加学术报告的严谨性和说服力。数字时代的当下，取得数据不再是难题，借助数据库、爬虫技术等智能搜索方式都能够获得大量有效数据。除此之外，高校学者也应当通过校企合作等形式建立数据采集系统和数据来源地。在运用数据方面，皮书研创者还应注重采用一些新型的数据展现形式以便提高读者的阅读体验。

3. 总报告的类型

根据类型划分，总报告大致可以区分为四类。第一类是分析与预测报告，以"经济蓝皮书""社会蓝皮书""世界经济黄皮书"等为代表。第二类是发展报告，以"新媒体蓝皮书""日本蓝皮书"等为代表。第三类是研究报告，典型范例是"社会心态蓝皮书""华侨华人蓝皮书"。第四类是评估（评价）报告，以"法治蓝皮书""康养蓝皮书"等为代表。其要点是每类皮书总报告必须遵循皮书的一般要求，但同时必须体现这类皮书报告的专业特色。

三 皮书总报告写作规范

1. 结构

在篇章架构（Division）与目录（Table of Contents）方面，皮书一般由 20 多篇围绕一个或多个主题而展开的研究报告组成，不同主题、不同类别的研究报告组成不同的篇章。皮书一般分为 3~6 篇，每篇由 3~5 个主题相近、类别相似的报告组成。皮书篇章架构的分类与设置应围绕全书研究领域和研究主题展开，避免"篇"不对"题"（书名），各篇章之间应有相对比较清晰、严谨的区分，各篇章中的研究报告应与篇名所反映的主题一致，避免不同主题、不同性质的研究报告归入同一篇章，也不应把主题相近的皮书报告归入不同的篇章。皮书篇章架构可以以"总报告—分报告—专题篇—案例篇"的方式展开，也可以以"总报告—行业篇—区域篇—中外比较篇"等方式展开。皮书一般不使用章节体。皮书的目录由篇章名、总报告（含一级标题）、分报告、作者姓名，以及相应的页码组成。为便于海外读者阅读和使用，皮书除中文目录外，还应有英文目录。同时，还建议有图表目录。

皮书总报告为皮书必备要素，也是呈现本皮书主要观点、体现皮书主要价值的首要报告，甚至可以说，皮书若没有总报告，就不能称为皮书。皮书总报告一般由本皮书课题组成员共同参与，由主编或课题组主要负责人或主要参与者执笔完成。皮书总报告放在皮书正文的最前面，篇幅一般以 1.5 万～2 万字为宜，总报告的一级标题应写在目录里。皮书总报告可以作为独立的研究成果呈现，也可以在全书各个分报告主要研究发现的基础上综合提炼完成。但总报告绝不是对各个分报告的简单拼接，而是有独立的研究目的、研究内容、研究方法和研究结论。分析预测类皮书的总报告应对上一年度形势预测的指标数值、主要结论及上一年度皮书总报告的主要观点进行回溯与总结。

2. 标题

皮书的标题（Title）通常指代单篇报告名称，它需要具备独立性并且完整、规范。与此同时，应从报告名称中提炼报告主题，使其具备可读性和时效性。

皮书报告名称应当避免以下几种情况的出现。一是标题过长，无法明确表达主题内涵；二是理论文章或新闻报道式宣传语言；三是学术论文式标题，不使用"浅析""浅论""试论""关于……的思考""……概述"等表述；四是与内文的标题重合。

3. 摘要及关键词

皮书摘要以提供皮书报告的主要观点和判断为目的，不加评论和补充解释，阐明、确切地记述皮书报告的重要内容。其基本要素包括研究目的、研究方法、研究结果和研究结论。研创人员应明确研究结果和研究结论，还应尽量避免对于报告或全书的结构的介绍以及避免采用图、表、化学结构式、非公知公用的符号和术语等。

皮书摘要分为全书摘要和单篇报告摘要。全书中文摘要一般以 1000 字左右为宜，放在中文目录前。单篇报告的中文摘要放在研究报告的开头，一般以 500 字以内为宜。英文摘要统一放在书后，并且中英文摘要内容要基本一致。

皮书作为智库成果，其报告的关键词对于智库报告的科学归类、便捷检索有着重要意义。准确的关键词不仅能够鲜明而直观地表达皮书研究报告表述的主题，使读者在看皮书的摘要和正文之前便能够明确皮书研究的主题，而且能够方便读者对报告进行查阅、检索和利用。

关键词应将研究报告的主题概念表达全面，不仅要在研究报告的题名和摘要中抽取，还应分析出研究报告所包含的隐含概念，使选取的关键词能全面地反映研究报告的整体内容。皮书关键词分为全书关键词和单篇报告关键词。皮书关键词建议最多 5 个，最少 3 个。关键词之间用一个字符的空格隔开，置于摘要内容下方。

关键词选取要注意以下三种情况。首先，避免使用词义宽泛的"通用词"。一些不具有学科性质的通用词语，如理论、报告、方法、问题、对策、措施、特点、发展、研究、思考等，上述词语往往运用于不同学科、不同领域，所指示的对象也千差万别，缺乏唯一性，所以不能选为关键词。其次，同义词和近义词不能并列为关键词，应当选择比较通用的词；反义词和否定词不能作为关键词，一般选用正面的、肯定的词作为关键词。最后，关键词不能用短句或词组。如"强化金融监管"是句子结构，不能直接用作关键词。

4. 引文、注释及参考文献

引用的重要文献（如马克思和列宁的著作，《毛泽东选集》《邓小平文选》《江泽民文选》，中央文件）均需校核并以最新版本为准。旧时作者的著作或者文章结集出版，可按照当时的版本。一般文献，遇有表述问题时亦需校核，不可随意改动。如果作者引用文字有改动（尤其是引用译著文字有改动时），需要说明理由。

引文标记一般包括以下三种。第一，引用关键词和原文。例如，城市发展空间结构不合理，"城市病"日益突出。第二，引用原意。例如，中国学者翟学伟对社会信任的理论及应用进行了研究，认为目前信任研究存在的问题是：宏观层面上的带有整合性的理论未能浮现。第三，提行引。提行引不加引号，字体字号宜与正文有区别；宜与正文上下空一行；引文段总体左侧缩进两格。

在注释方面，注释按照编排的不同位置，一般分为下列几种：文字排在页下方的是脚注，夹在文中被说明文字后方的是夹注，集中起来排在章末的为章后注，排在表格下或图题下的是表注或图注。皮书中标识文献征引的注释一般采用脚注 - 编号制（Notes - Bibliography System），即采用当页页下注的方式。

参考文献是指在学术研究过程中，对某一著作或论文的整体的参考或借鉴。皮书中，征引过的文献在注释中已注明，不再出现于文后参考文献中。若有未标明的参考文献，应附于每篇报告后，不标序号，并且依照先论文后专著分别按照作者姓氏排序。参考文献体例与注释一致。

皮书总报告，一般不使用或尽可能少用引文，参考文献指对本报告写作有参考价值或推荐拓展主题的文献。

5. 署名

皮书作为智库报告的聚合，其著述方式、表达方式应当遵循智库报告的一般要求。一个好的智库报告应该采用能够突出皮书报告原创性、实证性、专业性的著述方式，其应符合下列要求。第一，研创。实证性、原创性是皮书内容质量的保证。对于实证性、原创性较强的皮书报告来说，创作主体无论是个人还是机构都建议采用"研创"为著述方式。第二，总报告署名方式。一般在报告首页下方署上参与报告研创的全体课题组的成员，并注明执笔人和统稿人。

参考文献

谢曙光主编《皮书手册：写作、编辑出版与评价指南》（第三版），社会科学文献出版社，2018。

谢曙光主编《新时代的皮书：未来与趋势》，社会科学文献出版社，2019。

谢曙光主编《中国皮书发展报告（2019）》，社会科学文献出版社，2019。

皮书报告的研创要求和学术规范

蔡继辉[*]

　　摘　要：皮书报告是社会科学研究成果形式之一。与学术论文、工作报告、理论文章相比，皮书报告具有自身的特点和研创规范。皮书报告不但要像学术论文那样解决"是什么、为什么"的问题，还要解决"怎么办"的问题，有时还需要在一项政策和解决方案施行后，对可能形成的后果及引发的经济和社会风险等做出评估。皮书报告的选题要具有较高的社会价值和现实意义；在研创中要有学术支撑，以第三方的视角和多学科视角开展研究；皮书报告要有数据支撑，以实证研究为主；皮书报告在公开出版后还应该发布、传播，以形成共识。皮书报告虽是应用性研究成果，但也是基于学术的专业性研究，皮书报告的研创应符合基本的学术规范，包括遵守学术伦理、保证数据和事实的真实性以及遵守署名规范、引用规范、图表规范、数据规范、报告名称规范、摘要规范、关键词规范等。按照应用性研究成果的基本要求，遵守基本的学术规范，并在此基础上进行系统的数据分析

---

　　* 蔡继辉，社会科学文献出版社副总编辑、皮书研究院院长。

和调查研究，才可能创作出一篇高质量的、有较高社会价值的皮书报告。

关键词： 皮书报告　研究报告　应用性研究成果　学术规范

皮书是由多篇研究报告组成的，皮书报告的价值和质量决定了皮书的价值、质量和影响力。与学术论文、工作报告、理论文章相比，皮书报告具有自身的特点和研创规范。

一　皮书报告作为应用性研究成果的社会价值

目前，各类研究成果有很多，如学术论文、理论文章、专著、研究报告以及在调查研究基础上形成的内参、要报等，在这些成果中，皮书报告作为应用性研究成果，具有重要的社会价值。对于主编和研创机构来说，也具有重要的意义。

1. 皮书报告作为应用性研究成果的社会价值

皮书报告作为应用性研究成果，具有多重的功能和社会价值，概括起来，主要包括以下几个方面。

第一，作为智库研究成果能够发挥咨政建言的功能。研创人员在皮书报告中对数据的深度分析、对问题的界定以及所提出的对策建议等都可以作为相关部门决策的参考。

第二，能够引导主流舆论。在新媒体环境下，很多片面的、似是而非的观点以及不完整、不可靠的信息、数据等混淆视听，皮书报告作为智库、科研机构等的系统性、专业性研究成果，可以通过理性和建设性的思想、观点，系统的数据分析，以及具有前瞻性的议程设置等较好地引导舆论。

第三，皮书报告是普通读者包括海外读者了解中国国情的重要窗口。

第四，皮书报告是开展公共外交的重要平台。智库是思想的源泉，具有相对独立性和较强的公信力，智库参与公共外交活动具有特殊的作用。以皮书报告的研创和发布为平台，可提升智库在公共外交领域的参与度和话语权。

第五，皮书报告也是公共政策评估的重要渠道。智库和科研机构可作为第三方，以皮书的研创为平台，以专业、科学的方法和深入的调研对公共政策进行评估。

第六，皮书报告还能够发挥引领行业发展、倡导理性投资的作用。一些行业或针对特定经济领域的皮书研创成果在减少市场信息不对称、引导市场资源的合理配置并促进投资者理性投资等方面发挥了信息媒介作用。

2. 皮书报告的研创对于主编和研创机构的意义

第一，参与政策网络。各课题组以皮书报告的研创为基础，可以构建一个多方参与的政策网络，为哲学社会科学工作者和智库研究者发挥知识分子作用、服务经济社会发展提供了一个重要的平台和机制。

第二，学术交流与学术人才培养平台。虽然皮书报告是应用性研究成果，但皮书报告基于学术研究，对于作者个人及研创机构而言，皮书和皮书报告既是促进各类别、各地区的学术机构针对各种学术问题进行广泛交流的平台，也是各高校以及其他机构进行学科建设和学术人才培养的重要平台。

第三，智库经费的主要来源之一。通过皮书报告的研创可以吸引更多的经费支持，无论是政府交办课题、相关决策部门委托课题、智库横向委托课题，还是社科基金等各类基金项目，抑或是产业界和企业委托课题等，都可以为智库提供相应的研究经费。

第四，皮书的研创也是构建研究型数据库的基础。即通过皮书报告的研创，形成对于文献资料的整体科研认识和积累，在此基础上，运用各类技术手段形成一个较为完备的数据库，为研究机构在该领域开展长期的、可持续性的研究奠定基础。

二 皮书报告的特点

皮书报告与学术论文、工作报告、理论文章、媒体深度报道等有明显的区别。

学术论文重视的是因果关系，即一个问题或一种现象的背后产生的逻辑，只要论文作者通过实证研究方法或归纳法、演绎法将某种现象背后的原因揭示出来，这篇论文就完成了任务，学术论文主要解决"是什么、为什么"的问题。工作报告则是站在行政者的角度对过去的工作进行总结、对存在的问题和不足采取有针对性的解决措施、对以后的工作进行安排等。理论文章则是站在已知理论建构的基础上，对某一政策或者现象运用这一已经构筑起来的体系予以阐释。媒体深度报道则更多的是通过对有关人员进行采访呈现事件的来龙去脉，或者运用数据和图像来对一种现象进行说明，以使公众了解某一事实的真相，对其背后逻辑的理论性阐述或者原因分析等则较为粗略。

皮书报告则是在从事一种重要活动或做出决策之前，对各种相关因素进行具体调查、研究、分析，评估项目可行性，提出建设性意见。一方面，皮书报告需要站在理论的高度对现象、政策进行阐述和分析；另一方面，皮书报告更加重视解决方案或对策建议，皮书报告中的解决方案和对策建议应考虑多种相关利益，充分考虑可行性和可操作性，以服务于决策和政策制定。皮书报告不但要解决"是什么、为什么"的问题，还要解决"怎么办"以及在一项政策和解决方案施行后可能会"产生什么后果"的问题。

目前，皮书报告中类似于理论文章、媒体深度报道的报告不多，但类似于学术论文（至少形式、结构和行文特点类似于学术论文）或者部分由政府部门公务人员或其所属智库的研究人员撰写的工作报告（有些报告甚至把一级标题直接写成年度工作总结、下一年度工作举措等）的情况则比较常见。

1. 皮书报告与学术论文

皮书报告与学术论文的主要区别可从以下八个方面进行分析。

一是变量。学术论文可以只考虑一个变量，并研究变量的相关性；而具有明确政策指向的皮书报告强调综合性，必须要将社会的诸多变量纳入分析框架中，皮书报告的分析不一定包括全部变量，但是，对主要变量的权衡必须覆盖研究领域可能涉及的诸多因素和不同群体，甚至具体到不同部门间的利益关系。

二是前提条件和研究假设。在研究假设方面，学术论文往往基于一个确定的前提条件，这种前提条件和假设可以是抽象的甚至在某种程度上说是脱离现实的。比如，标准的西方经济学课程通常以这样的假设为开端：个人天生具有固定的偏好，这种偏好一成不变且好恶分明。然而，在现实社会中，这是不成立的，一个人的品位和偏好是绝不可能一成不变的。因此，在进行对策研究时，要考虑"人"的需求和行为的变化等因素。总之，皮书报告应基于现实条件、现实情境进行分析，而获取这类信息就必须通过调研、数据分析等方式对现状和问题进行界定。

三是问题导向。皮书报告需要经过长期的实践检验才能得到学术界公认的理论和方法，但皮书报告不是对理论或者研究方法的阐释，而是以现实问题为导向，更多的是对现实中经济、社会等诸多领域的调研和实证分析，是学以致用的。当然，社会科学是对社会现象的解释，学术论文的撰写也需要具备较强的"问题意识"，皮书报告与学术论文在问题导向上的差异只是相对的。

四是可检验性。科学研究是指用现代科学的学科方法、理论工具和评价标准进行研究，其研究过程要经得起重复检验。在科学研究所要求的可检验性、可重复性方面，虽然与自然科学相比，社会科学的可检验性、可重复性都不如自然科学，但社会科学学术论文，特别是以定量研究为主的经济学等学科的可检验性、可重复性也比较高，有了研究模型和原始数据，学术同行可进行重复、检验。与学术论文相比，皮书报告往往基于一定的时代背景和现实状况之下，并且带有明确的价值指向，这必然会影响到其研究结果的可检验性和可重复性（但也不能说皮书报告的学术性和科学性不如学术论文，两者各有侧重而已）。

五是创新性。学术论文强调理论或者研究方法上的创新，重复别人研究的学术论文价值大大降低，皮书报告的目的是为了应用，是利用现有的理论和方法，对现实问题进行解释和分析，寻找解决现实问题的路径和方案。某种程度上可以说，学术论文旨在"求真"，皮书报告旨在"致用"。解决现实问题需要在沟通、辩论的基础上达成共识，针对某一领域、某一行业，不同的智库都可以开展研究，不同的研究结论和解决方案可能差异巨大，也可能大同小异，甚至基本趋同。当然，智库作为"思想库"，能在重大的"理论""思想"或"方法"上有所突破、有所创新，皮书报告可发挥更大的价值和作用。

六是结构差异。如前所述，学术论文主要解决"是什么、为什么"的问题，而皮书报告不仅要对现状包括现实发展中的问题进行调研（是什么），对产生这些问题的可能的原因进行分析（为什么），而且还需要在此基础上，针对问题寻找解决方案或提出政策建议（怎么办），有的皮书报告还需要对不同的解决方案或不同的政策的风险和效果进行评估（风险与效果评估）。也就是说，皮书报告和学术论文在结构上也是有差异的。另外，学术论文大多有文献综述，而皮书报告中一般不需要文献综述。

七是数据的时效性。学术论文的写作可使用某一个国家或地区、某一行业的历史数据进行分析，旨在阐释某一现象的原理和影响因素等，而皮书报告则需要使用近一年来，或者说最近一个时期以来的数据进行分析，否则，对现实问题的界定就可能出现偏差。

八是学科划分与研究人员的数量。学术论文的作者一般为1~3人，且基本上是同一个学科的研究人员。皮书报告则可以成立课题组，课题组成员可以多达十几人，甚至几十人（比如需要大量的数据处理、大量的调研等）；课题组成员不仅是同一个学科的研究人员，可能涉及多个学科，甚至有计算机专家、统计专家、环境科学专家等；课题组成员不仅仅是研究人员，可能还有媒体人士、企业管理者、法律人士等。

2. 皮书报告与工作报告

与政府、行业协会等部门的工作报告相比，皮书报告的特点主要体现在学术性和第三方视角上。皮书报告的学术性是指，皮书报告不能仅仅罗列数据和观点，而是要找到针对某一社会现象或社会问题的学术接口，构建一个学理性的分析框架，能够对现象背后的本质、形成机理、影响因素等进行分析和解释。第三方视角则是指，皮书报告不是站在政府或某一利益群体的角度对于某种现象、某类问题进行探讨，而是站在一个客观的、第三方的角度，站在有利于社会大众的立场，对某一社会现象或政策形成的原理、造成的后果以及应对的举措进行论述。皮书报告必须考虑到不同利益群体特别是利益受到损害的群体，对解决方案、可能形成的后果及引发的经济和社会风险等做出评估。

三　皮书报告的研创要求和学术规范

如上所述，皮书报告与学术论文、工作报告等文体在形式和内容要求上都有比较大的区别，正因为这些不同，皮书报告的研创有相对独特的要求和学术规范。

1. 皮书报告的研创要求

第一，选题要具有较高的社会价值和现实意义。皮书报告的选题应以问题为导向，选取经济社会发展中的重大理论问题和具有长远性、战略性、全局性的现实问题以及关系国计民生的热点、重点、难点问题进行调研，分析现状和未来趋势，提出对策建议。学术论文也强调研究价值，但学术论文的选题价值更强调创新性，而皮书报告强调应用性和战略性。

第二，要有学术支撑。皮书报告的研究分析要基于相关的理论基础，使用学术前沿分析工具。皮书报告在撰写过程中应当有意识地运用学术前沿理论、模型和评价体系来分析现状和问题。

第三，第三方视角。皮书报告的研创主体主要是智库研究人员，但近年来，越来越多的政府部门的专业型公务人员参与皮书报告的研创工作，政府部门公务人员参与皮书研创时不应以工作报告的形式呈现，而应以专家的身份、以第三方的视角来分析、研究。

第四，要有数据支撑，以实证研究为主。研创者要做到用数据阐明观点，支撑结论。

第五，应进行实地调研。理论只是对现实的解释，通过数据对现实情况的判断与实际的情况可能不符，或者总体情况和平均值等掩盖了结构性问题，皮书的研创应对不同的地区、不同的人群、不同的利益主体等进行调研，以更好地了解数据所不能反映的现实复杂性。

第六，多学科视角。不同的学科是以不同的视角、不同的理论工具、不同的分析范式来解读社会现象的，一种社会现象或社会问题的产生可能不是由简单的文化差异或地域差异造成的，而是由各种因素夹杂在一起造成的。皮书研创的过程是一个多学科知识交叉的过程，对一项公共政策的研究必然需要跨学科的人才储备和知识积累以达成对政策解读分析的目的。

第七，连续出版。皮书研创者对某一领域或某一问题的研究应该是长期的、持续的，这样才能体现出专业性和对现实问题的把握，并通过长期的跟踪研究，积累在某一个领域的实践经验和观察能力。

第八，原创、首发。皮书的内容具有较强的时效性，如果在皮书出版之前，皮书报告的主要数据、研究发现、观点和对策建议已公开发表，则在皮书上再发表的价值和意义已不大。一篇报告的内容重复率也不宜超过一定的比例。

第九，发布推广。皮书主要涉及公共政策领域，如果不发布，公众对于皮书研创成果和相关政策建议就缺乏了解，皮书便难以产生影响力。发布的作用就在于，通过这一方式让更多的利益相关者了解不同智库机构对于某项议题或某项公共政策的观点和建议，并通过广泛的讨论和交流尽可能达成共识，最终对公共政策的制定产生影响。而推广则是一个长期的过程。发布只是集中以发布会等形式对皮书进行宣传，推广则更需要强调利用新媒体平台、图书发行渠道来传播研究成果，并在一个较长的时期内影响到社会舆论和大众观念。

2. 皮书报告的学术规范

学术规范，主要针对的是学术论文写作规范、引证体例。皮书报告虽是应用性研究成果，但也是基于学术的专业性研究，皮书报告的研创与写作应符合基本的学术规范。皮书报告的学术规范要求主要体现在以下九个方面。

第一，皮书研创应遵守学术伦理。学术伦理是皮书撰写者应该遵守的基本学术道德规范和行为规范，以及从事学术活动中应承担的社会责任。学术伦理与学术规范属于不同的范畴，但皮书报告的研创首先要遵守学术伦理，这是皮书报告要符合学术规范的前提。

违背学术伦理的行为既包括利用学术权力获取不正当利益的

学术腐败及以抄袭、伪造、篡改等作弊形式获取利益的学术不端，也包括数据、文献引用和注释不足或不全等造成的学术失范，还包括研究领域、研究对象及研究成果对社会或某一群体可能造成伤害的科研行为，比如，自然科学界目前有关基因编辑的研究，是违反学术伦理的。

在社会科学研究中，应注意以下三点。一是防止侵犯研究对象的隐私权；二是对某一群体进行调研时，其研究结果可能会对该群体造成伤害或引起其他安全风险；三是研究中可能涉及的种族歧视、性别歧视、地域歧视。

第二，真实性。皮书报告中使用的数据应该是真实的、可靠的，社会调查、经济预测等要符合科学性要求，尤其是不能伪造或篡改数据、文献。调研、访谈等研究行为应是真实的，也不能人为地更改调研和访谈得到的数据、信息；不能人为地更改研究结果。

第三，署名规范。如前所述，皮书报告的作者可以是个人，也可以是课题组，署名为课题组的应该在报告名页下注明课题组成员名单，最好也注明执笔人。

第四，引用规范。皮书报告与学术论文的引用规范是一致的，无论是引用思想、观点还是引用数据，在皮书报告中都应注明资料来源或参考文献。在皮书报告中，引用数据、图表、政策文件、媒体报道等一般以脚注的形式标注，而对他人的思想、观点、理论和研究方法的参考或应用（非直接引用）一般以参考文献的形式在文后列出。

第五，图表规范。图表要有编号，图表名称（图题、表题）要包含时间、主体、呈现的指标名称等，图表中的数据要有单位。图表或者图表中的数据如果是引用他人的，应注明资料来源。

第六，数据规范。皮书报告中的任何数据都应有资料来源，资料来源应是官方的或者专业的机构公开发布的，个人的博客、微博、微信等不宜作为资料来源，智库论坛、学术研讨会等会议上公布的第一手数据也不宜作为资料来源。使用官方或第三方专业机构未公开的数据应有对方的授权。

当前，大数据作为一种数据资源和研究方法，在社会科学研究中的应用逐步受到关注和重视，但利用大数据开展社会科学研究时要对数据的质量、大数据的搜集范围和搜集方式、可能涉及的法律和伦理问题、所使用的大数据存在的问题和不足以及所可能引起的误差等进行分析。

第七，报告名称规范。皮书报告名称应避免出现以下几种情况。一是标题过长无法明确表达主题内涵；二是理论文章或新闻报道式宣传语言或"口号式"表述（如"大力推进……"）；三是"浅析""浅论""试论""关于……的思考""……概述"等表述。

第八，摘要规范。应用性研究成果可以有摘要和关键词，也可以没有。皮书报告要求有中英文摘要和中英文关键词，主要是为了便于在皮书数据库中检索，便于国际读者了解相关内容。学术论文的摘要一般都应阐明研究的目的、意义、方法/过程、结果和结论等。同样，皮书报告的摘要应主要包括研究的主要对象和范围、采用的主要手段和方法、数据分析或调研中所发现的问题、得出的结果和重要的结论或者所提出的对策建议等。

摘要应该具有独立性和完整性，应成为一篇可以直接被引用的完整短文，而不是报告研究过程或分析框架的概述。皮书报告的摘要应以第三人称来撰写，不宜出现"我们""作者""笔者""本人""本文"等，皮书报告的中文摘要一般以 300 ~ 500 字为宜，不分段，不用图表、公式等。

第九，关键词规范。关键词是对研究报告的研究领域、研究主题、核心内容、思想观点、论证方法、主要结论等的提炼和概括，是皮书报告中起关键作用、最能代表皮书报告内容特征的词或词组。

关键词选取应遵循一定的规范和原则，应尽可能选用《汉语主题词表》等专业词表中所提供的规范词；关键词应采用名词或动名词，不能使用形容词、量词、冠词、虚词、介词、连词、代词、副词、感叹词等；一些表示时间的词，如"新时期""转型期"等，也不宜作为关键词；词义广泛的"通用词"，如"理论""模型""研究""问题""趋势""预测""展望""平台""体系""概述""对策"等应避免使用。一篇皮书报告的关键词以 3 ~ 5 个为宜。

总之，智库研究与学术研究有同有异，侧重点不一样，研创规范和要求也有同有异。作为应用性研究成果，皮书报告的研创既要求具有学术性，也要求具有应用性研究成果的特点；既要求遵守基本的学术规范，也要求有应用性研究成果的规范。按照应用性研究成果的基本要求，遵守基本的学术规范，并在此基础上进行系统的数据分析和调查研究，才可能创作出一篇高质量的、有较高社会价值的皮书报告。

参考文献

谢曙光主编《皮书手册——写作、编辑出版与评价指南》（第三版），社会科学文献出版社，2018。

美国心理协会：《APA 格式：国际社会科学学术写作规范手册》，席仲恩译，重庆大学出版社，2011。

芝加哥大学出版社：《芝加哥手册——写作、编辑和出版指南》（第16 版），吴波等译，高等教育出版社，2014。

叶继元等：《学术规范通论》（第二版），华东师范大学出版社，2017。

皮书研创方法与经验

国别类皮书总报告撰写中
几方面关系的处理

——以"日本蓝皮书"为例[*]

杨伯江^{**}

摘　要： 国别类皮书的总报告以对象国年度形势的系统分析与整体研判为主要内容，集中体现着皮书写作质量与团队专业水平。要写好国别类皮书总报告，重点在于把握好几对关系。一是从国际关系整体定位国别研究，处理好一般性与特殊性的关系；二是兼顾国别研究与问题研究，处理好年度特征与历史沿革的关系；三是强化总报告与分报告功能互补，处理好依托与超脱、生成与升华的关系；四是重在当年、"瞻前顾后"，处理好承接递进、"厚此薄彼"的关系。

关键词： 日本蓝皮书　国别研究　总报告

---

* 本文根据作者在第二十次全国皮书年会（2019）上的主题发言录音整理而成，已经本人审阅。

** 杨伯江，中国社会科学院日本研究所所长、研究员。研究方向：国际关系、亚太地区安全、日本问题。

中国社会科学院日本研究所，与代管的中华日本学会、全国日本经济学会一起，承担着两部蓝皮书的撰写发布任务，一部是"日本蓝皮书"，另一部是"日本经济蓝皮书"。两部蓝皮书都与中日关系以及中国学界对日研究的演变发展有着直接关联。中日实现邦交正常化以及签订《中日和平友好条约》后一个较长时期内，中国的对日研究集中于对日本发展经验的学习借鉴。进入21世纪，日本及中日关系的研究呈现多维度、立体化发展态势，"世界中的中日关系""多边网络中的中日关系"的研究得到加强。这一演变过程可以透过两部蓝皮书内容的逐年变化看得十分清晰。相较于"日本蓝皮书"，"日本经济蓝皮书"起步更早；而基于学科和功能定位的要求，"日本蓝皮书"更需要对日本及中日关系年度形势做出全面概括，学科覆盖面更广，跨领域、综合性特点更为突出。

一部皮书一般都要有总报告，对国别类皮书而言，总报告是基于一年来对研究对象国的持续跟进，对其年度形势所做的总体性概括、分析和研判，同时也是根据皮书体例需要，在各分报告基础上形成的提纲挈领、引领全书的统括性文字。总报告决定着课题组对研究对象国的整体研判和皮书的总体质量，其重要性不言而喻。本文拟就如何处理好皮书总报告撰写中几方面的关系，基于组织撰写"日本蓝皮书"的实践体会，谈一点个人看法。

一　国际关系研究中的国别研究：
一般性与特殊性的关系

写好国别类皮书的前提是做好国别研究。国别研究是针对特

定国家的政治、经济、社会、文化、军事、发展战略等各个领域
进行的综合性研究，而在全球化高度发展的背景下，任何国家的
生存发展与国际体系已经形成前所未有的密切关联。从这个意义
上说，国别研究唯有放到国际关系研究的大背景、大坐标中，才
能避免分析的孤立和割裂，才能确保判断的科学与合理。尤其是
在当前"百年未有之大变局"下，全球局势剧烈变动，国际秩
序酝酿调整，大国之间战略博弈，无论是合作形式还是竞争形态
都发生了重大变化，国别研究更需要紧扣大环境、大背景。比
如，被称为"茶杯中的风暴"的日韩贸易摩擦，如果仅从日韩
双边关系角度梳理，而不是将这一杯水融入国际关系的浩瀚海洋
中去，从大国博弈、区域形势的框架下综合定位分析，就很难读
得懂、看得透。

日本问题研究既要融入国际关系整体研究，遵循一般性规
律，遵守一般性规范，又要突出国别特色，抓住研究对象国的特
殊征象，在研究深度上超越国际关系整体研究。这二者之间需要
把握好平衡。以日本综合实力与战略价值的评估为例，自冷战结
束以来，从可衡量指标来看，日本不少硬实力指数是相对下滑
的，但科学评估日本的综合实力，不能只看硬实力，还要看软实
力，不能只看日本自身，还要把它放到更宏观的体系、架构中去
衡量，关注到第三方因素等更多变量。譬如，对日本军事实力的
评估，不仅要看日本本国军费支出的变化，还要看到日本背后的
日美同盟、看到日美军事一体化的持续深化。再如，2012 年，
安倍二次执政以来日本的"综合战略活跃度"空前提升，评估
日本在中国战略棋盘上的价值，不仅要看到其"建设性价值"，
还要看到其"破坏性价值"。还有，日本在亚太地区特别是东南

亚地区具有很强的公共外交能力，日本因素对中国周边环境具有重要影响。

二 国别研究与问题研究：年度特征与历史沿革的关系

研究者在撰写皮书时，往往会在横向坐标与纵向坐标两个维度之间左右为难。尤其是总报告，如何在有限的篇幅中有机统合每年的形势特征与历史的延续趋势，既是一个要点，也是一个难点。"日本蓝皮书"的总报告也不例外。首先，从横断面看，年度特征本身就非常复杂。譬如，研究日本这个国别时，必然要涉及其内政外交等诸多方面，如政治体制与国内政治议程、政党格局与选举形势、内阁执政基础及其变化、宏观经济形势与政策、外交与安全保障政策、重大社会事件及思潮等。即使单独探讨中日关系，也需要涉及政治关系、经济关系、外交关系、安全关系等诸多方面。其次，从时间轴看，以上每一方面的年度特征，都有相应的历史沿革与发展脉络，它们与本年度形势特征的"幕后逻辑"及未来走势都有着密切关联。

如何兼顾、平衡以上两个维度，是研究者需要重点把握的。其中，对历史脉络的跟踪探索，经年积累尤其重要，也更容易被忽略。因为在报告有限的篇幅中，归纳分析本年度形势是首要任务，历史过往作为参照指标往往并不能以文字直接体现出来，它对提高报告质量的"可视贡献度"并不高。但是，研究者只有深刻领会了纵向历史维度，才能在横向现实维度的众多问题中做出选择，对某个现实特定问题给出一个合理、准确的定位。反之，在不了解历史的研究者眼里，现实就很容易成为"绝对的存在"。总之，皮书总报告的撰写既要追溯过往事件的发生发展，回答"是什么"；还要对本年度发生的事件做出判断，即回答"怎么样"；进而，综合以上两点，挖掘事件深层的规律性因素，即回答"为什么"。能否完成这一思维路径，决定了所撰写报告的质量。

以"日本蓝皮书"为例，在过去几年里，总报告抓住日本国家战略转型接近质变这一拐点，结合当年度研究对象国重大事件的发生，先后选取"日本安全蜕变""日本海洋战略转型""安倍超长期执政""国际大变局——日本的选择与应对"等核心主题，尝试探索、概括"历史脉络中的年度形势特征"，取得了一定效果。以2019年报告为例，特朗普上台后执行的单边主义政策对日本构成巨大冲击，但若仅从横断面分析这一冲击，显然无法深入问题的本质；相反，通过把过去半个世纪以来日本所遭受的"特朗普冲击""尼克松冲击"进行纵向比较，就能深化对当前日本所面临的形势及其应对的认知，提升报告的分析质量。当然，同时还要看到，日本面临的冲击是历史性、系统性的，美国战略政策因素只是最引人注目的冰山一角，日本眼中的"冲击"还包含着"日本模式"下一系列制度范式的刚性疲劳、不可逆的人口结构老龄化趋势、新兴市场国家的群体性崛起、"自由主义国际秩序"的动摇等深刻含义。

三 总报告与分报告：依托与超脱、生成与升华的关系

在一部皮书中，总报告、分报告各有分工，功能定位各不相

同，处理好二者间的关系至关重要。总报告在皮书内容体系中具有把握全书整体、保持宏观一致的关键作用，承担体现皮书核心观点的重要功能。可以假设，即使读者仅看总报告，也能大体上把握过去一年中研究对象国的形势。总报告和各分报告在内容详略度、观察角度等方面自然会有差异，但在基调及总体结论上要取得一致。鉴于国际形势与研究对象国情况每年都在不断变化，各分报告具有很强的内容更新要求，不可能套用某种固定模式。这就需要总报告站在皮书选题纲要与工程标准的高度，对撰写部分的体系结构、功能定位、语言表达等统筹把握，在千头万绪中把握总体方向。总报告执笔人需要熟悉皮书的体系结构和目标定位，在撰写中前后照应、理顺各部分内容、有效串起全书的分析与写作主线。

总报告、分报告之间是辩证互益、相辅相成的关系。对研究对象国年度形势的总体研判、重大研判是需要在总报告而不是其他章节完成的。因此，总报告必须建立在分报告基础之上，形成对事件、问题的综合认知。分报告的具体分析与总报告的总体研判，类似于物理学中各种方向的"力"与其最终形成的"合力"之间的关系。总报告的任务在于阐明"合力"的原理与形态，超越各分报告相对单一、狭小领域的分析，提升到总体性、战略性的研判上。总报告不是将各分报告的内容简单叠加，而是通过对各领域不同的形势分析，从中提炼研究对象国年度形势的总体特点。反过来，分报告对各自领域问题进行分析阐述之际，又需要借助总报告的引领作用，在总报告展示的大背景、大形势、大方向下实施写作。鉴于这种引领是方向性、总体性的，各分报告撰写者的思想独创性、观点创新性并不会因此受到束缚，相反能得到充分发挥和释放。

总之，总报告既依托于分报告，又要超脱于分报告；既生成于分报告又要升华于分报告，既基于各领域基本情况，又要高出一般形势概括，进入深层次分析研判。分报告的关注点集中于特定的领域和视角，以"断其一指"的方式建立研究深度，但往往无法兼顾与其他分报告之间的内在关联性，以及报告在皮书内容体系中的相对定位，这就需要总报告从各领域纷繁复杂的年度分析中挖掘逻辑线索，挖掘分报告之间的内在关联性，进而予以合理定位。因此，从皮书的前期构思、框架设计到实际撰写，需要把握好总报告、分报告之间以及各个分报告之间的辩证互益关系，尽量少走弯路，争取在较短时间内组织所有撰写者共同完成好任务，达成预期目标。

四　报告年份：承接递进、"厚此薄彼"的关系

年度皮书主要涉及本年度的形势，这是重点，但在此前提下，还需要适当"瞻前顾后"，即对上一年度进行回顾、对下一年度做出展望，彼此之间是一种承接递进、"厚此薄彼"的关系。不研究前一年的问题发展史，就无法准确把握当前形势，无法对该问题今后走势做出科学预判。总报告撰写者首先要深化对上一年度形势的认识，才能深化对某个特定问题及总体形势的认识，提高分析研判质量。梳理上一年度问题、事件的发展史，总结其演变过程，内容上需要抓住主线，选定重点，避免"碎片化"，同时，注意校正事件发生早期由信息偏差、变量增减造成的不准确认知。所谓"承接递进"，是指坚持实事求是的学术精

神，以对上一年度事件的扎实掌握为基础，持续深化对问题、事件的认知。"厚此薄彼"是说在行文方面，重点要放在本年度事件、问题的分析研判上；过往是基础，可以避免出现大的偏差，但它的作用主要不是体现在写出来的文字上，而是体现于无形之中。

围绕上述皮书总报告撰写中的几对关系，"日本蓝皮书"课题组经过几年来的摸索实践，初步形成了一些经验共识。第一，从研究流程看，总报告及分报告作者均要先对上一年度形势展开深入分析，然后以定性加定量的方法就本年度形势给出基本观点，进而对第二年做出价值和趋势预判。第二，从功能定位看，总报告是对研究对象国年度形势的总体分析研判，不应陷入对某一个或某几个领域的微观解读，它与分报告的功能相互不可替代。第三，从报告体例看，总报告除了体现报告执笔人的观点，还应对后续各章如何辅助、印证总报告观点做出说明，以增强皮书的一体性。第四，从观点形成看，总报告的核心观点统领全书，它来自分报告，又超出分报告，可以把总报告视为分报告的综述，但不是分报告内容的简单罗列。

上面几点在 2018 年"日本蓝皮书"的撰写中得到了充分体现。这一年的总报告分为三个部分：一是"安倍向'超长期执政'更进一步，日本修宪提速"，二是日本"全面坐实'新安保法'，争夺秩序规则主导权"，三是"中日关系转暖，深度博弈持续发展"。这些观点在后续"政治经济篇""对外关系篇""社会文化篇"的分报告中均有不同程度的呼应，形成了整体一致性。总报告生成于分报告的具体分析，进而又超脱于分报告的微观叙事，提升了视野高度，深化了形势认知，实现了观点升华。

参考文献

谢曙光主编《新时代的皮书：未来与趋势》，社会科学文献出版社，2019。

谢曙光主编《皮书专业化二十年（1997～2017）》，社会科学文献出版社，2017。

谢曙光主编《皮书研究：理论与实践》，社会科学文献出版社，2011。

杨伯江主编《日本研究报告（2019）》，社会科学文献出版社，2019。

杨伯江主编《日本研究报告（2018）》，社会科学文献出版社，2018。

杨伯江主编《日本研究报告（2017）》，社会科学文献出版社，2017。

杨伯江主编《日本研究报告（2016）》，社会科学文献出版社，2016。

"美国蓝皮书"研创中的一些体会[*]

倪　峰[**]

摘　要： 经过9年的研创，"美国蓝皮书"创作团队的主要体会是，应将皮书研创活动与科研工作融为一体，鼓励科研人员积极参与，制定完善的工作流程，与学科建设紧密结合，与科研管理工作相挂钩，与青年科研人员的培养形成联动，利用皮书平台不断整合业界资源。同时，为了扩大影响力和传播力，应加大在发布环节的筹划。

关键词： 美国蓝皮书　美国研究　智库影响力

中国社会科学院美国研究所的皮书研创始于2011年，属于皮书研创的后来者。在社会科学文献出版社（简称"社科文献"）的帮助和指导下，美国研究所的皮书研创工作取得了较大的进步。2011年，"美国蓝皮书"出版第1部，2011~2014年，

---

　* 本文根据作者在第二十次全国皮书年会（2019）上的主题发言录音整理而成，已经本人审阅。

　** 倪峰，中国社会科学院美国研究所所长、党委书记、研究员、博士生导师。研究方向：美国内外政策、中美关系。

"美国蓝皮书"的单篇报告均获得了社科文献的奖励。2016年和2017年,"美国蓝皮书"及其中的报告分别获得第七届和第八届的"优秀皮书奖""优秀皮书报告奖"一等奖。

通过9年的研创,"美国蓝皮书"的研创团队有五点比较深刻的体会。

一 皮书研创:最重大的集体科研活动

1. 全员参与,解决研究"碎片化"问题

皮书的研创是中国社会科学院美国研究所最重大的集体科研活动,由所长主抓,动员全所科研人员广泛参与。在国内的国别区域研究领域,研究美国的人和机构是最多的,没有之一。而且,由于中美关系和美国问题的热度,近年国内成立了很多新的研究机构,一些老的机构也并未停滞不前,美国研究所面临的竞争压力较大。

在这种情况下,美国研究所在竞争和压力面前,其比较优势在何处?迄今为止,中国社会科学院美国研究所是国内最大的研究美国问题的机构,学科设置也是最全的。该方面优势的存在不见得就能使之很好地发挥作用。谢寿光社长把"美国蓝皮书"的出版任务交给美国研究所,是发挥美国研究所研创皮书整体优势的非常好的抓手。皮书的特点是研创人员要对对象国进行一个全面、综合的研判和分析,需要各学科的支持和配合,这点正是美国研究所的特长。中国社会科学院的研究的特点是虽然有比较优势,但是大多数的研究还是分散化、碎片化的,研究人员大都各自为战,不同的研究所都有一些研究的项目,一个研究项目无

法聚集全部研究人员。而"美国蓝皮书"是一个非常好的能把全部力量聚集在一起的抓手。

皮书的体例特点是对过去一年研究对象各方面的情况做一个全面的梳理、归纳、总结,并对来年的发展趋势做出展望和预测。通过皮书研创,可以把美国研究所学科门类齐全、重要的研究领域都有覆盖的优势充分发挥出来。因此,美国研究所在皮书研创初始阶段就努力将"美国蓝皮书"打造成一个科研成果集中展示的平台。为了确保和鼓励大多数科研人员参与到这项工作中,美国研究所依据具体的情况,先后出台了一些相关的措施。比如,每两年为"美国蓝皮书"课题组提供一篇稿件是科研人员进入创新工程项目的"门槛"。2014 年,中国社会科学院出台新的科研成果计分考核政策,为了鼓励科研人员参与皮书研创,经美国研究所学术委员会和所长办公会讨论决定,总报告计 15 分,分报告计 10 分,专题报告计 4 分(可视为一般论文)。这些措施保证了皮书研创过程中人力的投入,调动了科研人员参与皮书工作的热情,使皮书研创真正成为美国研究所最重大的集体科研活动。

2. 流程制度化

确保质量是皮书研创的核心。为了写好"美国蓝皮书",美国研究所在皮书研创的过程中确定了一个较为完整的贯穿全年的工作流程。首先,在前一部"美国蓝皮书"发布之后马上开始后一部的筹划工作,让科研人员考虑和申报下一期希望撰写的题目,将皮书研创工作直接嵌入科研人员每年的科研规划中。同时,在美国研究所征集皮书总报告的选题,并进行总报告撰写人的招标,以此营造科研人员参与集体项目的氛围。其次,"美国蓝皮书"课题组讨论当年中美关系或美国的热门问题，确定当年的研究题目；围绕确定的题目，定期举办各类学术研讨会，推动相关问题的研究。再次，在多数稿件基本完成之后，美国研究所召开学术研讨会，每位撰写人汇报写作的基本情况，全体参会人员从不同角度对每份报告提出评论和修改意见。最后，在稿件收齐之后，美国研究所设立了稿件审读制度，对每份稿件都根据专业方向邀请国内知名专家为审读人，以确保形成的成果经得起推敲，没有大的遗漏和问题。总之，"美国蓝皮书"课题组通过比较完善的皮书研创流程，保证了"美国蓝皮书"的品质，在业界树立了比较好的口碑。

二 将皮书研创与学科建设紧密结合在一起

美国研究所的研究基础在于学科，学科建设是一个研究所安身立命的基础。美国研究所以学科划分，设有政治研究室、外交研究室、战略研究室、经济研究室、社会文化研究室，构成了美国研究所美国问题研究的基本单元。如何将皮书研创与学科建设结合在一起？在皮书研创的初期，美国研究所的认识并不是很到位。除了社科文献规定的总报告相对固定外，"美国蓝皮书"课题组会邀请国内知名专家对本年度发生的重大问题进行阐释，研究人员则根据研究兴趣自主申报题目。对重大问题有重磅的分析，也契合研究人员的研究兴趣。但是，"美国蓝皮书"的内容是随着每年的形势而变化的，研究人员对美国问题很难形成系统性的认识，不符合皮书系统性、规范性的要求。2014 年，美国研究所学术委员会经过讨论，认为皮书系统性、规范性的要求与美国研究所学科建设的方向高度契合，可以以学科为基础设定固定的篇章。为此，课题组在皮书中设立分报告篇章，包括美国政治形势、美国经济形势、美国社会、美国外交等，上述分报告分别由政治研究室、经济研究室、社会文化研究室、外交研究室固定承担，这些固定篇章的设立，极大地提高了"美国蓝皮书"的规范性，有利于读者对美国内政外交情况做一个全局性、综合性的把握。"美国蓝皮书"的咨政和服务社会的功效进一步彰显。与此同时，上述固定篇章的设置也使得各研究室进一步从学科角度明确了自己的主攻方向，加强各研究室以及科研人员的学科定位、术业有专攻日益成为美国研究所科研人员的普遍认识。科研人员反映，这样做既符合皮书有关规范性的要求，也有利于学科建设和发展，对美国问题形成了系统性的知识积累，为其开展课题研究提供了非常有益的素材。

三　通过皮书研创推动青年人才更好更快地成长

美国研究所科研人员的年龄结构呈现日益年轻化的趋势，职工的平均年龄是41岁，40岁及以下的科研人员几乎占到了总数的一半。如何使他们快速成长、早日成才是摆在科研工作中的一个重大问题。年轻的科研人员工作时间不长，成果发表的渠道和资源有限。而"美国蓝皮书"的研创为其早出成果、多出成果提供了一个重要平台。为此，美国研究所积极鼓励青年科研人员多参与报告的撰写，将皮书研创视为人才培养的难得机会和重要机制。从过去5年皮书研创的发布成果来看，美国研究所青年科研人员一直是成果发布的主力。为调动青年科研人员的积极性并鼓励他们早日成才，美国研究所鼓励青年科研人员撰写蓝皮书的总报告。总报告聚焦重大、热门话题，同时要把热点问题与美国内政外交的方方面面串联起来，从而概括过去一年来美国的总体特点，内容涵盖量大，研创难度高，同时社会关注程度也高，这样的锻炼更有利于青年科研人员脱颖而出。自"美国蓝皮书"研创以来，有大约 1/3 的总报告是由美国研究所的青年科研人员撰写的。例如，2012 年的总论《2012 年大选：美国政治的变数与走向》、2016 年的总报告《2016 年大选：美国内政外交风向标》、2018 年的总报告《华盛顿的独角戏——特朗普政府的政策变革及其内外影响》皆由美国研究所青年科研人员撰写，获得了广泛的好评。这种做法推动了青年科研人员的快速成长。总报告作者或成为国内知名学者，或成为美国研究所重要的学术骨干。关于分报告篇章，各研究室也有意识地鼓励青年科研人员充当主角。总之，"美国蓝皮书"的研创平台锻炼了青年科研人员的研究能力、话语转化能力。

四 通过皮书研创打造更大的平台

谢社长指出，蓝皮书不仅是一本书，更是一个平台。从"美国蓝皮书"研创的经验来看，也是这样。前面提到，在国内美国研究界，中国社会科学院美国研究所的一个重要比较优势就是学科门类齐全，研究对象的覆盖面比较广。与此同时，"美国蓝皮书"课题组认识到这种优势是相对的，美国研究所的研究领域不可能覆盖到美国研究的方方面面。通过皮书研创，课题组日益意识到这一问题。为了服务社会需求，从 2015 年开始，课题组在"形势报告"篇章中新增两项内容，分别是美国军事和美国科技。这两项内容都不是美国研究所的研究专长，为了保证皮书研究成果的权威性，课题组分别邀请了中国人民解放军军事科学院和中国科学技术信息研究所的专家来撰写美国军事和美国科技方面的内容。此举不仅充实了皮书的内容，也加强了美国研究所与其他学术单位和部门的合作，形成强强联合、优势互补的局面。同时，课题组也需要更多的兄弟单位的帮助和支持，使得"美国蓝皮书"不仅成为展示美国研究所研究成果的平台，而且成为展示中国的美国问题研究的平台。

五 邀请重量级嘉宾参与皮书研创与发布，扩大影响力

为了提高皮书和皮书发布会的影响力，从 2014 年开始，美国研究所邀请外交部前副部长傅莹大使担任名誉主编，2014 年和 2015 年傅莹大使两次参加"美国蓝皮书"发布会，并在会上发表主旨演讲，引发了广泛的社会反响。2016 年皮书发布会，课题组邀请了前国务委员戴秉国参会。上述活动引起了媒体和社会各界的广泛关注，对于提高皮书的影响力有非常好的效果。

尽管"美国蓝皮书"的研创取得了一些成绩，但毕竟是2011 年才开始做，起步较晚，经验不足，有待改进。比如，需要进一步增强皮书的实效性、立论的权威性，以及扩大内容的覆盖面，等等。希望社科文献和兄弟单位在今后的皮书研创过程中为"美国蓝皮书"课题组多提宝贵意见。

皮书在智库与学科建设中的独特作用[*]

陶一桃^{**}

摘　要： 皮书作为智库的学术成果，它不仅是拓展国际影响力的有效载体，而且在提升中国学术话语权方面发挥着巨大的制度效应。皮书作为学科建设的重要内容，与学科自身的拓展、完善相辅相成。一部皮书既展示一个学科的发展与积淀，又促进一个学科的提升与成熟，并为其拓展研究奠定坚实的学术基础。从某种意义上说，皮书不仅是智库与学科建设的重要组成部分，它还支撑、拓展着一个学科的发展，在相当程度上会以编年史的方式记录着一个国家某一领域的发展历程或沿革。

关键词： 蓝皮书　智库　学科建设

在皮书发展历程中，"经济特区蓝皮书"课题组收获了一个具有专业特色的出版领域所给予的思想、智慧、学术与人脉等宝

---

* 本文根据作者在第十八次全国皮书年会（2017）上的发言录音整理而成，已经本人审阅。
** 陶一桃，深圳大学中国经济特区研究中心主任、"一带一路"国际合作发展（深圳）研究院院长。研究领域：理论经济学。

贵财富，这些收获都以不同的方式成为智库与学科建设的珍贵资源。

一 《中国经济特区发展报告》的基本情况

"经济特区蓝皮书"，即《中国经济特区发展报告》是教育部人文社会科学重点研究基地——深圳大学中国经济特区研究中心倾力打造的一个具有鲜明的地域和学科特色的蓝皮书品牌与标志性科研成果。书名是由谷牧同志题写的。《中国经济特区发展报告》是皮书中唯一研究经济特区的，具有原创性、前沿性、标志性与权威性，是中国经济特区研究及中外经济特区比较研究的重要成果，在新兴市场经济国家中具有较大影响力。英文版由德国施普林格出版集团出版。

《中国经济特区发展报告》同时还是教育部人文社会科学重点研究基地 54 个重点报告之一，也是深圳市哲学社会科学的品牌项目，更是深圳学派"走出去"的最具有代表性的成果，一直获得深圳市宣传文化事业发展专项基金的支持。课题组有一支由中外学者、官员和特区 CEO 组成的学术实力雄厚、研究方向集中、人员既相对稳定又与时俱进的创作团队。这个团队先后完成了与特区研究相关的国家社科基金面上项目、重点项目，目前正承担国家社科基金重大项目"中国经济特区发展史（1978～2018）"的科研工作。

课题组除了每年追踪"5＋2"传统经济特区发展现状及未来趋势外，还根据国家整体发展战略的不断调整，加入新兴经济特区、自由贸易试验区和湾区的内容。同时，随着中国道路

"走出去"，中国经济特区的成功经验得到许多发展中国家的认可与学习，蓝皮书又逐渐增加国外经济特区的内容，课题组先后撰写了《巴基斯坦经济特区发展报告》《非洲经济特区发展报告》《朝鲜经济特区发展研究报告》《拉丁美洲经济特区建设与发展报告》《欧洲经济特区发展报告》，并计划在以后年度皮书报告中还将陆续增加"一带一路"沿线国家的特区介绍内容，如西哈努克港经济特区、万象赛色塔综合开发区等都已列入课题组的计划之中。

二 深圳大学中国经济特区研究中心介绍

深圳大学中国经济特区研究中心（简称"中心"）是教育部人文社会科学重点研究基地中唯一研究经济特区和经济特区问题的学术机构，也是国内外为数不多的专门研究经济特区的智库型高校学术机构。中心拥有理论经济学一级学科博士点和博士后流动站，在"研究国际化、学术走出去"的理念下，中心形成了国际化、开放式的体制机制灵活的"小团队，大平台"的研究队伍，每年都有来自不同国家、不同研究机构的相关领域的专家、学者在中心做访问教授。

中心长期坚持基础经济学理论研究，坚持经济特区研究和中国改革开放前沿问题研究，始终处于中国经济特区研究、中外经济特区比较研究、经济特区与中国道路研究、社会主义市场经济理论研究、社会主义政治经济学理论体系研究的前沿。近几年来，中心研究的领域已拓展到湾区经济、自贸区和中国经济特区发展史、中国改革开放史、中国改革开放思想史等领域，具有丰厚的相关领域的学术积淀。第一，由中心主任、理论经济学学科带头人陶一桃教授与鲁志国教授主编的《中国经济特区史论》一书，2008年被中宣部确定为中国改革开放30年35本推荐书目之一，并被列入国家社科基金"中华学术外译项目"，2011年，该书荣获广东省哲学社会科学优秀成果奖一等奖。第二，陶一桃教授、鲁志国教授合著的国家社科基金重点项目研究成果《经济特区与中国道路》于2017年2月出版，此书以中文、英文、俄文、阿拉伯文、蒙古文五种语言出版。第三，由中心副主任、博士生导师袁易明教授担任常务主编的国内最早研究特区问题的中英双语学术集刊《中国经济特区研究》已连续出版12年，被评为全国优秀集刊，收录于CNKI全文数据库、列入全国40种邮发集刊，由德国施普林格出版集团负责海外发行。第四，中心主任陶一桃教授还创办了国内唯一研究"一带一路"问题的中英双语学术集刊——《"一带一路"研究》，主编了首部"双创蓝皮书"，即《中国双创发展报告》。

秉承"研究国际化、学术走出去"的理念，中心做了以下几件事。第一，与世界银行、联合国开发计划署、中国国际扶贫中心、亚洲开发银行、非洲开发银行、德国国际合作公司等国际组织与机构联合开展项目研究；第二，举办国际性论坛和政府高级官员培训；第三，与日本、越南、老挝、柬埔寨、泰国、哈萨克斯坦、俄罗斯远东地区等的学术机构及政府决策部门建立长期合作关系，为新兴市场经济国家提供政策咨询。中心在宣传中国道路、介绍以深圳为典型代表的中国经济特区成功经验方面做出了独特的贡献。

2001年，中心创建"世界经济特区发展论坛"，至今已经举办了 20 届，成为国内外学者、官员、企业家普遍关注、积极参与的有较大政治、学术影响力的论坛。论坛有来自国内外数十所著名大学、智库的专家和学者参加。"2017 世界经济特区（哈尔滨）发展论坛"成为启动国务院深哈对口合作战略的重要举措。此外，由深圳大学理论经济学创始人、著名经济学家苏东斌教授创办的咨政内刊《建议活页》自 1996 年创刊以来，为党委和政府决策提供了富有价值的参考。

2016 年，中心获得深圳大学建校以来最大数额的社会捐赠。深圳市京兰投资有限公司董事长吴小兰女士向深圳大学赠予 1.6 亿元，用于建设"吴玉章楼"。广东省人民政府领导出席了捐赠仪式。"吴玉章楼"已于 2017 年 8 月 1 日正式动工建设，建成之后将用于中心和"一带一路"国际合作发展（深圳）研究院教学与科研。

"一带一路"国际合作发展（深圳）研究院是深圳大学依托中心与深圳市京兰投资有限公司而创建的新型民间智库。研究院立足中国、面向亚洲、放眼全球，依托高等院校丰富的学术资源、人才优势和广泛的影响力，以中国道路"走出去"和中国经济特区成功经验分享为沟通路径，以"一带一路"沿线国家的历史文化、政治经济、法律制度、民俗信仰和国际关系等研究为切入点，致力于为国家、企业的"一带一路"项目的落地提供智力和软实力的支持。

三　皮书在智库与学科建设中的独特作用

皮书作为学科特色的实力展现，提升学科的研究能力，增加学科的积累，完善学科的研究体系，形成具有独占性的学科竞争实力。学术智库不仅是思想的载体，传播知识与价值的平台，更应该具备一个理性而冷静的头脑，体现客观、科学、公允的良心。学术智库的社会责任，不是在其原本职能之外所承担的另一份职责，而是其原本就拥有的使命。这正如阿马蒂亚·森在《以自由看待发展》中所阐述的内在逻辑一样：自由从来就不是作为发展后的结果而存在的，其本身就构成了发展的内容。

第一，学术智库应该以高贵而正直的文化力量影响社会。文化作为一种观念的力量不能直接改变社会，但能改变人，而人能改变社会。学术智库的一个重要特质就是，它是思想者创造思想、展示思想、传播思想、探寻真理的学术平台。从根本上说，应该是一批有文化价值感和责任感的人维系着学术智库的运行。古人"先天下之忧而忧，后天下之乐而乐"的情怀，道出的也正是学者与生俱来的社会责任。有知识的人是要承担社会责任的，这正如有思想的人必定要经历更多的内心挣扎一样。知识分子应该是独立的，而非中立的。毫无疑问，心灵的独立是最根本的独立。要让知识与良知同在，学术与正义共存。当一个民族做学术的人也都放弃对高贵文化的坚守时，我们失去的不仅仅是文化与学术本身，更是社会的正义与良知。

第二，学者应该以其科学、客观、公允的学术品格引领社会。从操作层面上来说，学者所应该具有的良好的学术品格，在一定程度上取决于学术智库的价值取向和职业操守。但从根本上说，则取决于社会相关制度环境与制度安排的内在导向。有怎样的制度安排，就会有怎样的选择行为。生活实践告诉我们，群体的选择行为是制度和制度环境的产物，而非简单的个人理性和良知的结果。当学术期刊被附加上额外的"工具意义"的功能时，如成为评定职称不可或缺的重要依据，或获取学术荣誉不可或缺的评价体系中的重要指标，那么，"工具意义"制度上的强化作用和现实上的功利取向，既可能会折损学术和学术期刊的价值，也可能会消磨学术和学术期刊的科学的属性、客观的本性和公允的道德性。社会的确需要更好更多的研究成果，但学术研究的真正目的不是创造数量。同理，学术论文转引的真正意义也不在于转引率本身。

第三，学术智库应该以学术的规范、包容的胸怀和学者的良知示范社会。学术规范不是一个单纯的技术问题，而是一个由道德决定的制度约束问题。因此，对学术规范的坚守是一种心灵的自我坚守。学者的自律源于其特有的良知和信仰。正如尼采所说："为了乐于过你的生活，你要先置身于生活之上。要学会提高自己，还要学会俯视。"有人说，不同的文化以不同的方式创造着不同的民族，不同的民族又以不同的方式创造着不同的文化。尽管学术智库具有其专业属性，但无论如何，一个国家或民族对史学研究的看重，是对现在与未来的一份责任的坚守。历史不仅仅是人类知识中具有价值的一部分，而且会为人们打开通向许多学科领域的大门，并为人们更广泛的研究提供有价值的素材。历史是一面镜子，也是一本深刻的教科书。作为镜子，它照亮现实，也照亮未来；作为教科书，它给人知识与智慧，也把人类曾经的无知告诉后人。另外，对学术智库而言，研究方法的兼容并蓄，是对学术自身规律的遵守，也是学术研究理应具有的胸怀。研究方法上的学科借鉴，甚至交叉学科领域中研究方法上的创新性都是一种学术的拓展与进步。

第四，皮书作为智库的学术成果，不仅是拓展国际影响力的有效载体，而且在提升中国学术话语权方面发挥着巨大的制度效应。如中心倾力打造的《中国经济特区发展报告》在引起国内外学术界、政界普遍关注的同时，其每年举办的"世界经济特区发展论坛"，以制度化的方式提升中国学术话语权，尤其是在特区问题和转型国家发展道路问题方面。皮书作为发挥智库功能的学术名片，对介绍中国经济特区成功经验、宣传中国道路产生了巨大的影响力。

第五，皮书作为学科建设的重要内容，与学科自身的拓展、完善相辅相成。中心还根据自身地缘优势和研究积累，拓展皮书撰写领域，申请并撰写了《中国双创发展报告》，创办了《"一带一路"研究》学术集刊。一部皮书既展示一个学科的发展与积淀，又促进一个学科的提升与成熟，并为其拓展研究奠定坚实的学术基础。皮书的撰写过程也是对现实问题的思考过程，这不仅是中心为国内外经济特区、自贸区或地方政府提供咨询服务、制定发展规划的基础，而且其对现实政策的思考与建议也源于这一过程。从某种意义上说，皮书不仅是智库与学科建设的重要组成部分，它还支撑、拓展着一个学科的发展。皮书以其特殊的体例，在相当程度上会以编年史的方式记录着一个国家某一领域的发展历程或沿革。《中国经济特区发展报告》以其内容的特殊性，更直接反映、记录中国社会改革开放的历程、中国社会制度的变迁以及中国道路探寻的历史。

中国人文发展研究的人工智能化探索[*]

王亚南[**]

摘　要： 建立中国人文发展研究的检测指标体系有必要从零起步，立足中国历史、中国现实、中国问题形成基本认识论和方法论，构建自身得以成立的科学化"研究范式"。在此基础上，设计文化、民生、社会、经济各领域发展量化分析的通用检测指标体系。智库研究方法应当设置最低门槛，实现最基本的规范化、标准化，保证最低限度的可重复检验，并将人脑智慧充分技术化，延伸开发人工智能化系统，形成相应学科、专业领域的技术性通行分析框架、通约演算方法，逐步走向"精密科学"。

关键词： 人文研究　量化分析　可重复检验　人工智能

学术机构智库研究必须追踪前沿，非前沿研究不属于科研，

───────────

　＊　本文根据作者在第十八次全国皮书年会（2017）上的发言录音整理而成，已经本人审阅。

＊＊　王亚南，云南省社会科学院文化发展研究中心主任、二级研究员，中国人文发展研究与评价实验室首席科学家。研究领域：文化、民生、社会、经济发展量化分析检测评价。

属于"科普",这就是理工科"精密科学"研究立项论证必经全球范围"查新"环节的原因所在。社会科学研究立项论证基本上未经这一环节,加之社会科学界人员各自为战、机构独自运行,未免造成大量的低水平重复研究,所谓科研成果能否具有"科普"价值都难说。

学术机构智库研究必须突破创新,未突破创新不属于科研,属于"传播",突破创新是学术研究的常态,不必刻意强调本来就是、一向都是。这就决定学术研究必有高门槛,必定是新颖的小众话题。一旦某项学术议题成为公众话题,谁都可以上来议论一通,说明既有的"研究范式"业已过时,应当及时再建新的"研究范式"。

一 中国人文发展研究需要引入量化分析方法

源于自然科学"科学主义"的"工具理性"与源于社会科学"人本主义"的"人文理性"逐步走向极端形成对立,国际社会近100年来学科极度分化的历程本身需要反思。但是,当今中国近几十年基于应试教育的"文理分科"有过之而无不及,已经造就整整两三代"没文化的技术专家"和"不识数的文化学人",最终把自然科学与社会科学彻底割裂开来。

阅读牛顿的"自然哲学"著作,思考康德的"宇宙起源"假说,其中充满了自然科学提供认知的悟性和哲学学科启迪思维的智慧,根本无法将这两个方面截然分开。爱因斯坦自身最为津津乐道的"思想实验"、量子力学哥本哈根学派诡异的"测不准原理",同时激发着自然科学和哲学学科的前沿探索。数学抽象和哲学抽象不过是人类认识世界的两种基本思维方法，谁说一定水火不相容？

实际说来，只要不把各个具体分支学科归到两个极端，而是视为相接的连续统，自然科学和社会科学的研究方法具有一定的过渡相通性。在自然科学一边，牛顿把宇宙运动的逻辑起点留给"上帝第一次推动"，现代宇宙学运用具有哲学想象力的"大爆炸假说"加以填补，而当代天文学观测大抵证实这一哲学抽象的假说。在社会科学一边，凡是具有最起码规范性的研究大都有个案分析的"举例来说"，经过规范、精密量化就是一个小规模样本的抽样调查，至于样本过小、偏差太大、不具代表性的技术性问题姑且不论。

在当今世界，社会发展程度、复杂程度日益增强，社会领域分化、行业分工越来越细密，若想设置"实验室条件"，单纯提取一两个具有绝对化因果关系的因子进行哲学抽象解释，显然已经不够用。更多因素只具备相对性的相关联系，需要展开更复杂、更精细的数学抽象分析。这就是经济学、社会学早已率先引入数理分析方法的原因，也是其他学科有必要跟进引入数理分析方法的原因。

文化产业研究领域有不少人偏好援引"国际经验"，称："人均产值达 1000 美元时文化需求高涨，达 3000 美元时文化需求倍增，达 5000 美元时文化需求带动消费结构升级"，面对"中国特色"却不灵验而成为多年"臆想"误导。《中国文化消费需求景气评价报告》回溯 20 年研创历程，全国对应产值的文化消费率、对应居民收入的文化消费比、对应居民总消费的文化消费比重均呈持续下降态势。2007～2011 年，中国人均产值刚好由 3000 余美元增至 5000 余美元，居民文化消费率反而明显降低，2012 年以来略有回升，但至今未恢复到 2000 年以来历年高位。人文社会科学必须摆脱"非精密科学"客气雅号，首先需要"引进"数理抽象的规范化、标准化分析方法，从实检测"中国现实"，得出精确"数据事实"依据。

追踪回溯 20 年文化发展、民生发展的量化分析检测，中国国民精神文化消费、非物质生活消费的需求变动呈现"积蓄增长负相关律"，做成历年动态图形明显直观可见横向镜面对应水中倒影的美观曲线，全国及绝大部分省域是这样。数理分析得出的大量数据组成系统的数据链，再形成全面的数据链相关关系，必定构成某种"完美"图形，造物之数学精密与人化之艺术审美是相通的，而且往往蕴含着某种普遍趋势和潜在规律。中国完善市场经济体制与健全公共服务不同步，广大民众只能抑制消费加大积蓄以求"自我保障"，首先要抑制"非必需"的精神文化消费直至整个非物质生活消费。受疫情影响，2020 年第一季度全国居民积蓄剧增而文化消费率降低，无疑再度验证这一"规律"。

为文化发展、民生发展的量化分析建立指标体系，固然需要采用数学抽象的各种演算方法，然而构思诸多方面相关性分析，设计各类相对比值指标，同样需要哲学抽象的因果关系、相关联系思索提取。譬如，文化消费与产值之间的相对比值即为文化消费率，与居民收入之间的相对比值即为文化消费比，与居民总消费之间的相对比值即为文化消费比重，深入测算这些相对比值的升降变化，能够考察文化消费与产值、居民收入、居民总消费之间增长的协调性问题，保证综合检测评价排行结果更具合理性、可比性。此外，在文化消费与居民积蓄之间展开相关性分析，则有突破性发现，揭示文化消费需求变动的"增长负相关性"，这二者之间似乎并无直接的因果联系，却存在着不容忽视的负相关关系，只不过各地之间负相关性程度强弱不一而已。

人脑智能把握哲学抽象思考层面，人工智能执行数理运算技术层面，两个层面互为支撑。智库研究可以采用全结构性量化分析方法，甚至可以通过"人工智能"数据库实现程序化、规范化、标准化的"流水线批量生产"。

如今，"人工智能"已经成为大众热词。直接面对公众社会、下游厂商需求的工科领域看来最为热闹，各方厂家纷纷推出各种机器人展示身手；带动技术创新的理科领域则显得极为沉稳，各类基础研究方法本身就离不开人工智能化实验流程；陷于重复研究的文科领域向来难以发声，未曾结构化、逻辑化、规范化、标准化的研究方法尚停留在"非精密科学"个人脑力作业阶段。

二　智库研究方法有必要实现可重复检验

近几年来，"人工智能"一词已经溢出研究院所的硬件感应和软件程序范围，甚至走向新型工厂车间的自动化生产流水线，成为媒体和公众关注的热词。尤其是在工程技术各行业、各厂家的刻意推动下，各种类型的操作性"工业机器人"、表演性"形体机器人"大行其道，在媒体和公众眼里似乎成了人工智能的主要代表。事实上，人工智能的要义不在于"手"，不在于操作控制环节。所谓"机器人"其实仍不过是机器，只是通过工程技术把编程指令外化，代替人工从事种种强逻辑性、强规范化、强标准化、高重复性的操作或表演。一般所见"类人机器人"者，至多可算是对于人工编程指令具备固化执行功能的"体力劳动者"而已。对于"类人机器人"之流的特化人工智能"体力劳动者"，不妨当即让其做额外动作。

目前，媒体和公众已经熟知的人工智能典型代表应该说是阿尔法围棋（AlphaGo），即围棋对弈"机器人"。说它是"机器人"，实在见不到人的形体模样，甚至见不到类人手形的"操作肢"。人工智能的要义在于"脑"，在于思考抉择环节。AlphaGo就是一台能够瞬时进行海量运算的高性能计算机，或是一堆"超算"部件组合体。它可以迅速"思考"（运算分析）每落一子的利弊得失，能够准确"判断"（运算选择）每应一子的最佳点位。说到底，它就是穷尽一切可能而算得远、算得准、不会错、不会累（电路元件发热高温不算），但落子却还需要人工辅助，十足就是一个单向度高智商的人造"脑力劳动者"。

关于人工智能，当下最为"前瞻"的争论在于，其未来发展有益还是有害。实际说来，眼前所谓"人工智能"只能算是相关业界的"概念性愿景"。当今人工智能开发尚处于物理层面，依然可用"工业控制"来概括，只识"0"和"1"两个数的逻辑开关电路。假如将来人工智能开发能够进入化学层面，仿生大脑回路自动关联传输，并以核裂变或核聚合反应产生能量，才谈得上化合作用下"自主学习"；再进入生物层面，仿生神经系统自组织生长和修复，并依靠光合作用或摄取生物体获得能量，才谈得上进化过程中"自我完善"。归根结底，人类物种优势在于能力泛化，能够使用工具突破自身局限，动物物种大都拥有一技之长，譬如鹰之目力、狗之嗅觉、马之走足，而其他方面缺陷颇大。现有各色特化"机器人"更像"机器动物"，想"做人"还早着呢。

诚然，人工智能毕竟是现今工业控制的前沿，是现代科学技术发展的巅峰，其基础就是标准化可重复验证的科学方法，值得人文社会科学界尽可能效仿。社会科学的传统研究方法难言规范化、标准化，实属"非精密科学"个人"脑工作坊"，组成团队亦为各自"脑工作坊"联动，甚至科研立项没必要经过"查新"，从而造成大量低水平重复研究。其研究过程主要依靠各人经验、智慧，可以个性化地提供"如何思考"的别样思路释惑，却难以规范性地给出"如何定性"的标准答案解疑。智库研究方法应当设置最低门槛，实现最基本的规范化、标准化，保证最低限度的可重复检验，基于科学方法追求智库研究专业化、研究流程标准化、研究成果规范化，否则"非精密臆想"往往流于撰稿人自说自话，阅读者见仁见智。

2017年1月，国务院出台《"十三五"推进基本公共服务均等化规划》（国发〔2017〕9号），"推进基本公共服务均等化"似乎是社会关注的公共教育、公共卫生投入，而缺少监督的公共文化投入"软指标"却有10个省域出现负增长；2018年，又有13个省域公共文化投入出现负增长。基本公共服务和社会保障既是国家治理的关键环节，又是社会建设的主要方面，更是民生发展的重要领域。推进基本公共服务均等化旨在保障全民平等的权利"国民待遇"，公平正义应当成为首要原则甚至是唯一原则。城乡差距、地区差距是全国各地经济增长、社会发展、民生进步"非均衡性"的历史渊源，而中国自古以来一向实行"单一制"国家治理体制。《中国公共文化投入增长测评报告》追踪检测表明，全国公共文化投入地区差从 2000 年的 1.4571 扩大为 2018 年的 1.6468；同期有 16 个省域公共文化投入地区差扩大，即与全国总体人均值的绝对偏差值增大。在全国及各地产值逐渐缩小的同时，全国公共文化投入地区差却明显扩大，无疑与国家"十三五"期间"推进基本公共服务均等化"目标追求形成"逆动"效应。

建设创新型高端智库，有必要将高度聚集的人脑智慧做技术化处理，延伸开发人工智能化系统，形成相应学科、专业领域的技术性通行分析框架、通约演算方法，实现可重复检验、可复制推广，逐步走向"精密科学"。智库研究流程需要融合最新"大数据"信息分析技术，实现结构化、逻辑化、程序化、规范化、标准化研究方法，推进智库研究的人工智能化探索和发展。课题组相继推出《中国文化消费需求景气评价报告》《中国文化产业供需协调检测报告》《中国公共文化投入增长测评报告》《中国民生消费需求景气评价报告》《中国人民生活发展指数检测报告》《中国社会建设均衡发展检测报告》《中国经济发展结构优化检测报告》。多种通用量化检测指标体系均已形成规范化分析方法、标准化演算模式。目前，已有合作机构正在开展"技术引进移植"工作，从技术上来说，在智能化软件系统里把全国历年数据矩阵更换为所辖各地历年数据矩阵，而后数据演算、图表制作、文本分析流程可由数据库近乎"自动"完成，课题组已经走上人工智能化探索之路。

三 中国人文发展研究量化分析的三点通识准则

任何研究方法都有理论预设。西方社会发展指数、联合国人类发展指数基于所谓的现代民主国家、成熟的市场经济国家、完备的社会福利国家三点预设，或许适用于欧美发达国家，但并不适用于中国这一庞大的"非均衡性"发展中国家，学术研究教条主义行不通。建立中国人文发展研究的检测指标体系有必要从零起步，立足中国历史、中国现实、中国问题形成基本认识论和方法论，构建自身得以成立的规范化、标准化、科学化"研究范式"，在此基础上设计文化、民生、社会、经济各领域发展量化分析的通用检测指标体系。为此，课题组认为，至少应有三点"通识准则"，供研究人员参考。

1. 解释中国现实全局关联

将全国及各地文化消费需求增长放到相应的产值增长、居民收入增多、总消费乃至积蓄增加的背景数据之中，演算文化消费率、文化消费比、文化消费比重、文化消费"增长负相关性"，更全面、更贴切地解释文化消费需求增长与经济、社会、民生发展背景的整体相关性。"简单社会"的一因一果线性推演在此无所适从，全结构量化相关性分析方能同时应对"复杂社会"多因多果共存关系，切实触及社会公议的热点、难点。

当前国家十分注重推进经济结构优化的高质量发展。在此必须强调，经济结构优化绝不限于生产法产值体系构成。它在于传统产业与新兴产业之间、劳动密集型产业与技术密集型产业之间的结构优化，也在于劳动者报酬（居民部门）、生产税净额（政府部门）、固定资产折旧、营业盈余（企业部门）之间的结构优化，亦在于最终消费支出（消费率）、资本形成（投资率）、货物与服务净出口（国内统一市场在省域间为净流出）之间的结构优化，还在于全国各地公共经济生活、人民经济生活之间收支综合结构优化协调增长，更在于全国城乡之间、地区之间经济生产、经济生活结构优化均衡增长。全国各领域、各层面全面协调可持续的发展才是名副其实的"高质量发展"。智库研究人员有责任追踪前沿、开创前沿、引领前沿，想世人不曾想，言世人未能言。智库功能应当定位为前置性战略研究、调适性策略探索，而不在于阐释性政策传播，那应该是大众传媒的职责。

2. 揭示中国问题普遍规律

以最早的文化消费需求量化分析为例，到底是什么社会因素直接影响文化消费需求增长？课题组采用"穷尽法"和"试错法"，结果发现，影响文化消费需求增长的最直接因素在于居民积蓄增长；随后发现，影响整个非物质生活消费需求增长的最直接因素也在于居民积蓄增长，全国及绝大部分省域形成了明显的负相关关系。背后原因在于，完善市场经济体制与健全公共服务和社会保障体系必须同步配套，而国内建立公共服务和社会保障体系严重滞后，广大民众不得不持续加大积蓄，强化"自我保障"。

"全面小康"面对"人民美好生活需要"的提升，仅关注食品消费比重（恩格尔系数）远远不够，可将非物质生活消费比重作为"美好生活需求系数"，此项比重提升标志消费结构升级。基于2000~2018年的数据，首先，检测非物质生活消费比重排名后7位的地区（比重降低或提升偏低），分别为北京、广

东、上海、浙江、福建、海南、江苏；其次，检测居住消费比重
排名前 7 位的地区，分别为北京、上海、福建、江苏、浙江、西
藏、广东；由此可见，"住房刚需系数"正取代恩格尔系数制约
"人民美好生活需要"的提升，在全国最发达地区极为显著。这
就是各地城市住房刚需遭遇虚高房价的后果。

3. 印证中国历史发展趋向

数千年来，"国野之分"和"地方分治"的传统实为中国深
层社会结构体制"非均衡性"的历史遗痕，城乡差距和地区差
距正是当今"不平衡不充分的发展"最具代表性的方面，社会
结构均质性、社会发展均衡性有利于保证国家稳定统一。课题组
首创城乡比指标倒数权衡测算，独创地区差指标及其倒数权衡测
算，作为检测"发展缺陷"的逆指标，用以全方位检测文化、
民生、社会、经济发展在城乡之间、地区之间的均衡性。尽快化
解全国政治、行政治理高度统一的"法理单一制"与各地经济、
社会、民生发展极度分散的"事实联邦制"的社会结构体制矛
盾，方能彻底终结秦汉以来历朝历代城乡鸿沟、地区鸿沟引发动
荡带来内乱的"历史周期律"。

国家实施区域均衡发展战略逾 20 年，大体与"全面小康"
建设进程吻合。全面检测 2000 年以来全国及各地经济生产、公
共经济生活、人民经济生活地区差距变化动态，全国及 20 个省
份产值地区差同步缩小，全国及 24 个省份财政收入地区差、全
国及 24 个省份财政支出地区差同步缩小，全国及 20 个省份居民
收入地区差、全国及 23 个省份居民总消费地区差同步缩小。"全
面小康"建设进程在于消除集中连片地区绝对贫困，相应成效
反映在国家统计制度"大数据"里，就是全国各地民生发展主

要数据的城乡差距全面缩小。本系列研究长期追踪检测，2000年以来，全国及 30 个省份居民总消费城乡比逐步缩小，全国及 31 个省份非物质生活消费城乡比普遍缩小。这一系列变动态势涵盖全国整体和绝大多数省份，足以表明全国及各地经济、社会、民生发展的差距普遍缩小，中国正向着终结"历史周期律"迈出坚实步伐。

"遥感监测绿皮书"的策划、研创与专业化之路[*]

闫冬梅　张　哲^{**}

摘　要："遥感监测绿皮书"围绕中国可持续发展遥感监测评价指标体系，利用卫星遥感技术对中国的土地利用、植被状况、典型城市群区域大气状况、粮食生产形势、水资源与水环境等进行动态监测评估，并就京津冀协同发展、"胡焕庸线"等问题进行深入分析。"遥感监测绿皮书"的策划与研创过程，以遥感应用领域的科学家群体多年的数据挖掘与分析为基础，作为第三方"科学数据"，为国家和地方政府提供一套客观、科学的空间数据和分析结果，支持发展规划的制定、决策部署的监控、实施效果的监测和绩效考核的评估。

关键词：遥感监测绿皮书　可持续发展　评价指标

---

　*　本文根据作者在第十八次全国皮书年会（2017）上的发言录音整理而成，已经本人审阅。

**　 本文根据作者在第十八次全国皮书年会（2017）上的发言录音整理而成，已经本人审阅。
　**　闫冬梅，中国科学院空天信息创新研究院研究员，博士。研究方向：遥感处理与分析应用、大数据处理挖掘分析、科技政策研究。张哲，中国科学院空天信息创新研究院高级工程师，硕士。研究方向：航空遥感数据获取与应用、科技政策研究。

党的十八届五中全会强调，实现"十三五"时期发展目标，破解发展难题，厚植发展优势，必须牢固树立并切实贯彻创新、协调、绿色、开放、共享的发展理念，这是关系中国发展全局的一场深刻变革。面向绿色、可持续发展，中国仍面临许多亟待解决的重大问题。一是资源紧缺问题。中国的人均能源、土地资源、水资源等生产、生活基础资源十分匮乏，再加上不合理的利用和占用，发展需求与资源供给的矛盾日益突出。二是环境问题。区域性的水环境、大气环境问题凸显，给人们的生产、生活带来严重影响。三是生态修复问题。中国大部分国土为生态脆弱区，沙漠化、石漠化、水土流失、过度开发等给生态系统造成巨大破坏，严重地区已无法自然修复。要有效解决以上重大问题，建设"蓝天、绿水、青山"的生态文明社会，就需要随时掌握中国资源环境的现状和发展态势，有的放矢加以治理。

遥感是目前人类快速实现全球或大区域宏观监测的重要手段，它具有全球化、快捷化、定量化、周期性等技术特点，已广泛应用到资源环境、社会经济、国家安全的各个领域，具有不可替代的空间信息保障优势。中国遥感经过几代人的不断努力，监测技术方法不断成熟，监测成果不断积累，已成为中国可持续发展研究决策的重要基础性技术支撑。

2015年底，在中国科学院发展规划局等有关部门的指导与大力支持下，中国科学院遥感与数字地球研究所（简称"遥感地球所"）和中智科学技术评价研究中心、机械工业经济管理研究院、中国科学院科技战略咨询研究院等单位联合打造学术共同体，依托皮书专业品牌，联合申请出版"遥感监测绿皮书"，进一步凝聚美丽中国遥感评价指标体系，提升学术智库建设水平，得到了社会科学文献出版社（简称"社科文献"）的高度认可和大力支持。

一 "遥感监测绿皮书"策划过程

（一）总体思路

资源环境是可持续发展的基础。经过数十年的发展，中国资源环境状况发生了明显的变化。准确掌握中国资源环境状况，特别是了解资源环境变化，成为中国实现可持续发展和生态文明建设的迫切需求。2016 年 3 月 17 日发布的《中华人民共和国国民经济和社会发展第十三个五年规划纲要》中，提出了资源环境方面的 10 项经济社会发展"约束性"指标，其中 7 项指标可以通过遥感监测进行评估，分别是：耕地保有量、新增建设用地规模、单位 GDP 二氧化碳排放、森林发展（森林覆盖率和蓄积量）、空气质量、主要污染物排放、地表水质量。

遥感地球所集人才智力、空间信息获取、空间分析以及宏观预测方法研究等方面的优势资源，已沉淀了一大批成果，多维度客观记录了中国资源环境状况及其变化。2016 年 4 月，遥感地球所完成省域绿色发展及生态环境综合监测报告，通过遥感监测手段对省域城市扩展、耕地保护、粮食生产、植被、湿地、水土流失、大气环境等多项指标进行综合评价，形成独立、客观的智库报告，服务国家宏观战略决策和区域生态督察，得到了中共中央办公厅的充分肯定。未来，遥感监测成果将持续作为国家合理利用资源、保护生态环境、实现经济社会可持续发展的科学数据支撑。

（二）策划过程与质量控制

1. 策划过程

基于前期策划调研，遥感地球所组织各领域科研人员成立"遥感监测绿皮书"编写组。编写组根据皮书原创性、实证性、前沿性、时效性、权威性的特色，首先确定总报告、分报告、专题报告的总体框架，而后在内容遴选上充分发挥遥感监测在资源环境可持续发展方面的技术优势和成果积累，确定报告内容及技术方法。

（1）"耕地保有量"以及"新增建设用地规模"指标主要采用全国土地利用监测评价成果。在全国农业区划委员会土地利用现状分类系统的基础上，针对遥感技术特点和研究目的修改完善。该分类系统共包括6个一级类型和25个二级类型，增加了8个三级类型，同时增加了动态信息，兼顾了土地利用状况调查和动态监测的双重需要。

（2）"单位 GDP 二氧化碳排放"和"森林发展（森林覆盖率和蓄积量）"指标主要采用全国植被状况遥感监测成果，采用叶面积指数、植被物候、植被覆盖度、植被净初级生产力、森林生物量、森林冠层平均高度等植被参数进行分析评价。

（3）"空气质量"以及"主要污染物排放"采用全国大气质量遥感监测成果，主要监测细颗粒物（$PM_{2.5}$）、可吸入颗粒物（PM_{10}）、二氧化氮、二氧化硫等大气质量时空分布指标。

（4）"地表水质量"指标主要采用全国水分盈亏状况、大型地表水体水质状况和湿地变化遥感监测等综合评价指标。

2. 质量控制

"遥感监测绿皮书"在编写过程中严格控制质量。在 2016 年 6 月，编写组向社科文献提交《选题申报表》，并正式通过皮书准入。随着编写工作的推进，一方面，编写组适时开展本书外审专家评审工作，邀请刘纪远、高志海、毛节泰、田国良、龙笛等 12 位同行评议专家，根据研究方向分别承担不同章节的外审评议工作；另一方面，编写组根据出版规定对地图统一标记，相关界线严格按照地图出版要求进行绘制。同时，邀请具备甲级地图编制资质的单位协助修订地图相关内容，并提交国家测绘局地图技术审查中心，正式通过审核。

在正式出版前夕，遥感地球所召开"遥感监测绿皮书"专家委员会会议，徐冠华院士担任专家委员会主任。孙家栋院士、刘燕华参事、刘昌明院士、童庆禧院士、许健民院士、潘德炉院士、陆大道院士、姚檀栋院士，以及中国科学院、国防科工局、行业部门、高校、社科文献的 50 余位领导、专家参加了会议。2017 年 6 月，中国科学院召开新闻发布会，发布首部"遥感监测绿皮书"。

二 "遥感监测绿皮书"研创与专业化之路

遥感地球所自 1979 年成立以来，在组织承担或参与国家科技攻关计划、国家科技支撑计划、973 计划、863 计划、国家自然科学基金项目申报、国家重大科技专项申报等科研任务中，与国内各行业部门和科研院所长期合作、协力攻关，针对土地、植被、大气、地表水、农业等领域，开展了遥感信息提取、专题数据库建设、资源环境时空特征和驱动因素分析等研究，基于以上成果积累，遥感地球所牵头出版首部"遥感监测绿皮书"，即《中国可持续发展遥感监测报告（2016）》，本书包括四部分。

第一部分是总报告。总报告全面、系统地分析了中国陆地及其近海岛屿的土地利用状况和过去近 30 年的变化，并分析呈现了不同时期以来中国植被状况、大气污染状况、湿地分布状况、水资源与水质状况、粮食生产形势的时空变化特征。

以中国陆地及其近海岛屿的土地利用状况为例：20 世纪 80 年代末至 2010 年，中国土地利用的基本格局相对稳定，局部区域变化明显，依然保持着耕地和城乡工矿居民用地集中在东部、草地和未利用土地分布在西部、林地集中在中部区域的分布格局。中国土地利用的一级类型构成与分布格局变化不明显，依然保持着土地类型受自然属性影响的主要特点；同时，局部区域受人类活动的影响深刻，地域分异明显。

遥感监测显示，在中国土地利用变化中，耕地变化最显著。2000 年，中国耕地面积达到 143.42 万平方公里。此后，耕地面积开始减少，但 2010 年的耕地面积依然超过 20 世纪 80 年代末的耕地面积，其中，城乡工矿居民用地的不断扩展是耕地减少的主要原因。近年，随着国家对建设用地发展的限制和对基本农田的有力保护，耕地减少速度得到了明显的遏制。

自 20 世纪 80 年代末以来，城乡工矿居民用地呈持续性扩展的趋势，年均扩展面积逐步增大，超过半数的土地来源是耕地。2010 年的城镇用地面积是 20 世纪 80 年代末的 1.76 倍，农村居民点是原来的 1.10 倍。其中，农村居民点个体规模小，但数量众多，整体规模不断扩大。同期，城镇用地发展更快，但其数量远远少于农村居民点，对土地利用的整体影响也不及农村居民点。在基本农田保护和永久基本农田划定中，合理规划农村居民点和城镇用地的发展同等重要。

第二部分是分报告。分报告对中国土地利用与植被分布的分省特征、中国典型城市群区域大气状况、中国粮食主产区粮食生产形势、中国典型流域水分盈亏状况与水环境状况进行了进一步的分析。

以中国典型城市群区域大气状况为例，"十二五"期间（2011～2015年）京津冀地区$PM_{2.5}$平均浓度分布显示，京津冀地区为86.15$\mu g/m^3$。京津冀地区的$PM_{2.5}$平均浓度空间分布呈现南高北低的趋势，北部山区城市$PM_{2.5}$平均浓度较低，重工业城市以及平原地区的$PM_{2.5}$平均浓度较高。其中，邯郸、邢台、石家庄、衡水、天津、唐山、沧州、廊坊的$PM_{2.5}$平均浓度较高，达到85$\mu g/m^3$以上。

从时间趋势上看，2010～2013年，$PM_{2.5}$平均浓度处于平稳状态，2014～2015年，$PM_{2.5}$平均浓度显著降低，2015年，北部山区及部分沿海城市的$PM_{2.5}$平均浓度处于70$\mu g/m^3$以下，污染较为严重的区域$PM_{2.5}$平均浓度基本控制在100$\mu g/m^3$以下。

将"十一五"最后一年（2010年）与"十二五"最后一年（2015年）进行了比较。发现，京津冀大部分地区2015年的$PM_{2.5}$平均浓度相较2010年下降25%以上，空气质量好转趋势较为明显。

2015年，$PM_{2.5}$平均浓度大于75$\mu g/m^3$的区域相较于2010年呈明显下降趋势。其中，北京从1.19万平方公里下降到0.71万平方公里，天津从1.22万平方公里下降到1.14万平方公里，石家庄从1.33万平方公里下降到1.04万平方公里，唐山从0.89万平方公里下降到 0.68 万平方公里。

第三部分是专题报告。专题报告对京津冀地区资源环境承载力、协同发展总体格局、交通一体化发展、生态环境保护等进行了监测和分析；从中国历史发展模式与人口分布格局、新型城镇化发展等方面，分析了"胡焕庸线"在中国过去发展格局界定与未来态势中的作用和地位。

第四部分是附录。包括遥感数据及方法介绍、典型区域遥感图像、国家级重点创新单元三部分。

"遥感监测绿皮书"的出版是中国遥感界的第一次尝试，意义非常重大。本书充分利用了中国自主研发的资源卫星、气象卫星、海洋卫星、环境减灾卫星、"北京一号"小卫星等的遥感数据，以及国际上的多种卫星遥感数据资源，展现了中国卫星载荷研制部门、数据服务部门、行业应用部门和科研院所共同从事遥感研究所取得的科技进步。本书富有遥感特色，技术方法可靠，科学的数据将为国家和地方政府提供一套客观的数据和分析结果，支持发展规划的制定、决策部署的监控、实施效果的监测和绩效考核的评估。

三 "遥感监测绿皮书"首发成功

2017 年 6 月 12 日，中国科学院召开新闻发布会，发布《中国可持续发展遥感监测报告（2016）》。《人民日报》、《人民日报》海外版、新华社、《解放军报》、《光明日报》、《中国日报》、中央人民广播电台、中国国际广播电台、《科技日报》、《中国青年报》、中新社、中国网、香港大公文汇传媒集团、《中国科学报》

等 20 余家媒体记者出席了新闻发布会，对"遥感监测绿皮书"的发布进行了全方位、多角度的报道。据不完全统计，截至 2017 年 8 月 2 日，"遥感监测绿皮书"新闻点击量达到 3479150 次。

水利部相关领导在看到"遥感监测绿皮书"的相关成果后，专门安排调研遥感地球所，并希望在科研、业务等方面开展务实合作，从水资源监测管理、水环境保护、水源地保护、全球水循环观测卫星等方面探索合作模式，充分发挥双方优势，建立长期合作关系；新华社领导也寻求合作，围绕地图新闻、大数据新闻探讨合作模式。

四　总结与展望

（一）厚积而薄发

"遥感监测绿皮书"是相关研究团队多年成果的积累，在形成过程中得到了中国科学院以及国家发展改革委、国家国防科技工业局、科技部、国家自然科学基金委员会的大力支持。

（二）遥感的局限性

遥感技术是新技术，与各行业业务资源环境监测方法相比具有不同的特点，遥感技术既有"宏观、动态、客观"的技术优势，也有"间接测量、时空尺度不一致、混合像元以及主观判读个体差异"等问题造成的局限性。"遥感监测绿皮书"不能简单替代传统业务，它的发布为国家有关部门提供了有益的参考和借鉴。

（三）展望未来

未来，"遥感监测绿皮书"在选题和撰写的过程中，将面对国家的重大需求和国际合作的紧迫需要，不断凝练新的主题和专题，创新发展新的科技成果；不断加强研究的科学性和针对性，保证监测数据和结果的可靠性和一致性；充分利用大数据科学发展的最新成果，加强综合分析和预测模拟工作，不断提高认识水平，为中国可持续发展做出新的贡献。

参考文献

顾行发等：《中国可持续发展遥感监测报告（2016）》，社会科学文献出版社，2017。

咨政品牌塑造视域下的体育类皮书研创[*]

白宇飞　邹新娴　王超然^{**}

摘　要：体育类皮书是新时代中国体育哲学社会科学发展过程中不可或缺的智力支持资源。在新的时期，体育类皮书研创的关键是在紧抓宝贵机遇的同时，处理好品种扩张与质量提升的关系、研创出版时效性与成果产出长期性的关系、研究报告统揽大主题与瞄准小命题的关系，由此稳步实现皮书的扩容，推动体育类皮书真正成为中国体育领域的权威咨政品牌。

关键词：体育类皮书　研创历程　咨政品牌

从全球来看，皮书通常是指一国政府机构正式发布的重要文件或报告，因封皮普遍为白色，故多命名为"白皮书"。与这种官方文件或报告形式的"白皮书"不同，在国内学术界，皮书

　＊　本文刊发于《体育与科学》2020年第2期。

＊＊　白宇飞，北京体育大学教授、博士生导师。研究方向：体育经济。邹新娴，北京体育大学管理学院教授、博士。研究方向：体育管理。王超然，北京体育大学博士研究生。研究方向：体育管理。

一般是指由社会科学文献出版社出版的以蓝色、绿色和黄色为封皮的年度性研究成果，即所谓的蓝皮书、绿皮书、黄皮书等。根据《中国皮书发展报告（2019）》的界定，皮书是对中国与世界发展状况和热点问题进行年度监测，以专业的角度、专家的视野和实证研究方法，针对某一领域或区域现状与发展态势展开分析和预测，具备前沿性、原创性、实证性、连续性、时效性等特点的公开出版物，由一系列权威研究报告组成。进一步说，皮书是同一主题智库报告的聚合。

截至 2019 年 8 月，国内出版的皮书已覆盖经济、社会、政法、文化、体育、地方发展、国别区域等多个研究领域，涉及800 余个不同系列，连通高等院校、社会科学院系统、党政部门、行业协会等近 1000 家研创机构和 4 万多名研究者，累计出版数量超过 3100 部，部分皮书已译成英语、德语、日语、韩语、阿拉伯语等进行海外出版。毋庸置疑，作为一种超越图书、期刊和报纸的跨平面媒体的专业性连续出版物，皮书早已成为中国智库成果的主要形式之一，并在中国特色新型智库建设热潮兴起后，迅速成为此轮智库发展的重要抓手。

本文聚焦体育类皮书研创，在回顾其第一个 10 年演进历程的基础上，结合数据对皮书研创的三个重要关联要素进行统计分析，明确指出体育类皮书研创应牢牢抓住难得的历史机遇，坚持以习近平总书记关于体育的重要论述为根本遵循、坚持以中国特色新型智库的建设启动为前行动力、坚持以《体育强国建设纲要》为选题依据，并以皮书学术共同体和皮书年会作为机制保障，借助大数据手段加强评估评价和预测分析；同时，在研创过程中需认真处理好品种扩张与质量提升的关系、研创出版时效性

与成果产出长期性的关系、研究报告统揽大主题与瞄准小命题的
关系，由此夯实扩容和提质增效的根基，为将体育类皮书打造成
中国体育领域的权威咨政品牌做足准备。

一　体育类皮书研创历程

体育类皮书是以体育领域的基本状况、重点热点问题及发展
趋势为研究对象的连续出版物。自 2010 年首部皮书出版至今，体
育类皮书刚好走过第一个 10 年，已覆盖 7 个系列 16 个品种，累计
出版了 33 部（见表 1）。

表 1　体育类皮书基本信息

单位：部

序号	研创品种	首创年份	出版数量	研创系列
1	中国体育产业发展报告	2010	5	体育蓝皮书
2	中国公共体育服务发展报告	2013	1	体育蓝皮书
3	中国群众体育发展报告	2014	4	群众体育蓝皮书
4	长三角地区体育产业发展报告	2015	2	体育蓝皮书
5	上海体育产业发展报告	2015	2	体育蓝皮书
6	北京体育产业发展报告	2015	3	北京体育蓝皮书
7	中国青少年体育发展报告	2015	3	青少年体育蓝皮书
8	中国社会体育指导员发展报告	2016	1	群众体育蓝皮书
9	中国体育社会组织发展报告	2016	1	群众体育蓝皮书
10	中国滑雪产业发展报告	2016	4	冰雪蓝皮书
11	中国休闲体育发展报告	2016	1	休闲体育蓝皮书
12	国家体育产业基地发展报告	2017	2	体育蓝皮书
13	中国冰上运动产业发展报告	2017	1	冰雪蓝皮书
14	中国冬季奥运会发展报告	2017	1	冰雪蓝皮书
15	中国瑜伽业发展报告	2017	1	瑜伽蓝皮书
16	北京群众体育发展报告	2018	1	北京体育蓝皮书

注：根据皮书数据库、中国皮书网、当当网的数据整理而成，统计数据截至
2019 年 10 月 20 日。下同。

总体来看，过去 10 年体育类皮书的研创历程可以划分为初步探索期、成长培育期、管理创新期三个阶段。在初步探索期（2010～2013 年），全国仅出版 6 部体育类皮书，分属于 1 个系列的 2 个品种，研创机构主要是首都体育学院、上海体育学院等。成长培育期（2014～2018 年）中，体育类皮书的研创系列由 1 个增加至 7 个，研创品种由 2 个增加至 16 个，研创机构除高校外还出现了体育总局系统、社会科学院系统等，累计有 27 部体育类皮书正式出版。2019 年，北京体育大学开始围绕体育强国、健康中国战略制订系统化皮书出版方案并规模化组建皮书研创团队，同时作为牵头单位组织相关体育院校和已出版皮书的研创机构召开"皮书研创与体育类皮书整体规划设计"论坛，着手构建体育类皮书学术共同体。自此，体育类皮书步入管理创新期，皮书研创逐渐由各研创机构"散兵作战"转向所有研创机构共商共议，包括如何更好地发挥体育类皮书的咨政功能等问题开始被广泛关注和集体探讨。

二 体育类皮书研创统计分析

1. 体育类皮书研创机构类别统计分析

2010～2019 年，体育类皮书的研创机构涉及高校、体育总局系统（包含奥组委和教育部体卫艺司）、企业及企业智库、社会科学院系统、行业协会、媒体和媒体智库等六大类。从表 2 可以看出，高校是体育类皮书最主要的研创机构，出版数量接近皮书总量的半壁江山，占比 47.62%；体育总局系统紧随其后，共参与了 19 部体育类皮书的研创，占比

30.16%；其他四类研创机构共出版 14 部体育类皮书，占比 22.22%。

表 2　体育类皮书研创机构类别及出版数量与占比（2010～2019 年）

单位：部，%

序号	研创机构类别	出版数量	占比
1	高校	30	47.62
2	体育总局系统（包含奥组委和教育部体卫艺司）	19	30.16
3	企业及企业智库	7	11.11
4	社会科学院系统	4	6.35
5	行业协会	2	3.17
6	媒体和媒体智库	1	1.59
	合计	63	100

注：多数皮书的研创机构为两家或两家以上，故出版数量合计大于 33 部。

从参与研创体育类皮书的 11 所高校来看，如图 1 所示，首都体育学院、上海体育学院、北京体育大学位列前三强，出版数量超过高校出版总量的一半；北京大学和北京科技大学作为非体育院校表现抢眼，参与研创的皮书数量分别占高校出版总量的 13.9% 和 8.3%；吉林体育学院、天津体育学院、广州体育学院、中国人民大学、北京师范大学、河北传媒学院也均参与了体育类皮书研创。

2. 体育类皮书出版规范性统计分析

作为年度公开出版物，体育类皮书的出版规范性主要表现在连续和按期两个方面。具体来说，连续出版即每个系列的每个品种的出版以年度计算，都不应间隔或中断。例如，X 系列的 Y 发展报告分别出版了 Y 发展报告（2015）、Y 发展报告（2016）、Y

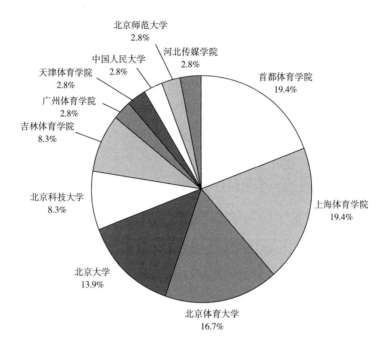

图1　高校出版体育类皮书的占比分布情况（2010～2019年）

发展报告（2018），但没有正式出版 Y 发展报告（2017），即属于不连续出版。按期出版则意味着每个系列的每个品种在出版时都应高度重视时效性因素，避免滞后出版现象。例如，X 系列的 Y 发展报告（2018）正常需在 2018 年当年或 2019 年出版，如果拖至 2020 年甚至之后出版，就属于典型的滞后出版，其作为智库成果的价值也必然会大打折扣。经过梳理，如图 2 所示，本文发现，在已正式出版的所有品种中，仅有 4 个品种是按期且连续出版，占比为 25.0%；其他 12 个品种要么是按期但不连续出版，要么是连续但滞后出版，甚至还有个别的属于滞后且不连续出版。由此可见，出版规范性在未来体育类皮书的研创过程中需要重点关注。

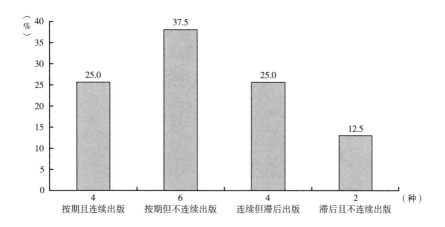

图2 体育类皮书出版规范性情况（2010～2019年）

3. 体育类皮书研创热点分布统计分析

为系统分析体育类皮书研创重点特别是关注热点，本文借助词频分析软件，对2010～2019年公开出版的33部体育类皮书的576篇研究报告的关键词进行热点词频统计，得到热点分布情况。从图3可以看出，过去10年，体育类皮书研创最关注的领域集中在青少年体育、群众体育以及体育产业，且多从全国视角展开研究；在区域层面，最受关注的是长江三角洲、北京市，其可能的原因是长江三角洲作为中国经济最发达和国际化程度最高的城市群之一，体育事业和体育产业的发展的确可圈可点，北京市则不仅占据首都的天然优势，更是2022年冬季奥运会和冬季残奥会的主办城市；事实上，也正是因为冬季奥运会和冬季残奥会紧锣密鼓的筹办，冰上运动、雪上运动、滑雪产业等成为近几年体育类皮书研创的新热点。此外，体育组织、体育传媒、体育用品等也受到体育类皮书研创者的重视。

图3 体育类皮书研创热点分布

三 咨政品牌塑造视域下体育类皮书研创面临的历史机遇

如前所述，进入管理创新期，怎样更好地发挥体育类皮书的咨政功能已经提上日程。本文认为，从咨政品牌塑造的角度来看，体育类皮书研创其实正迎来不可多得的战略机遇期：一方面，习近平总书记关于体育的重要论述为体育类皮书研创提供了根本遵循；另一方面，《关于加强中国特色新型智库建设的意见》和《体育强国建设纲要》的出台分别为皮书研创提供了前行动力和选题依据。此外，皮书学术共同体的构建和皮书年会的创办构成了体育类皮书研创的机制保障，体育类皮书研创数据的获取、分析和处理能力也有望伴随大数据时代的正式到来而实现跨越式提升。

1. 习近平总书记关于体育的重要论述为体育类皮书研创提供根本遵循

"体育承载着国家强盛、民族振兴的梦想，体育强则中国强，国运兴则体育兴。"党的十八大以来，习近平总书记高度重视体育工作，亲自谋划、亲自部署、亲自推动，多次就体育工作做出重要批示，发表重要讲话，提出了一系列新理念新思想新观点，形成了习近平总书记关于体育的重要论述。

作为习近平新时代中国特色社会主义思想的重要组成部分，习近平总书记关于体育的重要论述，是具有丰富的理论基础和哲学思想的理论创举，是新时代体育哲学社会科学新的理论建树，是马克思主义中国化在体育意识形态层面的最新理论成果，其不仅为新时代中国特色社会主义体育事业改革发展提供了方向指引，更为未来体育类皮书研创提供了根本遵循。

2. 中国特色新型智库建设为体育类皮书研创提供前行动力

2013 年 11 月，党的十八届三中全会通过的《中共中央关于全面深化改革若干重大问题的决定》中明确提出"加强中国特色新型智库建设，建立健全决策咨询制度"。2015 年 1 月，中共中央办公厅、国务院办公厅印发《关于加强中国特色新型智库建设的意见》，对中国特色新型智库建设做出了具体部署，同时强调中国特色新型智库是党和政府科学民主依法决策的重要支撑，是国家治理体系和治理能力现代化的重要内容，是国家软实力的重要组成部分。毋庸置疑，步入中国特色社会主义新时代，在全面深化改革的进程中，中国特色新型智库将发挥前所未有的重要作用，并将被要求提供更具前瞻性、针对性的更高质量的智库成果。

作为同一主题智库报告的聚合，加之具有定期连续发布的特点，皮书能够有效引导社会舆论，凝聚大众共识，进而引起决策者的关注和吸纳，因此一直以来是哲学社会科学研究机构和智库研究者的利器。本轮智库建设热潮兴起后，皮书研创随之全面提质增速，并很快成为中国特色新型智库的代表性成果形式。本文认为，乘中国特色新型智库建设的东风，作为皮书的重要类别之一，体育类皮书研创也将汲取前行动力，开启研创新阶段。

3.《体育强国建设纲要》的出台为体育类皮书研创提供选题依据

2019 年 8 月，国务院办公厅印发《体育强国建设纲要》（简称《纲要》），提出了体育强国建设的时间表和各阶段的战略目标，明确到 2050 年全面建成社会主义现代化体育强国。根据《纲要》，落实全民健身国家战略、提升竞技体育综合实力、加快发展体育产业、促进体育文化繁荣发展、加强对外体育交往。

结合前文的统计，群众体育、青少年体育、体育产业、冰上运动等多个体育类皮书研创热点均包含于建设体育强国战略任务体系，并集中体现在落实全民健身国家战略和加快发展体育产业两项任务中。一方面，作为代表性智库成果，体育类皮书在研创方向把握和研创主题遴选方面能够紧扣国家体育发展大势、助力党和政府科学决策；另一方面，从建设体育强国的战略高度看，仍有不少体育类选题还处于研究空白状态，进一步说，《纲要》的出台等于为体育类皮书研创提供了更为广阔的研究视角，例如，体育场馆、职业体育、"三大球"、体育赛事、体育文化、体育对外交流等都可以也应该成为未来体育类皮书研创的重要主题。

4. 皮书学术共同体的构建和皮书年会的创办为体育类皮书研创提供机制保障

2019 年 8 月，全国已出版体育类皮书的研创机构和国内主要体育院校联合组织召开了"皮书研创与体育类皮书整体规划设计"论坛。在交流分享皮书研创经验的同时，近 50 位皮书研创者和体育院校科研管理部门负责人共同围绕体育类皮书的划分标准、写作和出版规范、影响力提升路径等问题展开热烈讨论，系统研究了体育类皮书学术共同体的构建方案，基本商定了"第一届全国体育类皮书研创年会"的主要内容和举办时间。

"皮书研创与体育类皮书整体规划设计"论坛的意义不仅在于为全国体育类皮书研创人员搭建了一个宝贵的集体讨论平台，开创了体育类皮书研创机构由"散兵作战"转向共商共议的先河，更在于其集合了国内体育领域的大部分智库管理者和研究人员，共同探讨了体育类皮书未来发展的整体规划，以皮书学术共同体的构建和皮书年会的创办为体育类皮书研创提供了重要的机制保障，推动体育类皮书研创由成长培育期进入管理创新期。

5. 大数据时代的来临为体育类皮书研创提供技术支持

根据研究功能与研究方法的不同，皮书报告可以划分为分析预测型、评估评价型、发展报告型三种类型。其中，分析预测型报告研创的核心在于预测与展望，评估评价型报告研创的关键在于评价指标的选取、评估模型的构建，发展报告型报告研创的重点则主要是现状分析与对策建议。受数据可得性的约束，分析预测型报告与评估评价型报告的出版数量远远少于发展报告型报告，本文所统计的 33 部已出版体育类皮书的报告则全部为发展报告型。不过，大数据时代的来临有望彻底改变这种现状。

一方面，基于大数据的智能化信息抓取与分析手段，皮书研创者不再需要投入巨大财力和精力进行固有缺陷显著的随机采样，便能够更加快捷地把不断增长的海量数据资源转化为可用数据库，进而根据需要展开评估评价。进一步说，即便在部分特定的研究领域，我们依然需要使用随机采样分析法，但它将不再是皮书研创获取数据和分析数据的最主要方式，"样本＝总体"在大数据时代已经变为可能。另一方面，大数据的核心就是预测。它是把数学算法运用到长期监测的海量数据上来预测事情发生的可能性，故而能够对事物的发展趋势做出较为准确的预测。由此，在大数据时代，分析预测型体育类皮书对于研创者来说将不会力有不逮。

四 咨政品牌塑造视域下体育类皮书研创
需处理的关键问题

客观而言，相较经济类、社会类、政法类等皮书，体育类皮书的发展历史并不长，体量规模还不大，尽管咨政功能已初步显现，但在内容质量、出版规范、团队建设等方面仍有较大的提升空间，尚未真正成为中国体育哲学社会科学领域的权威咨政品牌和各级体育管理部门的首选决策参考资料。展望未来，体育类皮书研创应牢牢抓住前述五大历史机遇，同时认真处理好以下三方面的关系，努力夯实发展根基。

1. 处理好体育类皮书品种扩张与质量提升的关系

从 2010 年的 1 个系列 1 个品种到现在的 7 个系列 16 个品种，体育类皮书在过去 10 年的扩容速度不可谓不快，考虑到还有体育场馆、职业体育、体育赛事、体育文化等诸多主题待研究，未来 5～10 年，体育类皮书的系列和品种还将保持一个较快的增长速度。一方面，系列和品种的扩张会扩大体育类皮书的体量规模，覆盖更为广泛的研创领域，提升体育类皮书的整体影响力；另一方面，系列和品种的扩张也会给皮书质量和品牌建设带来更大挑战。例如，新增系列、品种要避免与原有系列、品种在研创内容上"剐蹭"，特别是对主题间有一定关联度的皮书来说，研创者要高度重视内容重复交叉问题，否则成果的原创性和咨政价值就难以得到保证，读者对体育类皮书品牌的忠诚度也会下降。再如，皮书系列和皮书品种的大幅增加必然要求研创团队和研创人员的同趋势扩增，作为连续出版物，每个系列、每个品种都需要一支相对稳定的研创团队来支撑每个出版年度研究任务的统合与研究报告的撰写工作，如果研创团队的稳定性无法得到保障，皮书研创的质量便无从谈起。从这个角度来说，只有加强内容差异化建设和团队稳定性建设，处理好皮书品种扩张与质量提升的关系，体育类皮书才能实现扩容提质的长久发展。

2. 处理好体育类皮书研创出版时效性与成果产出长期性的关系

作为年度咨政成果，体育类皮书需要围绕本年度体育领域的重点和热点问题展开分析、进行总结，同时对下一年度的发展做出预测并及时出版。对其而言，一方面，时效性既是突出特点也是基本要求，只有确保时效性，体育类皮书的咨政功能才可以充分体现；另一方面，任何一个品种的体育类皮书都应该是聚焦某一细分领域进行深耕并连续出版的。长期性也是其突出特点和基本要求，做不到长期性，就难以做好学术积累，难以把握所研究领域的中长期发展规律与趋势，难以产出有深度的咨政成果，进而难以打造经典品牌。简言之，时效性要求研创者对热点抓得准且成稿速度快，长期性则要求研创者对主题挖得深且成果质量精。因此，只有兼顾热度与深度、时势与趋势，处理好研创出版时效性与成果产出长期性的关系，体育类皮书才能够从优质的建言资料"升格"为核心的决策参考，从重要的咨政成果"晋级"为权威的咨政品牌。

3. 处理好体育类皮书研究报告统揽大主题与瞄准小命题的关系

体育类皮书是体育类研究报告的聚合，每部体育类皮书均由总报告和若干分报告组成。总报告是全书内容的总领，统揽整个主题，是对所研究领域整体形势的总体判断和对未来趋势的方向预测。总报告作为单部体育类皮书中受关注度最高的部分，既要站位全局又要突出重点，既要有理论深度又要力求可读性强。因此，对研创者的统筹能力、理论素养、文字功底要求极高，一般会由主编亲自撰写。分报告是对皮书研创主题的细化和分层次深入研究，通常是以专题或案例的形式展开。区别于总报告统揽大主题的标志特征，分报告瞄准的均是小命题。如果采用定量分析，重在研究模型建构科学实用、变量选取准确可靠、样本数据完整准确、实证检验严谨规范；如果进行案例研究，则要求所选素材特点突出、细节信息容量充沛、内容剖析深刻到位、提炼总结观点清晰。进一步看，体育类皮书分报告实际是对研创团队跨界融合研究能力的挑战和考验，毕竟要真正做好定量分析和案例研究，仅仅依靠体育学一个学科的研创者是十分困难的，经济学、管理学、社会学等学科背景的研创者都应被广泛吸纳到体育类皮书的研创团队之中。亦即只有提升研创团队的跨学科属性，分报告的研创才更容易瞄准小命题做深做精。基于此，处理好体育类皮书研究报告统揽大主题与瞄准小命题关系的关键取决于研创团队的构成，一个可以统御全局的主编带领一批来自不同学科能够协同作业的研创人员，基本上可以确保总报告与分报告、大主题与小命题的宏观与微观的呼应。

五 结语

经过 10 年的发展，体育类皮书研创已经进入全新阶段，品牌塑造正逐渐成为第一要务。未来的皮书研创，应坚持以习近平总书记关于体育的重要论述为根本遵循，乘中国特色新型智库建设的东风，参照《体育强国建设纲要》战略任务精选研创主题，依托皮书学术共同体和皮书年会的平台制定体育类皮书整体发展规划，借助大数据手段加强评估评价和预测分析，认真处理好品种扩张与质量提升的关系、研创出版时效性与成果产出长期性的关系、研究报告统揽大主题与瞄准小命题的关系，在内容质量、出版规范、团队建设等方面花大力气、下真功夫，体育类皮书将有望迎来提质增效的跨越式发展。

参考文献

谢曙光主编《中国皮书发展报告（2019）》，社会科学文献出版社，2019。

习近平：《开创我国体育事业发展新局面 加快把我国建设成为体育强国》，光明网，2017 年 8 月 28 日，http：//news. gmw. cn/2017 - 08/28/content_ 25861342. htm。

苟仲文：《国家体育总局局长、党组书记苟仲文发表新年献词》，人民网，2019 年 1 月 1 日，http：//sports. people. com. cn/n1/2019/0101/ c128547 –30497884. html。

殷俊海、高岩：《习近平总书记关于体育工作重要论述的哲学意蕴》，《北京体育大学学报》2019 年第 2 期。

李可兴、江轶：《习近平总书记关于体育工作重要论述的科学内涵和重大价值》，《北京体育大学学报》2018 年第 11 期。

王莉丽：《智力资本——中国智库核心竞争力》，中国人民大学出版社，2015。

〔英〕维克托·迈尔 –舍恩伯格、肯尼思·库克耶：《大数据时代：生活、工作与思维的大变革》，盛杨燕、周涛译，浙江人民出版社，2013。

建立科学的新三板挂牌公司质量评价体系

——以"新三板蓝皮书"的研创为案例[*]

王　力[**]

摘　要： 新三板市场是中国资本市场体系的重要组成部分。本文首先介绍了中国新三板市场的设立背景；接着，就"新三板蓝皮书"的主要特征和质量评价指标体系进行了详细阐述；最后，详细说明了科创板推出的现实背景和现实意义，提出了四个"有利于"，即科创板有利于实施科技强国战略、有利于推进资本市场注册制改革、有利于充分激发资本市场的活力、有利于提升中国金融市场话语权。

关键词： 新三板市场　挂牌公司　质量评价　新三板蓝皮书

---

[*] 本文根据作者在第二十次全国皮书年会（2019）上的发言录音整理而成，已经本人审阅。

[**] 王力，特华博士后科研工作站执行站长。研究方向：区域金融、产业经济、资本市场和创业投资。

一 中国新三板市场设立背景和发展综述

1. 中国新三板市场设立背景

新三板市场是中国资本市场体系的重要组成部分。从资本市场的大体划分来说，有场内交易市场和场外交易市场之分，新三板市场属场外交易市场的范畴。场内交易市场主要包括主板市场、中小板市场和创业板市场，场外交易市场主要包括全国股份转让系统、新三板市场等在内的区域性股权交易市场，以及券商自建的柜台交易市场等。

《中共中央关于全面深化改革若干重大问题的决定》明确了"健全多层次资本市场体系是完善现代市场体系的重要内容，也是促进我国经济转型升级的一项战略任务"。资本市场健康发展已上升到国家战略层面，将成为推动中国经济转型升级的强力引擎。经过多年的发展，中国多层次资本市场体系中的场内交易市场初具规模，上市公司数量超过 3000 家。但是，相对于中国数量庞大的中小微企业的融资需求，场内交易市场仍然不能满足发展的需要。

中国经济发展步入新常态，国家开始实施创新驱动发展战略，"加快发展多层次资本市场"的应有之义就是要着力解决中小微企业融资难的问题。2013 年 12 月 13 日，国务院发布《国务院关于全国中小企业股份转让系统有关问题的决定》，明确了全国股份转让系统的性质、功能和定位，标志着新三板市场正式扩容至全国，也标志着全国统一的场外交易市场正式建立。自此，中国多层次资本市场体系建设又迈出关键性一步，创新型、创业型、成长型中小微企业迎来了直接对接资本市场的历史机遇。

2. 中国新三板市场发展综述

自 2013 年末新三板市场扩容至全国开始，新三板经历了三年的"野蛮"生长期，挂牌公司数量从 2013 年末的 356 家骤增至 2016 年末的 10163 家，成为全国最大的基础性证券市场。2017 年底，新三板挂牌公司数量达到 11630 家，全年新增 1467 家。2018 年底，新三板挂牌公司数量为 10691 家，数量扩张的势头明显放缓。事实上，自 2016 年开始，新三板市场便进入了一个监管更加严格的时代，在防范系统性金融风险的宏观背景下，监管力度有增无减，新三板市场的发展重心也从数量型增长逐步转向质量型增长。

从挂牌公司数量来看，截至 2017 年末，新三板挂牌公司共计 11630 家。进入 2018 年后，新三板市场新增的挂牌公司数量要少于摘牌的公司数量，挂牌公司总量出现了小幅减少的态势。截至 2018 年末，新三板挂牌公司共计 10691 家，较 2017 年末减少 939 家。

从行业分布情况来看，根据股转公司的行业划分标准，全部挂牌公司分布在制造业、信息服务业（传输）、软件与信息技术服务业、租赁和商务服务业等 18 个大类行业中。截至 2017 年末，前十大行业共有挂牌公司 10993 家，占全部挂牌公司的 94.52%。其中，制造业挂牌公司为 5804 家，占全部挂牌公司的 49.91%；信息服务业（传输）、软件与信息技术服务业挂牌公司共计 2284 家，占全部挂牌公司的 19.64%。

从地域分布情况来看，截至 2017 年末，广东、北京、江苏、浙江、上海、山东、福建、湖北、河南、安徽是中国新三板挂牌公司数量最多的十个地区，共有挂牌公司 9088 家，占全部挂牌公司总量的 78.14%。

转板情况方面，2016 年 12 月，中旗股份（300575. SZ）、拓斯达（300607. SZ）先后从新三板转板至创业板上市。2017 年，新三板挂牌公司进入第一波转板高潮，全年共有 26 家新三板挂牌公司实现"转板"上市（包括先从新三板摘牌后过会上市的企业）。由此，挂牌公司上市辅导热情大增，2017 年，共计 359 家挂牌公司宣布上市辅导，较 2016 年增长 60.27%。截至 2017 年末，除 26 家新三板挂牌公司实现"转板"上市外，还有 113 家挂牌公司被上市公司并购重组，两种情况共有 139 家公司曲线达成了上市的目的，占全部挂牌公司数量的 1.20%。由此可见，新三板市场与创业板、中小板市场之间已经在一定程度上实现了有机对接，优质的新三板挂牌公司完全有机会升至更高层次的资本市场。

二 "新三板蓝皮书"的主要特征和质量评价体系

在中国资本市场结构中，场内交易市场的中小板市场其实在设立之初与新三板的定位有些重合，基本上是满足科技型创新企业进行上市融资需要的，但其最大的特点是执行主板市场的上市标准，其实是属于主板市场的一个分支，它是在特定的历史背景和条件下设立的。20 世纪 90 年代初期，创业板市场的设立也是满足初创型科技企业上市融资需要的。这样来看，中小板市场、创业板市场和新三板市场的定位基本相似，都是为了满足初创型科技企业上市融资的需要。那么，如何区分资本市场体系中的这些不同层次的市场是需要深入研究的问题，也是"新三板蓝皮书"在指标体系建立过程当中面临的关键问题。既不能把中小板市场、创业板市场和新三板市场混为一谈，又要客观体现不同层次市场的各自特点。

与此同时，新三板市场也是一个不断变化的市场，在市场本身、交易逻辑、投资门槛、监管和上市标准方面时刻面临着新的情况，尤其是面临着以注册制为特点的科创板的设立和运作。因此，"新三板蓝皮书"必须与时俱进，把握中国资本市场建设的政策取向，跟踪中国资本市场发展的最新动向，总结中国资本市场运行的特殊规律。

1. "新三板蓝皮书"的主要特征

"新三板蓝皮书"是中国社会科学院金融研究所和特华博士后科研工作站共同推出的研究报告，是国内第一部关于新三板市场建设发展的蓝皮书。该蓝皮书以国际场外交易市场的经验为参照，以国内新三板市场的客观数据为依据，客观研究了新三板市场的运行状况，总结了新三板市场发展中存在的问题，提出了符合中国资本市场发展模式的政策建议。2017 年，第二部"新三板蓝皮书"与读者见面，在国内首次发布了新三板挂牌公司的质量评价指标体系与评价结果，构建了包括持续经营能力、信息披露质量、成长性和创新性四个维度的质量评价模型，其目标是量化新三板挂牌公司的投资价值。

2. 新三板挂牌公司质量评价指标体系

根据新三板挂牌公司质量评价模型，在新三板挂牌公司质量评价指标体系中，挂牌公司质量评价由四个一级指标进行度量，包括持续经营能力、信息披露质量、成长性和创新性。一级指标仍是概念性指标，进一步分别由各自的二级指标、三级指标甚至四级指标进行度量。新三板市场虽然已具备相当规模，但市场大发展的时间尚短，市场基础性的制度仍在完善中，挂牌公司所披露的信息也有许多不完善之处。

本报告中各指标的权重采用德尔菲法（即专家打分法）。报告选取 2189 家样本公司，按照万得行业分类标准进行分类，样本公司共涉及 60 个万得三级细分行业，对样本公司万得三级行业分类信息进行整合，最终获得 14 个设定行业。报告以 2189 家样本挂牌公司为评价对象，以挂牌公司 2017 年年报中的财务信息与非财务信息为数据基础，2189 家样本挂牌公司质量评价总平均分为 67.50 分，得分分布在 46.80~83.45 分，总体呈正态分布，显示具有较好的区分度。

根据报告的评价结果，从各行业挂牌公司质量评价的总平均分来看，软件信息（71.14 分）、互联网（70.78 分）、电子信息（68.49 分）等新兴行业挂牌公司的平均分较高，建筑地产（65.19 分）、电气设备（65.71 分）、能源化工（65.97 分）等传统行业挂牌公司的平均分相对较低。具体来说，关于持续经营能力指标，互联网（69.73 分）、软件信息（68.89 分）、生活服务（68.52 分）等行业的得分超过总平均分；关于信息披露质量指标，食品（70.52 分）、文化（70.49 分）、互联网（70.41 分）等行业的得分超过总平均分；关于成长性指标，生产服务（79.31 分）、软件信息（79.18 分）、互联网（75.91 分）等行业的得分超过总平均分；关于创新性指标，软件信息（69.33 分）、互联网（68.79 分）、电子信息（68.74 分）等行业的得分超过总平均分。

　　质量评价的最大价值是反映挂牌公司质量指数排名。在此意义上，从投资者关注的角度来说，细分行业内具有共性特征的挂牌公司之间的排名更具有参考价值，不同行业之间挂牌公司质量评价得分并不值得特别关注。展望未来，国内资本市场并购重组条件重新放宽，上海证券交易所科创板正式运行，成长性的并购重组活动必然再度活跃起来。近三年来，新三板市场受到流动性问题的极大困扰，但这一难题主要局限在二级市场。

　　除此之外，挂牌公司从进入新三板市场的那一刻开始，就告别了过去经营不规范、产权不清晰、财税不透明等潜在并购重组障碍，其为新三板市场提供了大量规范（甚至是优质）的并购标的，因此，未来多层次资本市场间的并购重组活动会更加顺畅。对于投资人来说，面对数量庞大的挂牌公司群体，选择投资/并购标的仍然是个难题，新三板挂牌公司的质量评价就显得更有价值。笔者期望，本研究报告专注于新三板挂牌公司质量评价这一定位，为多层次资本市场的繁荣发展做出贡献。

三　科创板推出的现实意义

　　2018年11月5日，国家主席习近平在首届中国国际进口博览会上宣布设立科创板并试点注册制。中国作为世界第二大经济体，需要完善与之经济体量相匹配的资本市场运行规则，助力中国实体经济健康发展，为建设创新型国家做出贡献。

　　2019年1月30日，中国证监会发布了《关于在上海证券交易所设立科创板并试点注册制的实施意见》，同日，中国证监会还就已起草完成的《科创板首次公开发行股票注册管理办法（试行）》和《科创板上市公司持续监管办法（试行）》公开征求意见。2019 年 3 月 1 日，在中国证监会及上海证券交易所，科创板试点注册制主要制度规则正式发布，对科创企业注册要求、信息披露、上市条件、审核标准、询价方式、股份减持、持续督导等方面进行了规定，标志科创板正式开闸。

1. 科创板推出的现实背景

（1）中国已进入科技创新驱动经济增长的新时代

中国过去主要是粗放型的经济增长方式，要素生产率增速较慢，科技创新活力相对较低。未来，中国经济的持续增长必须借助科技创新，由粗放向集约转型，而科创板可以引导资金向优质的科创企业集聚。目前，中国人口红利逐渐消失，整个世界经济正处于旧技术周期的末尾、新技术周期的开端，原先的科学技术成果已经无法满足经济进一步飞跃的要求。中国经济想要实现持续健康增长，就必须借助科技创新，以科学技术发展推动全要素生产率的提升。然而，无论是基础理论的研发，抑或是实体经济的应用，均需要持续的资金投入。这就要求中国企业进一步加大技术研发力度，而科创板的推出可以发挥示范效应，使真正具备发展潜力的科创型企业及时获得资金的支持。

（2）科创板诞生于中美贸易摩擦的大背景

当今大国竞争加剧，倒逼自主创新提速。中美贸易摩擦的本质是中国经济增长需要依靠科技突围，而美国却加以封锁。中国制造业体量巨大，但长期处于全球价值链的中低端水平，部分领域尚未实现自主可控，受制于人。尤其自中美贸易摩擦以来，科技封锁日益加剧，美国对缩减贸易逆差的诉求也逐渐转移到对封锁技术制高点的诉求上。外部复杂的国际环境倒逼中国加快推进科创板的设立，从依靠大基金对科技产业扶持的固有模式，转向依靠多层次资本市场的直接融资模式，从而实现经济增长方式的转变。

（3）以科创板为抓手推动金融更好地服务科技创新

科创板作为金融服务科技的重要抓手，能够提升金融供给的质量和效率。科创板的设立立足于金融服务实体经济的需求，优化调整金融体系结构，提升金融供给的质量和效率。一方面，科创板的设立能够改善融资结构。长期以来，以银行为主导的间接融资具有顺周期性和高杠杆率的问题。2018 年，中国直接融资的比例仅为 16% 左右，与发达国家还有很大差距，而科创板的设立有望进一步发挥直接融资的作用，并为科创企业提供新的融资渠道，有利于部分消除信贷歧视，从而为经济发展增添活力。另一方面，高科技企业理应得到更高的估值，现行的 A 股 IPO 标准将企业的净资产规模作为重要的评判依据，一定程度上弱化了企业在营收及估值上的未来成长性。因此，新兴经济及科技创新型企业由于自身特点，无法得到价值确认。科创板的设立为科技创新提供了更有效率的金融服务，有利于推动经济更好地发展。

2. 科创板推出的现实意义

（1）科创板有利于实施科技强国战略

中国资本市场现有的市场体系和发行制度总体上侧重于传统行业、传统业态，支持发展新兴产业这一国家战略的功能定位不突出。在此背景下，以互联网、云计算、新媒体、生物医药为代表的众多新兴企业选择在境外上市。中国通过资本市场存量改革方式支持新兴产业发展，面临成本高、阻力大等实际困难，新兴产业自身发展的独特要求难以实现，许多公司连上市的财务标准都难以达到。而通过注册制，以企业为主体，以市场为导向，动员和吸引更多的社会资本进入科创板，形成产业聚集和市场聚焦，打造新兴产业的培育基地，为中国实施科技强国战略提供强大动力。

（2）科创板有利于推进资本市场注册制改革

中国证监会已明确科创板是资本市场的增量改革。增量改革可以避免对庞大存量市场的影响，在一片新天地下试水改革举措，快速积累经验，以增量改革助推存量改革。监管部门明确设立科创板并试点注册制，既呼应市场需求，又有充分的法律依据。试点注册制有严格的标准和程序，在受理、审核、注册、发行、交易等各个环节会更加注重信息披露的真实全面，更加注重激发市场活力、保护投资者权益，更加注重上市公司的质量。设立科创板并试点注册制，可以说是为深化改革开辟了一条创新路径。

（3）科创板有利于充分激发资本市场的活力

科创板遵循市场化运行机制，充分激发资本市场的活力。国际经验表明，高效通达的发行制度、机动灵活的交易制度、快速多样的再融资制度、严格谨慎的退市制度是资本市场稳健运行的根基。只有坚持市场化运行机制，才能充分激发资本市场的活力，创造良性循环、互相促进的局面。科创板统筹推进发行、上市、信息披露、交易、退市等基础制度改革，在上市标准、投资者门槛、涨跌幅限制、做空机制、退市制度等方面做出差异化安排，向市场化机制靠拢，有望充分激发市场深层活力。

（4）科创板有利于提升中国金融市场话语权

从上海建设国际金融中心的角度看，科创板被称为"中国版纳斯达克"。在市场理念上，科创板强调以信息披露为核心的注册制改革，与国际主要金融中心如伦敦、纽约、新加坡等直接接轨；同时，这一制度要求更严格，全面的信息披露和审核制度，对于完善金融法制法规、加大违法成本和监管执法力度等提出了更高的要求，对于加快完善金融法制体系、提升上海国际金融中心竞争力、增强中国在国际上的金融话语权有重要意义。

皮书研创中的数据应用

数据、流量与皮书研创出版[*]

谢曙光[**]

摘　要： 按数据分析深度，皮书可以形成三类智库报告：描述性分析报告、预测性分析报告、专题定量＋定性分析报告。第一，用数据说话是皮书的本质特征。在皮书研创过程中，应牢固树立数据意识，以是否用数据说话、是否用数据表达作为皮书报告撰写的基本标准。第二，流量是衡量皮书社会影响力的基本标准。皮书研创者、出版者必须全方位确立和提升流量意识，把流量作为衡量皮书社会影响力的基本指标。

关键词： 大数据　流量　皮书研创

大数据、新媒体、融媒体已经成为当下久经不退的热门词语，基于大数据的机器人写作已经开始产品化。不久前，国际学术出版巨头德国施普林格出版集团发布的一部由机器人写作的关

---

* 本文根据作者 2019 年 5 月在贵州召开的第五期全国皮书研创高级研修班上的发言录音整理而成，已经本人审阅。

** 谢曙光，中国社会学会秘书长、社会科学文献出版社社长。

于锂电池的学术专著将这些问题抛给了研创者：人文社会科学研究是否还需要人力岗位？皮书研创是否还需要专家？未来，皮书研创是否还有人力参与的空间？新译科技公司开发的翻译软件给予了这些问题最好的回答：软件为译者插上了翅膀，原本以一年甚至数年为周期的译著出版在机器的参与下大大缩短了流程，人工则是在机器的协助下进一步发挥着参与和提炼的作用。笔者的回答是：智能时代，专家和智库的作用和功能不仅不会被削弱和取代，反而会被放大，产出率更高，准确性更强。

与之相似，人工智能为皮书研创尤其是数据搜集整合提供了机遇。皮书是以数据为特性，面向政府、行业和社会公众公开发布的智库报告，可以说，用数据说话是皮书的本质特征。如何在数字时代充分利用大数据技术和新媒体传播手段提高研创质量和传播效率，是每位皮书研创者和出版传播者必须面对和思考的问题。此外，流量是衡量皮书社会影响力的基本标准，故而皮书推广的效果最终取决于其能否带来流量，能否蹭流量。针对上述问题，本文从三个方面进行剖析。

一 概念辨析

1. 大数据（Big Data）

大数据又称巨量资料，根据美国高德纳咨询公司（Gartner Group）的解释，是指需要新处理模式才能具有更强的决策力、洞察力和流程优化能力的海量、高增长率和多样化的信息资产。大数据概念最早是由维克托·迈尔-舍恩伯格和肯尼思·库克耶在编写《大数据时代：生活、工作与思维的大变革》中提出的，指不用随机分析法（抽样调查），而是采用所有数据进行分析处理。

大数据的体量巨大，用人工的手段难以处理。并且，它是高速运转的，其类型包括网络日志、视频、图片、地理位置信息等。此外，它的形式多样，技术人员借助各种工具手段合理利用，并且对其准确分析，就会带来很高的价值回报。

综上所述，大数据的主要特性是：连续性（Continuity）、关联性（Relevance）、全面性（Comprehensiveness）和实时性（Real – time）。

2. 数据（Data）

百度百科对数据的定义是：事实或观察的结果，它是对客观事物的逻辑归纳，是用于表示客观事物的未经加工的原始素材。而从哲学的角度说，世界是物质的，物质是可以用数字表达的，因此可以说，世界也是数字的世界。按数据产生的角度，数据可以分为生产型数据，如输变电数据、交通数据；消费型数据，如淘宝、京东交易数据。而皮书研究涉及的数据主要包括统计数据（全球、全国、地方、行业）、调查数据；而按数据的权属可分为公开数据（公共数据）、非公开数据（商业数据）。皮书研创的重点，如果从权属角度来看是公开数据，但实际上还有很大一部分是非公开的商业数据。目前，皮书研创过程中依靠本身取得的原始数据已经拥有了相当庞大的规模，但更应当注重的是从商业中获取交易数据。

3. 新媒体（New Media）

新媒体是基于互联网、数字技术支撑的媒体形态。它是相对于报刊、广播、电视等传统媒体而言的，包括数字报刊、数字影视、数字广播，以及网站、微博等社交平台。简言之，新媒体就是数字化媒体。

4. 流量（Flow）

流量是一个网络信息技术名词。它是指受众在一定时间内浏览网站、微博等新媒体的统计指标，包括用户数量（IP 地址数）、页面浏览量、网站用户停留时间等。而在数字时代，流量是衡量公众影响力的一个关键指标。

二 皮书研创如何获取数据

利用数据进行皮书研创，按其数据分析深度，大体可以依次形成三类智库报告。一是描述性分析报告，即关于现状的数据描述，如某一年度大学生就业状况；二是预测性分析报告，如"经济蓝皮书"的总报告；三是专题定量＋定性分析报告，如《社会蓝皮书：2012 年中国社会形势分析与预测》的总报告——"中国社会进入新成长阶段"。

如果皮书系列能够大量发布专题定量＋定性分析报告，那么皮书研创工作就真正达到了一个新的高度。所以，当前皮书研创的目标就是让皮书报告朝着专题定量＋定性分析报告的方向发展。而在皮书研创数据获取方面，主要有四点体会可供分享。

1. 牢固树立数据意识

研创人员要牢固树立数据意识，以是否用数据说话、是否用数据表达作为皮书报告撰写的基本标准。在皮书初审标准中，首先应核查其是否用数据说话，并应该更加严格限制皮书的准入，即把是否具备稳定的数据来源作为皮书准入的必要条件。数据应当成为评价皮书的最高标准，判断一部皮书是否合格，首先就需要观察其数据来源，以及数据获取的稳定性。如果难以取得数据，或者数据获取不可持续，那么皮书审核自然难以通过。因为皮书是连续性出版物，倘若没有连续性，那么只能以单篇智库报告的形式出版，而不能使用皮书这一名称。从 2019 年下半年皮书的预审开始，任何不用数据说话、不以数据表达的报告，都将会在重复率检测时直接被否决并不能进入复审。

2. 数据获取方式

皮书研创者获取数据的方式各不相同，一部分研创者拥有调查团队，另一部分研创者依靠合作方，但更重要的方式是直接通过自采、购买、合作构建数据采集平台。例如，南开大学经济学院的某位教授在研究中国企业在海外投资的进展过程中先后前往中华人民共和国商务部和中国国际贸易促进委员会寻访数据但并无收获，他便借助 UNDB 数据以及自身学院的力量构建了一个数据库，受到上述部门和机构的重视。此外，笔者于 2018 年在郑州举办主题是"国别区域研究"的第三期皮书研创高级研修班时，针对很多研究者反映进行国情研究最大的困难是缺乏数据的问题时，说了一句很极端的话："你去找钱，我来帮你采集数据。"之所以这样说，是因为社会科学文献出版社（简称"社科文献"）建立的国别区域与全球治理数据平台本身就有实时跟踪采集数据的数据库。研究者只要努力整理原始数据，就可以获得需要的研究数据。而每位研究者在做任何一部皮书的过程中都需要建立一个数据采集平台，如中国社会科学院社会学研究所每两年的数据调查以及北京大学关于民生的调查就是通过自建平台采集数据，进而形成质量较高的原始调查数据。此外，还可以按科学的调查方式采集数据，再根据研究需要进行专题数据采集。但最好的方式还是借助校企合作模式，如与腾讯、阿里巴巴、京东等企业建立合作关系并获得数据，经技术人员自行处理后，建立起数据采集平台。所以，获取数据的方式众多，关键在于是否有寻找到路径的慧眼。

3. 专业处理信息

皮书研创很重要的工作就是数据的结构化处理，因为采集来的数据都是非结构化数据。所以，对数据进行结构化处理就成为皮书研创的基本功。技术人员还应根据数据特征选择适合的分析方法对数据进行处理，并且构建原创性的数据分析指标体系。为此，这些年来社科文献一直鼓励研创人员运用指数或第三方进行评价，此举不仅在皮书研创中得到鼓励，更在整个评价中被作为加分项。例如，北京体育大学希望全方位在此平台上出版各种体育类的皮书，就一定要考虑自我设定目标，建立起一些指标体系或者评价体系，若能在每年皮书研创中发布指数，那更是再好不过。

4. 善用图表

应不断鼓励皮书研创人员尽可能以图表方式表述研究成果，部分皮书已经开始朝这一目标靠拢。例如，社科文献与中国科学院遥感与数字地球研究所合作研创的皮书就是应用空间地理信息的各种图表来进行表述。除此之外，社科文献还将在评价体系里设置一些加分项目，将来推动更多皮书进行可视化处理，甚至某些皮书可以采用全媒体发布形式。所以，当前的皮书尽管以纸质报告的形式呈现，但背后更多的是数据库应用的结果，更有价值的是背后数据库的实时支撑以及给予用户的数据分析。

三 皮书出版传播如何获取最大流量

所有皮书的研创者、出版者必须全方位确立和提升流量的意识，把流量作为衡量皮书社会影响力的基本指标。树立这一意识很重要，这也是皮书研创成果需要通过发布会来展示的原因之一。召开皮书发布会不仅因为它是需要经领导批示的智库产品，更是因为其对于决策起到重要的参考作用。将领导批示作为衡量指标之一，既有其历史原因，又具有一定的合理性。试问，如果仅仅按照这一标准，皮书研创难道不会充满风险？因此，要以对社会的影响力作为评价皮书的首要标准。在传统报纸的阅览量呈现下滑趋势的背景下，社会影响力的关键就在于能够产生多大的流量，以流量来衡量影响力是最为精准的。在这种情况下，如果确定以流量作为社会影响力的衡量指标，那么，每一位皮书研创者从最开始写作时就应当考虑到流量问题。召集有影响力的人来进行皮书研创，正是考虑到作者本人能够为其作品带来一定流量，提高皮书产品的影响力。皮书研创人员不仅要考虑到被蹭流量的问题，更应当注重蹭流量的问题，即考虑将流量放大的举措。这需要充分利用网络提升皮书产品的流量。

值得思索的是，皮书研创者和出版者如何发挥社科文献平台功能，构建皮书学术共同体，进而全方位、最大限度地聚合流量。社科文献经过20多年的打造，其形象应当不仅仅是出版商，更是数据服务商，是一个吸引流量、蹭流量的数据平台。

如何发挥好社科文献的平台功能？就目前而言，主要通过皮书准入和出版、皮书数据库的同步发布和使用、皮书研创高级研修班的举办等形式。下一步，社科文献还将考虑其他方案。第一，建立皮书理事会。这一举措将在2019年黑龙江皮书年会上针对其功能和机制进一步完善。第二，聘请一批皮书高级研究员参与皮书学术共同体合作及项目研究，并推动其对平台的运用进而吸引流量。第三，建立皮书投约稿平台，以便吸纳全球学者投稿，并建立整套研究生态链条。总之，笔者希望通过社科文献这个研究平台和学术共同体来聚合流量，让每一部皮书、每一位皮书人发挥最大的影响。

最后要阐述的一件事情，就是要加快完善社科文献的平台功能，构建起以皮书流量统计分析为基础的智库报告评价体系。如前文所述，2019年将发布的"智库成果蓝皮书"就是以皮书流量统计分析为基础的。在此基础上还将建立一个涵盖目前近5万名皮书研创者的榜单，以数据流量指标评判每名学者所处的位置。例如，公布TOP50或者TOP100皮书高倍引力的学者。社科文献将对纳入统计中接近20万篇的报告进行评价，以每篇报告作为一个独立的评价单元，根据其一定年限内的浏览量、引用率以及被引次数进行评价并予以公布，由此形成智库平台专门的评价标准。

总而言之，社科文献是学术研究、皮书研创的平台。希望在这个平台上能够成就一批智库研究的专家，能够产生一批杰出人才。今天参加研修班的都是青年才俊，而在这个时代，一个人要想在智库研究上名声显著，不同于以往时期需要长期坐冷板凳专注于学术工作。借助皮书平台，三年到五年的时间就能够成为某个研究领域最有影响力的专家，这是由很多的事例支撑得出的结论。笔者诚恳期望，面对困难和不足，大家能够通过这一平台互帮互助，努力把皮书研创和出版传播推向一个新的高度！

参考文献

谢曙光主编《皮书手册：写作、编辑出版与评价指南》（第三版），社会科学文献出版社，2018。

谢曙光主编《皮书研创与当代中国研究》，社会科学文献出版社，2018。

从《贵州大数据战略发展报告》
看皮书研创[*]

吴大华[**]

摘　要： 大数据战略行动是中国西部欠发达地区贵州省实现快速发展、跨越赶超、弯道取直的有效路径，是贵州省贯彻落实守住发展和生态两条底线的重要地方实践。以大数据为依托产生的新技术、新业态、新模式，给经济发展、社会进步、人民生活带来重大而深远的影响。《贵州大数据战略发展报告（2019）》的发布，探索出了以皮书形式对贵州省发展大数据战略的全面总结，是记录新时代经济社会高质量发展过程的有效选择，是皮书研创优化发展的全新出版形态。

关键词： 贵州蓝皮书　大数据　皮书研创

---

* 本文根据作者 2019 年 5 月在贵州召开的第五期全国皮书研创高级研修班上的发言录音整理而成，已经本人审阅。
** 吴大华，贵州省社会科学院院长、党委书记、二级研究员、博士生导师、博士后合作导师，国家治理体系和治理能力现代化地方实践高端智库首席专家。研究方向：法学、应用经济学。

2019 年 5 月 26 日，2019 中国国际大数据产业博览会在贵州省贵阳市开幕，国家主席习近平向会议致贺信。习近平强调，"中国高度重视大数据产业发展，愿同各国共享数字经济发展机遇，通过探索新技术、新业态、新模式，共同探寻新的增长动能和发展路径。希望各位代表和嘉宾围绕"创新发展·数说未来"的主题，共商大数据产业发展与合作大计，为推动各国共同发展、构建人类命运共同体做出贡献"。

在 2019 中国国际大数据产业博览会在贵州省贵阳市开幕之际，5 月 25 日，贵州省委宣传部、贵州省社会科学院和社会科学文献出版社在贵阳共同发布《贵州蓝皮书：贵州大数据战略发展报告（2019）》。该书是全国首部省级层面的大数据蓝皮书，也是贵州省首次以皮书的形式探索大数据战略发展。

一　贵州省大数据战略的实施情况

（一）立足贵州省情

贵州位于中国的西南部，贵阳市是贵州省的省会。贵阳市被称作"爽爽的贵阳""冬无严寒、夏无酷暑"。"八山一水一分田"，就是：山多，水少，耕地更少。贵州空气质量指数优良率高于 90%，有世界著名的贵州黄果树大瀑布，世界自然遗产保护地铜仁梵净山；还有最具苗族风情特色的黔东南州西江千户苗寨，以及黔南州 500 米口径球面射电望远镜。

2014 年底，贵州省进入了高铁发展时代，逐步开通了连接广州、上海、重庆、昆明、北京、成都、南宁等地区的高铁路线，到2022年，贵州将实现省内9个市（州）全部通高铁。2015年底，贵州省在中国西部省份中率先实现了县县通高速公路。

（二） 贵州发展大数据确实有道理

贵州经济发展在近15～20年取得了显著成就，但截至2010年，其在全国的位次没有太大的变化，排第25位左右。2018年，贵州省GDP在全国的占比为1.64%，2011年为1.18%，2000年为1.03%，1996年为1.01%。近年，贵州省的经济发展主要依靠投资拉动效应。2017年，固定资产投资在全国的占比为2.38%，2011年为1.33%，2000年为1.22%，而1996年仅仅为0.90%。[①] 贵州省近些年主要采取的三个重大举措分别为："两加一推""工业强省战略""三大战略行动"。"两加一推"即加速发展、加快转型、推动跨越；"工业强省战略"即发展工业、产业转移，将东部沿海地区的产业转移到西部地区；"三大战略行动"即大扶贫战略、大数据战略、大生态战略。2014年，贵州省委确定将大数据作为贵州高质量发展的"三大战略行动"之一。

那么，如何实现中国西部欠发达地区贵州省的快速发展，实现跨越赶超、弯道取直？第一，大数据战略。实施大数据战略行动是正确处理好生态环境保护和发展关系、贯彻落实国家大数据战略的重要举措，也是贵州省有机结合结构调整与转型升级，因地制宜发展好产业，从而实现弯道取直的有效路径。2015年4

---

① 数据来源于由贵州省统计局发布的历年《贵州统计年鉴》。

月 14 日，中国第一个大数据交易所——贵阳大数据交易所挂牌成立。大数据成为贵州高质量发展的创新途径。第二，数字经济战略。在大数据战略的基础上，以数字经济发展理念更加全面地推动经济的高质量发展。贵州省利用大数据实施精准扶贫。贵州"精准扶贫云"系统平台，依托云上贵州数据共享交换平台，打通了扶贫、公安、教育、医疗等十七个省级部门的实时动态数据，实现了扶贫数据与各部门数据的实时共享。

2015 年 6 月 17 日，中国国家主席习近平来到贵阳市大数据广场，走进大数据应用展示中心参观。习近平说道："我听懂了，贵州发展大数据确实有道理！"2016 年 5 月 25 日，国务院总理李克强在贵阳出席中国大数据产业峰会暨中国电子商务创新发展峰会开幕式并发表致辞。李克强说："大数据是 21 世纪的'钻石矿''智慧树'，中国应把握住此次历史机遇，携手'工匠精神'，促进企业创业创新发展，有些企业今天还是'小个子'，未来就可能产生一些'小巨人'，甚至享誉世界。"2017 年 10 月 19 日，党的十九大报告明确指出，推动互联网、大数据、人工智能和实体经济深度融合，培育新增长点、形成新动能。

（三）大数据为何促进经济高质量发展

1986～2007 年，全球信息存储能力发生了质的变化。目前，数据的存储能力更是发生了惊人的变化，已经是云计算和云存储时代。云计算带来的，将是一场全新的变革。G20 峰会指出，数字经济是指以使用数字化的知识和信息作为关键生产要素、以现代信息网络作为重要载体、以信息通信技术的有效使用作为效率提升和结构优化的重要推动力的一系列经济活动。从字面上看，数字经济就是基于数字技术的经济，而数字技术的发展往往与互联网技术的发展难以分清。所以，很多时候数字经济也常被称作互联网经济或网络经济。美国商人唐·塔普斯科特（Don Tapscott）曾出版了一部名为《数字经济》的著作，详细论述了互联网对经济的影响，他被认为是最早提出"数字经济"概念的人。因此，数字经济的本质在于信息化。

1. 大数据与数字经济

大数据是指无法在一定时间范围内用常规工具进行捕捉、管理和处理的数据集合，是海量数据中的有效数据。大数据5V特征分别为：Volume（大量）、Velocity（高速）、Variety（多样）、Value（低价值密度）、Veracity（真实性）。数字经济，即将数字化的知识和信息作为关键生产要素，以网络为载体、以信息通信技术的有效使用作为手段，提升效率、优化结构的一系列经济活动。主要有六个特征：快捷性、高渗透性、自我膨胀性、边际效益递增性、外部经济性、可持续性。

2. 大数据、数字经济对经济的促进原理

大数据、数字经济对经济的作用主要从三个方面表现，即直接贡献、替代效应、渗透效应。

（1）直接贡献

大数据相关的核心技术本身产生的直接相关产业，如大数据产业、软件信息服务产业等。

（2）替代效应

如智能制造、数字农业等。

（3）渗透效应

如智慧旅游、电子商务、数字文化创意等。

3. 供给侧结构性改革的核心思想

供给侧结构性改革 = 供给侧 + 结构性 + 改革。供给侧结构性改革的最终目的是满足需求，主要发展方向是提升供给质量和效率，根本途径是全面深化改革。此外，大数据促进供给侧结构性改革。在自由的市场竞争中，决策者通过大数据的应用，解决了投资与储蓄、总需求与总供给之间实现精准匹配的问题。大数据促进经济发展的原理主要是提高了四大部门的社会劳动生产率，让供给和需求之间更加能够保持平衡，提高了有效供给能力，通过大数据的精准分析、预测与判断，为决策者提供了精准服务。

（四）大数据促进贵州经济高质量发展路径

大数据促进贵州经济高质量发展的核心思想是深入贯彻落实党的十九大精神和习近平总书记在贵州省代表团重要讲话精神，以推进国家大数据综合试验区建设为契机，以供给侧结构性改革为主线，全力实施"万企融合"大行动，打好"数字经济"攻坚战，发展"四型"数字经济，为全省实施大数据战略行动、推进国家大数据综合试验区建设、加快转型升级和新旧动能转换、实现经济高质量发展提供强大的动力支撑。其基本思路是："把数字经济作为贵州省大数据战略行动的重要方向，作为全省加速转型增长的新引擎、服务社会民生的新途径、促进创业创新的新手段，以数字化、网络化、智能化为导向，以发展数字经济重点领域、重点产业为抓手，以市场主体培育为重点，加快发展'四型'数字经济，构建数字流动新通道，释放数据资源新价值，培育数字应用新业态，拓展经济发展新空间，推动全省经济社会实现弯道取直、后发赶超。"目标是打造全省经济社会发展新支点、创建全国数字经济融合试验区、创建全国数字经济惠民示范区、打造全国数字经济创新引力场。到 2020 年，数字经济增加值占地区 GDP 的比重达到 30% 以上。

1. 发展资源型数字经济

资源型数字经济以数据采集、数据存储、数据分析挖掘、数据可视化、数据交换交易等业务为重点，加速发展数字资源型产业。以贵阳大数据交易所为例，其属于资源型数据增值服务，面向客户进行大数据交易。通过自主开发的大数据交易电子系统，线上与线下相互结合，撮合客户进行大数据交易，促进数据流通；定期对数据供需双方进行评估，规范数据交易行为。此外，还包括大数据清洗建模分析服务、大数据定向采购服务、大数据平台技术开发等增值服务。通过数据的清洗、分析、建模，彻底解决数据交易如何保护用户隐私及数据所有权的问题。交易的数据主要是清洗建模后的政府数据、金融数据、互联网数据。

2. 发展技术型数字经济

技术型数字经济的作用是强化数字终端产品制造实力、增强软件和信息技术服务能力、提升通信运营服务水平、布局新兴数字技术领域。富士康科技集团是中国台湾鸿海精密集团的高新科技企业，1974 年成立。1988 年，富士康科技集团总裁在深圳地区投资建厂，共建立了 30 余个科技工业园区，现拥有 120 余万名员工及全球顶尖客户群。富士康在贵州贵安新区建设的第四代绿色产业园的主要产品为智能手机、智能游戏机、纳米触摸屏、智能 LED 灯、智能穿戴设备、智能平板电脑、富贵安康电子商务等。这些产业作为数字经济的相关产业，推动经济的发展。

3. 发展融合型数字经济

融合型数字经济是数字技术与实体经济的融合应用，其作用是发展智能制造、数字农业、智慧能源等新型业态，推动实体经济数字化、智能化转型和提质增效。2016 年 3 月 24 日，由贵州新贵茶业发展有限公司投资 2700 多万元建设的国内最先进茶叶生产线在独山县影山镇举行开机仪式，标志着都匀毛尖茶首次具备了大规模生产能力，将极大促进都匀毛尖茶产业的发展，这是目前国内最为先进的全机械、全智能、全柔性、全自动、清洁化的茶叶生产线。可见，融合型数字经济将数字化技术应用于茶业产业加工生产，有效地提高产品质量及生产效率，通过相关技术的替代效应提高产业竞争力，促进实体经济的发展。

4. 发展服务型数字经济

服务型数字经济是数字技术与服务业融合发展，培育数字化、网络化的现代服务产业新业态，构建与数字技术相融合的商业模式。其中，包括发展智慧旅游服务、智慧健康服务、互联网平台经济等。中国物流费用占 GDP 的 16%，约为欧美国家的两倍，中国 85% 以上的大型货车为个体户，空载率达 40%，平均找货卸货时间为 3～5 天，经营散乱，效率低下。通过贵阳货车帮科技有限公司（简称“货车帮”）的整合，极大减少了公路物流运输的资源浪费，提升了行业效率。货车帮作为中国公路物流互联网企业、大型货车综合服务平台，致力于做中国公路物流的基础设施。2014 年，货车帮注册成立，开启了国内互联网＋物流的整合之路。货车帮将数字化技术应用于物流服务产业，通过渗透效应有效地提高产品及服务质量、服务效率，促进了经济的发展。

二 贵州省社会科学院的皮书研创情况

（一）贵州省社会科学院皮书研创概况

1. 贵州省社会科学院皮书研创的种类

（1）由省领导批示研创的皮书

贵州省委、省政府高度重视中国社会科学院研创的皮书，经常对有关贵州的研究报告或数据予以关注，要求贵州省社会科学院紧密对接，完成皮书研创工作。2007 年，在中共贵州省委宣传部的指导下，贵州省社会科学院组织编写的第 1 部皮书《贵州文化产业发展报告》出版。后来陆续开始研创《贵州社会发展报告》《贵州法治发展报告》《贵州农村扶贫开发报告》《贵州国有企业社会责任发展报告》等。

从 2017 年起，贵州省第十一次代表大会明确了"大扶贫、大数据、大生态"三大战略后，贵州省社会科学院就开始积极谋划"三大战略蓝皮书"系列。2019 年初，贵州省委宣传部决定编写"三大战略蓝皮书"并将其列入 2019 年重点工作，委托贵州省社会科学院负责研创《贵州大数据战略发展报告》《贵州大扶贫战略发展报告》《贵州大生态战略发展报告》，打算每年持续做下去，形成品牌。《贵州大数据战略发展报告（2019）》已正式出版；《贵州大生态战略发展报告（2019）》已完成组稿工作，6 月 18 日贵州生态日那天举办新闻发布会；《贵州大扶贫战略发展报告（2019）》于年底举办新闻发布会。

（2）与省直部门合作研创的皮书

此类皮书及时关注贵州省特定领域的重大理论和重大现实问

题。例如，面对贵州经济既要"赶"又要"转"的紧迫任务，课题组编写了《贵州人才发展报告》（与贵州省委组织部、贵州省人才工作领导小组办公室合作），还编写了《贵州国家级开放创新平台发展报告》（与贵州省商务厅合作）、《贵州妇女发展报告》（与贵州省妇女联合会合作）、《贵州民航业发展报告》（与贵州省机场集团有限公司合作）、《贵州民营经济发展报告》（与贵州省经济与信息化委员会、贵州省民营经济发展局合作）等。

（3）与市（州）、县政府合作研创的皮书

课题组从市（州）、县政府出发，通过"解剖麻雀"的方式，突出地方经济社会发展的特殊性，见微知著，探索地方经济社会发展趋势及借鉴意义，助力区域性的经济社会发展。主要包括《贵安新区发展报告》（与贵安新区管委会合作）、《贵州册亨经济社会发展报告》（与册亨县人民政府合作）、《贵州三都经济社会发展报告》（与三都水族自治县人民政府合作）、《中国薏仁米产业发展报告》（与兴仁市人民政府合作）、《贵州地理标志产业发展报告》（与兴仁市人民政府合作）、《西江模式：西江千户苗寨景区十年发展报告（2008～2018）》（与雷山县人民政府合作）等。

2. 贵州省社会科学院皮书研创基本流程

（1）统筹规划，整体把控

皮书研创，策划统筹是第一步。贵州省社会科学院定期组织召开皮书编撰的专题会议，院主要领导出席会议并对皮书研创工作予以整体安排。第一，每年初召开关于皮书的工作总结和计划会，各皮书项目组负责人在会上汇报上年度皮书研创情况，介绍本年度皮书的编撰规划、编撰内容、经费预算、出版工作等情况。第二，确定写作框架和具体写作人选，按照 3~4个月的出版周期，倒排进度，合理安排好调研、初稿写作、补充调研、修改定稿等环节的工作时间节点。第三，皮书出版后，与社会科学文献出版社在北京或贵阳联合召开新闻发布会。第四，每年召开的全国皮书年会，贵州省社会科学院由主要领导带队出席，积极参加并学习。

（2）积极协调，加强规范

皮书选题确定后，保证皮书的研创质量是关键。课题组熟悉皮书研创中的各项规范后，开始皮书研创工作。在皮书编撰过程中，贵州省社会科学院各皮书课题组都搭建了一支相对稳定的作者队伍，在此基础上，每个皮书课题组确定 1~2 位统稿人员，积极做好部门间的协调工作，并定期组织召开选题讨论会、审稿会。例如，2016 年 6 月 17 日，贵州省社会科学院就专门召开了2016 年贵州蓝皮书专家咨询会。社会科学文献出版社社长谢寿光、总编辑杨群、副总编辑暨皮书研究院院长蔡继辉等均先后为"贵州蓝皮书"作者队伍做过专题辅导报告。

（3）科学研创，服务决策

在皮书研创过程中，调研数据直接关系皮书的定位和质量。研创人员通过开展严谨科学的社会调查和研究，立足权威部门的最新统计数据以及政府职能部门的最新资料，系统深入研究区域经济社会发展的总体和具体情况，确保了研究成果和研究内容的权威性、原创性和时效性。从经济建设、社会建设、生态文明建设等方面进行多方位、多角度、多主题的"立体透视"。总报告主要对经济社会发展的形势进行分析，对若干亮点进行总结、梳理和分析，并对下一年度的基本发展趋势进行预测并提出相关建议。分报告聚焦经济社会发展领域的重点、热点、难点及具体问题，有针对性地提出若干对策建议。

3. 贵州省社会科学院皮书研创经费资助

贵州省社会科学院有 6 部皮书获贵州省财政厅的经费资助，2011～2019 年，课题组累计获得 1038.75 万元的经费支持。此外，各编撰小组主动、积极提前争取多渠道的经费支持，与省直有关部门、市（州）、县政府合作编制皮书，获得经费支持 500 余万元。研究经费来源有了有力保障，才能保证皮书研创这样一项持续性科研项目在人力、物力、财力的投入上有一定的基础。

（二）贵州省社会科学院皮书研创工作取得的成效

1. "贵州蓝皮书"的影响力日益扩大

近些年来，"贵州蓝皮书"严格遵照社会科学文献出版社《皮书手册——写作、编辑出版与评价指南》的有关要求，以规范研创为重点突破口，皮书研创质量不断提高。"贵州蓝皮书"已形成较大规模，对贵州经济社会各方面进行了系统化的研究，在政府职能部门和学术界的影响力不断扩大。近几年，贵州财经大学、贵州民族大学、黔南州社会科学院等也开始研创皮书，贵州省社会科学院都义不容辞地予以支持。

2. "贵州蓝皮书"的作用逐渐显现

"贵州蓝皮书"涉及省、市（州）、县三个层级，涉及国有企业、薏仁米产业、文化产业、民航业、旅游业等，"贵州蓝皮书"对贵州省各个领域和行业的现状与发展态势进行分析和预测，充分发挥了皮书作为智库产品的资讯参考和建言献策的功能。例如，2017 年 8 月，中国（兴仁）薏仁米国际论坛学术会议在兴仁召开，社会科学文献出版社领导出席，会议期间发布的"中国薏仁米：兴仁宣言"引起各界关注，社会反响强烈。

3. "贵州蓝皮书"的获奖情况

2014 年以来，"贵州蓝皮书"多次获得各种奖项，社会影响力不断扩大。其中，《贵州法治发展报告》及其中的报告获"优秀皮书奖"和"优秀皮书报告奖"合计达 5 次。

（三）贵州省社会科学院皮书研创及管理经验

贵州省社会科学院皮书研创取得了一定成绩，有五点体会或者经验：一是注重与省委、省政府职能部门合作，提升皮书研创质量；二是组建稳定专业的研究团队，培养一批皮书作者；三是建立激励机制，如把获批使用"中国社会科学院创新工程学术出版项目"标识的皮书上的文章，视为在核心期刊发表，提升皮书原创性；四是财务明晰、规范管理；五是加大成果的转化、推广和宣传力度，扩大皮书影响力。

三 贵州省社会科学院皮书研创的思考

（一）发挥智库咨政功能，提升政府决策科学性

皮书是科研机构以第三方的视角和客观的立场对某一区域、某一行业运行现状的分析和预测，是发挥新型智库作用的重要窗口。在皮书的编撰过程中，如果科研人员对从政府职能部门获取的数据进行简单的堆积和整理，更多的是描述政府的做法，缺乏科学的预测，就会造成研究报告的原创性不强，对政府决策的参

考性、指导性不够，咨政功能不明显。因此，皮书就无法充分发挥新型智库的作用。

（二）处理好数据"对接"问题，力避数据"断点"

由于出版时间的限制，以及官方公布时间的断档，造成一些经济运行分析数据可能不完整、研究数据的截止时间出现"断点"等问题，这就要求技术人员要处理好数据收集和对接问题。此外，课题组还应创新数据收集方法，充分利用大数据和互联网平台，及时获取网络数据，保证皮书的时效性。在数据的完整性上，建议可以以附录的形式将上一年官方暂未正式公布的法定数据补充完善，防止数据的断裂和碎片化。

（三）注重蹲点实地调研，培养务实学术作风

实地调研要能"吃苦"，要力避"走过场"。课题组要长期进行蹲点调研，特别是长期跟踪某地某部门某领域，在研究过程中融入当地人的生活，切身感受经济社会发展中老百姓最关心、最担心的问题。通过深入群众、深入基层、深入一线获取第一手资料，并进行认真研究，以案例剖析的方式进行理性思考，从而为政府提出相关政策建议。

四　结语

大数据、数字经济是贵州经济高质量发展的必选项，皮书也是记录新时代贵州经济社会高质量发展的最有效的选择。

参考文献

黄晓青：《大战略引领创新风潮 大数据开启智能时代——中国大数据产业峰会暨中国电子商务创新发展峰会在贵阳举办》，《当代贵州》2016年第 21 期。

中国社会科学院财经战略研究院课题组、宋则：《我国商贸流通服务业战略研究》，《经济研究参考》2012 年第 32 期。

〔英〕维克托·迈尔 - 舍恩伯格、肯尼思·库克耶：《大数据时代：生活、工作与思维的大变革》，盛杨燕、周涛译，浙江人民出版社，2013。

贵州省人民政府：省政府印发《贵州省实施"万企融合"大行动 打好"数字经济"攻坚战方案》，贵州省人民政府网站，2018 年 2 月 12 日，http：//www. guizhou. gov. cn/xwdt/djfb/201802/t20180212 _ 1096982. html。

中国物流与采购联合会、中国物流信息中心：《1～10 月全国物流运行情况通报》，《现代物流报》2015 年 11 月 24 日，第 2 版。

Don Tapscott，*The Digital Economy：Promise and Peril in the Age of Networked Intelligence*（New York：McGraw - Hill，1996）.

对大数据的理解与误解[*]

邱泽奇[**]

摘　要：大数据已经成为新的学术资源，它是经由数字设置和设备伴随行动者的社会行动而产生的、在互联网络中汇集的、需有并行计算设施处理和挖掘的资源，它不会取代调查数据，也不是对行动模式的篡改，更不会主动忽悠。大数据是数据的一个类型。

关键词：大数据　互联网技术　痕迹数据　皮书研究

一　对大数据的理解

（一）暖场：大数据热？

2012 年 7 月，《国务院关于印发〈"十二五"国家战略性新兴

---

　* 本文根据作者 2019 年 5 月在贵州召开的第五期全国皮书研创高级研修班上的发言录音整理而成，已经本人审阅。

** 邱泽奇，教育部长江学者特聘教授、北京大学博雅特聘教授、北京大学中国社会与发展研究中心主任。研究领域：技术应用与社会变迁、组织社会学、社会研究方法。

产业发展规划〉的通知》明确提出支持海量数据存储、处理技术的研发和大数据产业化。实际上，早在2013年8月，国务院办公厅公布的《国务院关于促进信息消费扩大内需的若干意见》就推动了企业加快信息基础设施演进升级，增强信息产品供给能力，形成行业联盟，制定行业标准，构建了大数据产业链。

2014年是中国大数据元年，大数据首次写入政府工作报告。2015年是中国大数据顶层战略架构设计元年，3~9月陆续推出方案和计划。同年9月，国务院印发《促进大数据发展行动纲要》。

2016年，大数据战略布局逐渐完善。《中华人民共和国国民经济和社会发展第十三个五年规划纲要》中首次公开提出"国家大数据战略"，其中对"国家大数据战略"的定位，成为各级政府在拟定大数据发展规划和配套措施时的重要指导。2016年被称为中国的"大数据之年"，国家推行"大数据战略"，各行各业都在谈论大数据。同年5月25日，李克强总理出席在贵阳召开的中国大数据产业峰会暨中国电子商务创新发展峰会。

从2017年开始，政策趋严。6月，《中华人民共和国网络安全法》发布；10月，人工智能写入党的十九大报告，推动互联网、大数据、人工智能和实体经济深度融合；12月，《信息安全技术个人信息安全规范》落地，明确提出在收集、保存、使用数据等过程中个人敏感信息的范围。

2018年，国务院先后针对教育、医疗、金融等大数据使用较密集行业发布计划和指引，大数据产业化加速落地。4月，《国务院办公厅关于印发〈科学数据管理办法〉的通知》明确中国科学数据管理的总体原则、主要职责、数据采集、汇集与保存、共享利用、保密与安全等方面的内容，从不同侧面提出了具体管理措施，进一步加强和规范科学数据的管理，保障科学数据的安全，提高开放共享水平，为国家科技创新、经济社会发展和国家安全提供支撑。5月，中国银行保险监督管理委员会发布《银行业金融机构数据治理指引》，突出强调数据汇集能力建设、新产品评估要求，有效评估和处理重大收购和资产剥离等业务对数据治理能力的影响，明确监管机构的监管责任、监管方式和监管要求。

由此可见，中央政府大数据政策出台及发展趋势为：2017年之前以促发展为主，2018年以后以规范市场、提升数据安全意识、加速产业落地为核心。此外，数字经济的重要性具体体现为：在国际流动中，数据流动是全球 GDP 增长的第二大贡献来源，43.4%的世界人口（约 32 亿人）在线，12%的全球商品贸易通过电子商务进行，全球 50%的服务贸易是数字化的。

（二）笔者理解的大数据

1. 人类活动

数据是在人类活动中产生的。人类活动一定会留下痕迹，这个痕迹曾经被当作证据。在数字化进程中，这些证据被数据化。当大多数行动被数据化之后，人们用一种特别的方式来汇集这些数据，在运用这些数据时，才产生了"大数据"。人类活动会产生痕迹，产生痕迹的活动称为"造痕"。"造痕"是刑侦学概念，也是考古学概念。痕迹如果留存下来，就变成了证据。证据如果被数据化，就变成了数据。如果数据通过网络汇集、存储、挖掘，就变成了大数据。从数据发生学角度看，这是我们理解大数据最简单、最直接的一个方式。

人类活动分为两大类：一是生产与生活，二是人际交流。这两类活动都会留下痕迹。考古学和历史学有个边界，一般而言，地下的归考古学，地上的归历史学，不过，很难区分。考古学和历史学在面对研究对象时，各自形成了自己的研究体系。比如，考古学重断代，重器物；历史学重文献。二者又不是截然分割的，有着千丝万缕的联系，有共同点，面对的都是历史痕迹。把痕迹作为历史证据，是早期社会科学运用数据的一种手段，人文科学对数据的研究和社会科学在某种意义上有着非常相似的地方。尤其在历史学中，一定要有佐证，这是科学研究对痕迹利用的方式和方法。

2. 痕迹

现代社会科学对过去痕迹证据的应用，形成了历史学与考古学交叉的研究问题以及研究领域。人类的社会活动都会留下痕迹，留存下来就是"社会人为事实"，是社会科学研究的对象之一，遍地都在。在刑侦领域，痕迹证据也是侦查研究的对象之一。如果能做交叉比对，就变成了清晰的证据。人类的社会活动，时时刻刻都留下了痕迹，现在留下的痕迹，形成了痕迹社会。从人类诞生至今，人类活动的绝大部分痕迹随时间而消逝。无论是物化的痕迹还是数据化的痕迹，留下来的是极少一部分。

3. 证据

痕迹证据变成如今证据的数量是非常有限的。祖先们活动的痕迹并没有很好地留下来，留下来的是极少的一部分。数字化存储技术的发展，让存储变得快捷，交易成本更低。痕迹证据已转化为痕迹数据，转化为数据化了的痕迹，也是社会学研究常见的文献调查。

4. 数据

互联网技术的发展，让痕迹数据变成了大数据。在互联网进入普遍应用之前，痕迹数据是分散的。互联网技术的应用促进了数据通过网络汇聚和存储。个案性的痕迹数据，汇聚成了社会性的在线数据流、大数据。现实的发展是，痕迹数据在"造痕"的同时就被数据化了，这是大数据最突出的和传统数据的不同之处。

（三）什么是大数据？

数据，已经渗透到当今每一个行业，成为重要的生产因素。人们对于海量数据的挖掘和运用，预示着新一波消费浪潮的到来。国际商业机器公司（International Business Machines Corporation，简称 IBM）给大数据的定义纳入了四个维度（速度、价值、形态、数量）的测量。结合这四个维度，笔者的理解如下。

1. 形态

传统的数据是结构化的数据。大数据是混合形态的数据，既有结构化的数据，例如 SQL 数据；还有非结构化的数据，如日志、音频、视频、图片等。

2. 容量

大数据的基本定义围绕着容量。数据集的大小，超出了依靠人力在可接受时间内搜集、利用、管理和处理的能力。2012 年，单一数据集的大小，从 MB 级跃升至 TB 级，以及 PB 级。这个量级超出了普通桌面计算机乃至大型计算机的处理能力。

3. 来源

如果传统的数据是目标导向的，大数据则是记录导向的，它没有明确应用取向。大数据不是为某一个人做调查，而是为整个生产和运营做记录。正因为如此，大数据并不是有目的的测量数据，而是造痕留下的并行数据。大数据其实是痕迹数据的汇集，它的价值并非用来证明什么，而是需要挖掘的。IBM 认为，大数据的价值密度较低。这也是数据行业通行的观点。

4. 特征

从开始测量到数据可用，传统的调查需要相当长的时间。1890 年的人口普查活动促使美国统计学家赫尔曼·霍尔瑞斯发明了读卡机，他用 1 年时间完成了原本耗时 8 年的人口普查活动。中国家庭追踪调查（China Family Panel Studies，简称 CFPS）从结束调查到数据可用，也需要 1～2 年的时间。大数据几乎随时可用，人们每时每刻都在记录数据，每时每刻都有数据可用。不过，可用，不是针对具体研究问题的可用，而是在给定研究问题时，用于数据清理的可用和机器学习的可用，其体现在以下三个方面。第一，行为数据化。造痕者的行为与设备关联在一起，比如，学习、社交和饮食。第二，行为网络化。造痕者与行为关联在一起的设备，只是网络的一个节点。第三，网络数据化。数据与人类的社会行为并行，与网络同在、与社会一体。

简单地说，可以用形态、容量、来源、特征四个方面归纳大数据。第一，形态上，大数据是数字化、非结构化的，也是在线的流动数据。第二，容量上，大数据基本上是在 PB 级别的。第三，来源上，大数据的来源与人类社会的行为相伴，通过网络汇集。第四，特征上，大数据非常完整，但不系统。所以，研究人员要理解这些数据的特征。对社会科学而言，大数据是现代研究资源，需明确，大数据不是对原来数据的全面替代，有些地方的确有替代性，但不是全面替代，它有自己的特征和弱点。

二 对大数据的应用

（一）大数据可以帮我们变"不可能"为"可能"：敌对分子聚集的在线生态

研究议题：ISIS 成员聚集在线生态模式。数据来源：类似于 Facebook、VK 等在线社交数据。搜集方法：人工设定种子（支持 ISIS）ID，跟踪 ID，滚雪球，直到形成闭包（Closure）。数据周期：2015 年 1 月 1 日～8 月 31 日。数据规模：196 个聚集，108086 个跟随者；峰值：134857 人。

现象观察：最终可能激发没有极端主义经历、没有正式成员资格或没有与领导层直接联系的行动。驱动这一网络支持的是一种超快社会生态。

研究结论：这一社会生态的特征是自组织聚集，这种聚集在现实世界活动开始之前会急剧增加，并通过适应机制保证其存活。一种可控的预测是，通过打击小型潜在准 ISIS 组织，可以阻止大型潜在准 ISIS 组织的发展。

（二）大数据可以帮我们变"推测"为"确证"

1. 小世界的真相

设计：选择一个随机起点，观察需要经过多少个中间人能够到达目标点。规则：参与者只能将信件转发给能直呼其名的熟人，并请他继续转发；如果一个参与者不认识目标收信人，则他不能直接将信寄给他；参与者需力争让信件尽早送达目的地。第一次：从堪萨斯州的威奇塔市到哈佛大学神学院某位学生的妻子；第二次：从内布拉斯加州的奥马哈市到波士顿的股票经纪人。

结论：中间人数为 5～7 人。

此外，2012 年 1～6 月，笔者主持议题为"网店店主的社会特征和执业特征"的项目，运用"执业数据 + 抽样问卷数据"，有效地预估了网店店主的行为特征。

2. 情绪传染实验

主持：Facebook 数据科学家亚当·克莱默领衔。议题：社交网络影响（积极与消极）的传播方式。方法：挑选 689003 名 Facebook 用户，分成两组，将其中一组用户中带消极情绪的帖子剔除，将另一组用户中带积极情绪的帖子剔除。周期：2012 年 1 月 11～18 日。

观察：当看到朋友带积极情绪的帖子变少后，自己发布的积极帖子也会变少，消极帖子则会增多；反之亦然。

结论：面对面互动和非语言线索并非情绪传染的绝对必要条件。

3. 回音壁实验

主持：Facebook 数据科学家艾唐·巴克什。议题：影响社交网络回音壁（Echo Chamber）效应的因素，回顾 1010 万个美国匿名账户，搜集这些账户的好友信息和反应意识形态的偏好。周期：过去 6 个月。

观察：用户不会总处于相同观点的环境中，在大部分时间里，用户的观点是不同的。Facebook 的算法只会让用户有 5～8 个小时的时间处在单一观点的环境中。

结论：用户通常活在自己的世界里，形成回音壁的真正原因是用户自身。

(三) 大数据可以帮我们变"不可预知"为"可预知"

1. 各种疾病

（1）埃博拉：从移动测绘着手，美国疾病控制与预防中心（CDC）和瑞典非营利组织（NPO）刻画出典型的人口流动模式，并且估算出病例似乎会在哪里出现。通过跟踪拨打热线电话，了解和预测疫情的爆发地点。

（2）败血症：通过查阅败血症的大数据存储库以及一系列指标，可基于床边监护仪搜集的数据创建出预测模型。把仪器连接到一套云系统上，便把含糊的传统诊断方法替换成了准确的、注重细节的循证分析方法。

（3）脊髓灰质炎：匹兹堡大学第谷计划（Project Tycho）的负责人用 1888～2011 年间的 87950807 宗病例创建数据集，试图绘制这些数据与疫苗运动之间的关系，探讨每次运动的效果。第谷计划获得了比尔及梅琳达·盖茨基金会和美国国立卫生研究院的资助。

2. 上海外滩踩踏事故

如果我们重视大数据提供的信号，2014 年 12 月 31 日跨年夜上海外滩的踩踏事故其实是可以避免的。客流数据和移动基站接入数据都清楚地预示了外滩人流与空间之间的张力。可惜，当时的警方还没有意识到大数据的预测意义。

三 对大数据的三种误解

人们对大数据存在三种误解。第一，大数据是大泡沫，认为大数据炒作多，真正用得少。第二，大数据有大价值，也有局限。第三，大数据是大篡改。

克里斯·安德森说过，"有了数据，就不要模型了，或者很难获得具有可解释性的模型，那么，模型代表的理论也没有意义了"。微软研究院首席研究员、麻省理工学院公民媒体中心客座教授凯特·克劳福德说过，"有了足够的数据，数字就可以自己说话，大数据将使我们的城市变得更加智能和高效，它对不同的社会群体不会厚此薄彼，大数据是匿名的，因此，它不会侵犯我们的隐私，它是科学的未来"。

由此可见，大数据的本质是数据，是测量的产出。数据没有对错，运用却有对与错、好与坏。皮书研究正是运用了大数据的资源特征，研创人员在开发皮书内容的同时，也在积累大数据，正在为挖掘中国社会发展与变迁的新内容提供难以替代的资源。笔者以为，这是皮书生命力的又一个重要支撑。

数据技术皮书

——数据驱动世界 技术引领未来[*]

张晓东[**]

摘 要： 数据驱动世界变革，技术引领未来创新，皮书研创体系和范式由此也面临着新的机遇与挑战。本文基于新时代、新常态、新理念、新价值的多维视域，秉承交错秩序规则以及复杂协同需求趋向的内在逻辑要求，回归数据本源，解码技术本质，探讨新形势下皮书研创在结构、内容、方法、形态等方面的创新思考与实践路径。

关键词： 数据管理 数据技术 皮书研创

---

[*] 本文根据作者 2019 年 5 月在贵州召开的第五期全国皮书研创高级研修班上的发言录音整理而成，已经本人审阅。

[**] 张晓东，中国管理科学学会副会长兼秘书长，江苏敏捷创新经济管理研究院院长，南京财经大学创新创业研究院院长、研究员、高级工程师。研究方向：管理科学、创新管理、战略管理。

一　数据

（一）大数据　大时代

现在是大数据时代，数据在这个时代已经成为很重要的特征和标志。大数据喷涌而来，已经被大众普遍认识。据社会科学文献出版社统计，近些年，数以万计的大数据系列出版物出版发行，大家都在谈论大数据的概念和大数据的技术。大数据先从技术开始，带动了很多产业的发展，为社会带来了巨大变化。

大众普遍认识到数据是无处不在的，它是一种实际存在的现象。而开发是相对正向和中立的一个词，实际也有很多的竞争。包括现在的 BAT（B 指百度、A 指阿里巴巴、T 指腾讯）、亚马逊、Google 等新兴公司都在竞逐大数据，号称"抢端口"，抢端口的目的就是要抢数据源、抢数据。大数据的架构、理论体系针对现在这样一个数据到来的时代，到底如何使数据真正为人类所用，又不会带来很多的问题，这仅是开始。因此，研究人员如何让数据和大数据本身产生实际的价值是很重要的。

大数据等技术的驱动令这个时代处于飞速发展中。这是一个大时代，这个时代最大的变化是数字技术。如果从技术角度看大数据，也在大的数字技术范畴之内。2000 年左右，数字技术发展到了一个新阶段，恰逢四季交替时，互联网开始兴起。截至今日，数字技术还在方兴未艾的发展过程中，各个层次的技术互相交织迭代，融合发展。进入 21 世纪，互联网是这个时代很重要的特征。网络使全球连接在一起，人类社会从来没有像今天这样相互紧密联系。

（二）何为数据？

数据是对客观事件进行记录并可以鉴别的符号。狭义是指数字，广义是具有一定意义的文字、字母、数字符号的组合、图形、图像、视频、音频等，也是客观事物的属性、数量、位置及其相互关系的抽象表示。数据经过加工后就成为信息。因为有了数字技术和互联网，才使得数据的产生、传播和使用变得非常便捷、容易，可谓无处不在。所以，大家才真正认识并使用数据。

第一，数据管理、人工智能和认知科学也是很重要的基础。人认识到数据，对数据本身有认知的时候它才有价值，才会产生价值。主观认识的客观反映，只要有信息的传递就会存在，但是这种存在没有特别的意义。当你认识到它，并去定义它时，才有意义。虽然技术一直在引领着我们不断走向新时代，但同时技术又远远没有满足大众真正的需要。因为有了互联网，所以，地球变成了一个"村落"，如此之近，主要是因为互联网使得数据的产生更加迅捷，数据的获取更加方便。

第二，技术引领大众。数字技术和大数据技术是包含关系，这样才使得我们更加理解这个时代。正如习近平总书记说的"百年未有之大变局"，意即生产力决定生产关系。百年之变谈论的是国际政治格局的变化以及世界秩序的变化。因此，生产力发展造成了民族矛盾的冲突。如果工业文明是一个标志，那么以工业文明为核心的生产关系的基础开始出现裂缝，面临着巨大的挑战和危机，接下来就要重构。随之而来的是产业和经济的变化,以及产业格局和经济生态的变化（含政治格局的变化）。

（三）对数据的认知

中华民族的复兴应重新开始。从鸦片战争开始,一直到今天,工业化还没有真正做得非常彻底,但是大众又面临着同步进入数字经济和数字文明的时代。在工业文明或者后工业文明的末期,中国真正面临复兴的巨大的机会,中国通过改革开放抓住了机会,所以,现在具备和拥有了很多基础。在这种情况下,新文明就是建构在数字文明的基础上。新的生产力对于数字经济是非常重要的,最具有标志性的生产力形态是相对于工业时代,也即泛信息时代、广义的信息时代。在时代面前,数据已经成为新的（资源）,如果数据将成为数字经济重要的基础,表明数字时代已来临。现在林林总总的专著在技术上并未深入,大家都在探索,最终会逐步厘清各种各样的关系,建立真正的体系。

（四）基于数据的实践应用

数据还有一个分类和层次,要定义一些概念,概念化之后才成为真正有用的数据。数据有内涵和外延,经过加工处理后就可以叫作信息,再从中间找到它的规律,建立它的模式,最终建立成一个完整的架构。数据有很多应用,分为个人、公共部门和私人部门的实践和应用,共性与个性兼顾。

（五）数据挖掘和分析

数据的挖掘和分析有以下四个含义,一是跟踪和响应突发事件，二是了解危机性质和变化，三是对需要服务的地区进行准确定位，四是对供求关系的预测能力。

1. 数据是主观产生的客观存在

数据本身是存在的，但其是通过主观、通过认知才真正产生的。没有一个主观认知，即使它是再多的客观存在，还是不可捕捉的。

2. 数据无处不在

数据无处不在，未来更是如此，如同空气和水。现在有两个世界，一个是原子世界，即物理世界，现在人类生存的这个世界。另一个是数字世界，即比特世界，因为 IT 技术的计量单位是比特，所以称之为比特世界。在比特世界里，数据就像在物质世界中的空气和水一样无处不在。

3. 数据是资产和资源，具有价值

在数字世界里，没有数据的存在，就没有数字世界的意义。所以，数字世界的意义是建构在数据的基础上，数据经过了认知就会产生价值。所以，数据是具有价值的。无论是个人还是组织，在数字世界，未来的数据就是资产。

4. 数据意味着风险

数据的不完整、数据的丢失、数据的被篡改会带来风险。今天的数据资产不同于传统的物理资产，它相对来说更加无形。即使它产生了危险，人们也不能迅速地把握风险。因此，数据意味着风险，甚至更大的风险。现在有了网络技术，计算机运算速度也不断增加。所以，数据的传递甚至是篡改、删除都会变得更加隐蔽，更加便捷快速。

5. 大数据首先是数据

大数据首先是数据，这一点是非常重要的认知。Big Data 是 Data 的一个子集，有了 Big Data，大众对数据的认知才比以往任何时候都更加重视。目前，全世界研究人员对数据管理、数据技术等研究都是在很浅的层次上，有待完善。因此，在大数据蓬勃发展时要回归本源，对数据本身进行研究。

6. 数据管理提升数据价值

在大数据时代，人们对数据本身的管理更加重要。如果不能管理好数据本身，那么大数据应用就会存在巨大的风险，这一点是非常重要的。只有通过数据管理才能真正提升数据的价值。

（六）数据管理

《DAMA 数据管理知识体系指南》一书中提到，数据是很有价值的资源，就像任何贵重资产一样，人们必须对数据资产进行管理。数据管理职能的目的是寻找手段，以有效地控制数据资源，并提升数据资源的利用率。

（七）数据管理存在的问题

回到本源，数据必须通过管理才能够真正产生价值。数据管理普遍存在不少问题，如：数据来源不唯一、数据共享性差、数据准确度低、指标口径不统一等。目前，数据管理呈现以下十种现状：数据生命周期管理不完整、缺乏数据质量管理体系、缺乏数据标准、缺少主数据管理、数据安全认识不全、各部门用户对数据架构没有共识、无企业级架构、缺少数据活动管理、没有独立的数据管理组织、无元数据管理。

（八） 数据管理的职能

数据管理的职能包含十个方面，分别为数据治理、数据架构管理、数据开发管理、数据操作管理、数据安全管理、参考数据和主数据管理、数据仓库和商务智能管理、文档和内容管理、元数据管理、数据质量管理。管理要有控制性的意图在里面。党的十九大报告指出，国家由公民、社会共同管理，不由政府单一掌控管理。Management 是概念化的意思，Government 反而有控制的概念。数据要上升到战略层，要变为横向管理。

（九） 数据管理功能框架

数据管理的功能框架主要分两个方面：一是对于原数据，即如何设定管理的功能和职能，如何分配；二是基于全生命周期，即如何通过治理将全部信息纳入其中。人工智能的发展还可以加入认知科学，只有将二者相结合，才能构成真正面向未来的数据管理功能的新框架。

（十） 基于数据的研究方法

典型的数据处理流程包括：数据的获取/记录、数据的清洁/抽取/标注、数据的整合/聚类/表达、数据的分析/建模/解释等四个阶段。在处理的过程中，异构性、规模性、即时性、复杂性和隐私权等问题是数据研究时要想创造价值所需解决的困难。

（十一） 科学研究方法（范式）的发展

科学研究方法（范式）的发展过程，最早是实验型科研，已有几千年的历史，后来发展到理论型科研，也有数百年的历史，近几十年发展到计算型科研，现在则推进到第四范式——以大数据为基础的数据密集型科研。基于现在的数据研究，大数据很多的方法和工具对皮书创作非常重要。

二　技术

（一）　新技术　新时代

在新技术中，大家耳熟能详的是"云大物智移"，还有如区块链、量子科技、生命科学等新兴技术。在 21 世纪中叶后，生命科学和计算技术的结合可能是下一代最突出的技术。今天，人类进入了新的 IT 时代，IT 的"代"，即断代，可将其断为三个"代"。IT1.0，即 PC，可定义为 PC 时代。有了 PC 才有了计算时代。所以，PC 被定义成狭义的 Information Technology。千禧年开始进入 IT2.0 时代，目前则处于全面互联的机器智能时代（IT3.0），即新 IT 时代。新 IT 时代不仅带来了信息技术的蓬勃发展，而且带来了全面的网络化。大数据已经成为新资源。数字世界的能源不仅仅是大数据，还是数据。

皮书提供数据和观点，即数据服务。未来的全球互联制造，最重要的基础就是数据，大数据相对于数据来说，更是一项运算的技术。现在，消费互联网正在向产业互联网跃迁，开始走向生产联网。5G 使通信更加便捷，传递的带宽和传输速度大幅度提升以后，生产联网成为可能，最终，全球互联制造才成为可能。人类历史上先有技术，有了技术才会探讨原理，人类文明的进步就是技术的进步。马克思认为，"技术是人的本质力量的展现"。真的技术是人造的，所以，技术属于直接生产力。

今天的技术迭代太快，而 IT 起到了推动和催化作用，数字时代推动了数字经济的到来。支撑技术发展的是数字和数据，所以，人们将大部分的精力放在了数据上。技术对世界的改变越发重要。技术推动了全球化，产业互联网和生产联网的时代随之而来。马克思说："未来人类是各尽所能，按需分配的。"今天，人们有了"云大物智移"，有了互联网，有了新一代的 IT 技术。特别是 IT 3.0（新 IT 时代）智能化以后，全球资源的计算具备了可行性的物质基础，在这种情况下，生产联网成为可能，全球互联制造也成为可能。所以，如何获取全球生产资源，如何分布资源，是需要计算模型的。每个人可以尽其所能展现自己的价值。

人物事境会改变，"境"即时空，也是生态环境，就是技术改变世界。其中，最为重要的是开放与分享，走向未来才能构建共生的人类生态。如果只讲技术，将人类物化和机器化，也存在很多问题。在技术管理中，对数字世界进行管理的基础是对数据进行管理。所以，管理是非常重要的。2019 版"管理蓝皮书"的主题是"抉择重构——直面挑战的中国管理"。技术超速发展，到处都充满了不确定性，资源环境的变迁，不仅仅是环境学科、资源学科等研究资源的变迁，而且还有数字资源的变迁，这些都需要管理来进行应对和挑战。尼采当时说，上帝死了，他就认为人成了万物的主宰，潜台词是人成了上帝。新的时空和新的生态的这些挑战，在这样一个形势下，方向在哪里，路径在哪里，方法在哪里，皮书研创同样存在这个抉择。

（二）关于"技术"的思考

汹涌的时代变革浪潮、激烈的外部环境、交错的秩序规则以及复杂的协同需求，这些都是人类直面变化的世界，那么技术到底是什么？

1. 关于"技术本质"的几种观点

一是方法技能说，即古代的"技术"。二是知识应用说，即近代的"技术"。三是物质手段说，即现代的"技术"。

2. 马克思主义的技术观

其定义为：人类为满足自身的需要，在实践活动中根据实践经验或科学原理所创造或发明的各种手段和方式方法的总和。它体现在两个方面：一是技术活动；二是技术成果，包括技术理论、技术工艺与技术产品。其本质是：揭示人对自然的能动关系，体现了人对自然的实践关系，是人的本质力量的展现，属于直接生产力。

3. 科学、技术与工程

科学的本质是发现，技术的灵魂是发明，工程的核心是建造。技术驱动着时代的发展。2018 年，新的人工智能技术成熟度曲线由高德纳咨询公司的 67 位国际分析师参与编写，并在"2018 世界人工智能大会"上首次发布，会上展示了五大新兴科技，即大众化的人工智能、DIY 式的生物破解、透明的沉浸式体验、无处不在的基础设施、数字化生态系统。

三 皮书

第一，新皮书。面对现在场景的变化，皮书有很多新的内容，其选题也更加前沿，现在需要上升到一个新阶段，即皮书要走向一个新时代，即 2.0 时代。所有的发展都是先繁荣再规范的，如何找到皮书的新题目、新内容是非常重要的。

第二，新传播。新时代的青少年是互联网的原住民，也是数码科技的原住民，还是数字经济的原住民。皮书如何有效传播，如何用新的方式和新的手段传播，值得思考。

第三，新方法。不妨回到本源，大数据本身也是数据，只有管理好数据，才能真正找到大数据研创的方法。大数据通过对个体化、全样本的研究，为社会科学提供了精准的数据和计算实验平台，形成了社会科学知识体系多元研究路径。

第四，新工具。皮书研创管理要使用很多新工具，这些工具本身具有数据抓取的功能。

第五，数字皮书。如何把皮书变成数字皮书，它需要相当长时间的积累。以"管理蓝皮书"为例，基于数字技术，首先做成一个管理的数字平台。技术人员可以利用 IT 和人工智能等技术做大数据，让大众随时随地阅读。

参考文献

〔美〕劳拉·塞巴斯蒂安－科尔曼：《穿越数据的迷宫：数据管理执行指南》，汪广盛等译，机械工业出版社，2020。

〔以色列〕尤瓦尔·赫拉利：《人类简史》，林俊宏译，中信出版社，2014。

徐宗本、冯芷艳、郭迅华等：《大数据驱动的管理与决策前沿课题》，《管理世界》2014 年第 11 期。

李涛、高良谋：《"大数据"时代下开放式创新发展趋势》，《科研管理》2016 年第 7 期。

运用大数据思维盘活"小数据"价值

——浅析皮书数据库的大数据应用尝试[*]

刘 姝[**]

摘 要: 大数据给出版业带来了无限可能与巨大挑战,社会科学文献出版社以皮书数据库为试点,尝试运用大数据思维盘活"小数据"价值,迈出了大数据应用的第一步:通过打造大数据驱动产品建设工作闭环,制定需求驱动产品优化方案,二次开发数据类资源价值,打造高关联高价值的"块数据"。未来,社会科学文献出版社将从打通数据孤岛、打造内容大数据和学术评价大数据信息系统等方面着手,深化大数据应用,将皮书数据库打造为更专业权威的知识服务平台。

关键词: 数字出版 大数据 皮书数据库

近年来,大数据以铺天盖地之势席卷而来,不仅深刻改变了

---

[*] 本文刊发于《出版广角》2020 年第 6 期。

[**] 刘姝,社会科学文献出版社数字出版分社副总编辑。研究方向:数字出版。

社会生活的方方面面，而且成为国家基础性战略资源。可以预见，大数据应用将为出版业带来无限可能。但受体制机制、人才结构、投入成本、思维方式等诸多因素影响，出版业对大数据的运用难以一蹴而就，当前，大多出版单位处于"不用忧心、用又力不从心"的两难境地。如何破局？社会科学文献出版社（简称"社科文献"）以皮书数据库为试点，尝试运用大数据思维盘活"小数据"价值。

一　理解大数据：技术、思维、应用

"大数据"一词产生于全球数据爆炸式增长的背景下，作为高科技时代的产物，它最初是以技术的形象走进大众视野，具有数据海量、快速流转、类型多样、价值密度低、数据真实等特征，难以用传统信息处理技术来合理撷取、整理。"海量"是人们对大数据的第一认识，大数据技术的战略意义并不在于掌握海量数据，而在于通过加工实现数据增值。

大数据之所以成为时代的标记，不仅在于技术上的变革，还在于它带来的思维方式变革。大数据思维主要体现在三个方面。一是复杂思维。大数据是"全样数据"，意味着其中包含众多真假难辨的数据。只有接受混杂，利用大数据做整体感知，才能得到更接近客观事实的结果。二是相关思维。研究人员在海量数据中很难发现因果关系，大数据则通过相关性给出解决方案。三是预测思维。大数据的核心是预测，即面向未来，研究人员通过从数据中发现规律，预测事物的发展及人的行为。但是，大数据的价值并不在于其表象特征，也不在于技术和思维变革，挖掘可利用的价值，才是其最终目的。

二 皮书数据库的"小数据"积累与利用局限

皮书数据库是社科文献以自有品牌图书资源皮书系列为基础，为全面整合、分析、解读当下中国发展变迁的智库报告和研究成果而打造的智库产品与知识服务平台。皮书数据库始建于 2009 年，以优质的品牌资源、产品及服务深受业界欢迎并得到用户认可，曾获中国出版界最高奖项"第三届中国出版政府奖·网络出版物奖"提名奖等多个国家级奖项。经过多年的持续优化创新，皮书数据库已拥有机构用户超过 1400 家、个人用户近 14 万家，成为年收入逾千万元、社会效益和经济效益俱佳的数字产品。

2015 年以来，在国家大力推动大数据战略以及国家新闻出版广电总局（2018 年改为国家新闻出版署①）积极推动新闻出版业大数据体系建设和大数据应用的背景下，如何借力新技术盘活皮书数据库资源成为社科文献的工作重点之一。

1. 皮书数据库数据类型及规模

皮书数据库的存量数据可分为资源数据、销售数据、用户数据和使用数据四类。资源数据，即经数字化加工的内容，包括文本、图片、图表、原始数据等形式，规模远超其他几类数据。截至 2019 年底，皮书数据库资源数据已达 44 亿字，图片和图表逾 55 万张，音频和视频资源有百余种。自 2008 年实现第一笔销售以来，皮书数据库便开始积累销售码洋、销售实洋等销售数据。2014 年，新版皮书数据库上线后，用户（如年龄、职业、性别、

---

① "国家新闻出版署"的历史沿革详见 P300。

兴趣等）数据和使用数据也开始积累。随着皮书数据库机构用户和个人用户的增长，这几类数据也具备了一定体量，但其数据规模距互联网大数据仍相差甚远。

2. 引入大数据思维前的数据利用局限

皮书数据库产品建设和市场开拓初期主要靠经验驱动，以资源数据为核心提供文献和信息服务，其局限主要体现为三点。一是数据管理意识缺乏，各类数据分散于各部门或各工作环节，难以利用。二是数据采集意识淡薄，以线下人工采集为主，造成数据规模有限，数据时效性不足，数据准确性和可持续性欠缺，以及外部数据未能有效覆盖等问题。三是数据分析利用不足，有数据无资产。如，资源数据深度开发难以突破、对用户需求把握不准、产品优化速度跟不上用户需求变化等。

三 以大数据思维盘活"小数据"价值

基于大数据时代用户需求特征，皮书项目组运用大数据思维和方法探索出一套盘活"小数据"价值的具体路径。

1. 大数据时代的用户需求特征

皮书数据库核心用户为智库研究从业者，其基本特征为：（1）知识分子阶层，一般具有较强支付能力；（2）以研究为业，研究费用多由所在单位买单；（3）专业性强，对基础数据、文献资料有较强需求；（4）既是内容提供者，又是内容接收者。

随着互联网、大数据等新技术应用于智库研究，社会科学领域的研究对象、研究方法和学科范式等均发生了变化，研究者对内容服务也提出了新要求。具体表现为：一是知识需求更加专业化和多元化，研究人员对专业知识、数据资料的需求成倍增加；二是多领域、多层次主体共同参与研究的现象增多，研究人员开始利用技术工具提升科研效率，数据密集型科研成为重要趋势；三是研究人员对资源获取的便捷性和时效性提出了更高要求，个性化需求成倍增加；四是研究人员更关注研究成果的影响范围和影响力。

2. 以大数据思维盘活"小数据"价值的具体路径

（1）优化业务流程，打造大数据驱动优化闭环

面对新技术冲击和用户需求不断升级，原有经验驱动的产品建设和推广模式已不再高效，皮书项目组开始探索数据驱动的产品建设和推广模式，打造大数据驱动优化闭环（见图1）。

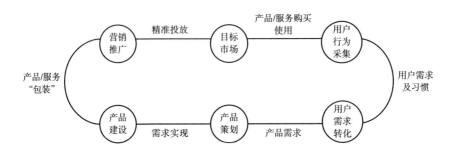

图1　大数据驱动优化闭环

（2）立足于产品定位，制定需求驱动的产品优化方案

显然，文献服务和信息服务已难以满足大数据时代的智库研究需求。皮书项目组基于大数据时代目标用户的行为特征和需求特点，立足产品定位，综合考虑社科文献的优势和可行性，从资源、研创支持、成果推广、学术交流和增值服务五个层面着手，设计产品优化方案（见表1）。

表1　基于大数据应用的皮书数据库产品优化方案

需求类别		需求明细	产品优化措施	处理优先度
资源层面	主题	以经济发展、社会发展为主	利用知识重组和采集系统,优化现有产品	★★★☆☆
	时效性	要求资源快速甚至实时更新	优化采集技术,提高采集速度	★★★★☆
	类型	对数据类资源需求度高	盘活现有报告中的数据类资源,加大采集力度	★★★★★
研创支持层面	资源获取效率	快速、精准地获取所需资料	优化检索与导航,开发知识精准推送功能	★★★★☆
	内容写作	快速成稿、保持多人写作的统一性	基于内容分析研发写作模板,为写作提供标准和量化参考	★★★☆☆
	研创工具	对快速处理数据和处理结果的展示工具需求较高	研发数据指标体系,开发数据可视化功能	★★★★☆
成果推广层面	传播效率	快速传播、政策先声、引导舆论	基于用户行为分析进行精准营销、线上线下一体化营销	★★★★★
	影响力	构建智库机构、智库研究者的国内外影响力	构建影响力评价体系	★★★★☆
学术交流层面		与服务对象、专家和学者及时交流	搭建交流平台	★★☆☆☆
增值服务层面		及时升级产品和服务,提供个性化服务	持续监测并分析用户数据和使用数据,掌握用户需求、预判变化趋势,及时优化产品并主动引导用户需求,提供相应增值服务	★★★☆☆

（3）盘活资源数据，二次开发数据类资源价值

无论从规模还是从质量来看，资源数据都是出版单位最具竞争力的资产。用数据说话是皮书的本质特征，但2015年之前，这些数据一直以图片形式存在于单篇报告中，未能充分发挥价

值。2015年，皮书项目组开始进行图表数据管理系统建设；2016年，皮书项目组引入大数据思维完善建设规划，依照全面标准化加工图表，开发数据管理系统和数据检索功能，向数据可视化目标推进（见图2）。

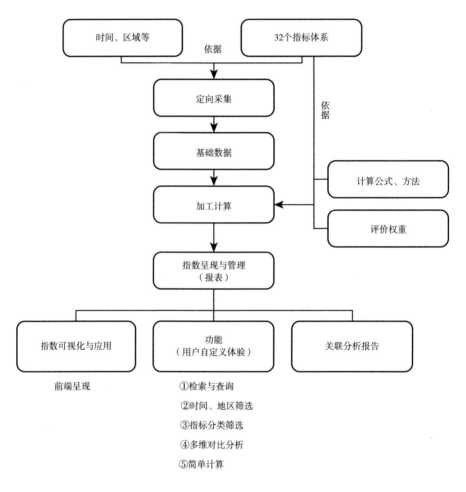

图2 皮书数据库数据管理建设规划

目前，通过数据标准化处理和领域指标体系构建，皮书项目组初步盘活了数据类资源，实现了连续性分析、对比分析和精准查找。

（4）打造高关联高价值的"块数据"，实现精准服务与精准营销

皮书数据库的统计分析系统已实现对用户使用轨迹的记录。2017年以来，受大数据思维启发，皮书项目组开始尝试将部分离散孤立的"点数据""条数据"聚拢，打造成高关联高价值的"块数据"。如根据用户页面点击行为推测兴趣点，通过IP等基本信息将个人用户与机构用户进行匹配关联和综合分析，并增加分析维度，如回头率分析、忠诚度分析、报告影响力指数分析等。通过多维度关联分析已积累的用户数据和使用数据，皮书数据库的用户画像初步显现，不仅为精准服务与精准营销打下了坚实基础，而且促进了个人用户规模和收入的快速增长——二者2019年增长率均达55%以上。

四 皮书数据库深化大数据应用的发展思路

1. 打通数据孤岛，构建数据统一管理平台

为贯彻落实"智慧出版3.0"战略规划，以数据助推数字化转型升级和融合发展，社科文献于2020年初成立数据中心，统筹管理全社数据资产。未来，皮书纸书、电子书、数据库等各渠道数据将实现有效聚集关联，为产品建设和营销推广提供强有力的支撑。

2. 打造内容大数据，丰富学术服务模式

皮书数据库将着力打造"有力量、有温度、有品质的内容大数据"，借力大数据强大的采集和清洗功能，进一步丰富内容

资源规模；强化大数据分析预测能力，以数据驱动内容生产和服务升级，通过内容拆解与重组挖掘内容新价值；在机器人写作、互动式出版、咨询服务等方面积极尝试，不断丰富增值服务模式，提升用户体验。

3. 打造学术评价大数据信息系统，构建中国指数

大数据等新技术的应用使学术影响力的智能分析与科学评估成为可能。未来，皮书数据库将打造成学术评价平台，集成出版社评价数据、第三方合作评价方法和结果数据、用户评价数据构建学术评价大数据信息系统，并通过对这些数据进行整合与分析，得到多元化、多维度的评价结果，指导皮书研创、出版和传播，构建类似标准普尔的中国指数。

经过几年的努力，皮书数据库运用大数据思维盘活"小数据"价值的应用尝试取得了初步成效。未来，皮书数据库将进一步深化大数据应用，打造专业化知识服务平台，为智库成果的研创出版与分享传播提供全流程、多方位的专业支撑。

参考文献

张涛甫：《大数据时代的出版困局及其突破》，《编辑学刊》2013 年第 2 期。

黎玖：《何为大数据思维?》，千锋教育网站，2018 年 8 月 28 日，http：//www. mobiletrain. org/about/info/47239. html。

贺威、刘伟榕：《大数据时代的科研革新》，《未来与发展》2014 年第 2 期。

附 录

附录1

第十届"优秀皮书奖"
"优秀皮书报告奖"一等奖获奖名单

第十届 "优秀皮书奖"一等奖获奖名单
（按丛书名拼音排序）

第十届"优秀皮书奖"一等奖获奖名单

序号	丛书名	书名	主编	研创机构
1	北京蓝皮书	北京经济发展报告（2017～2018）	杨松	北京市社会科学院经济所
2	法治蓝皮书	中国法治发展报告No.16（2018）	李林、田禾	中国社会科学院法学研究所
3	广州蓝皮书	广州经济发展报告（2018）	张跃国、许鹏	广州市社会科学院
4	广州蓝皮书	广州社会发展报告（2018）	张跃国、尹涛	广州市社会科学院
5	京津冀蓝皮书	京津冀发展报告（2018）	祝合良、叶堂林、张贵祥	首都经济贸易大学

续表

序号	丛书名	书名	主编	研创机构
6	农村绿皮书	中国农村经济形势分析与预测(2017～2018)	魏后凯、黄秉信	中国社会科学院农村发展研究所、国家统计局农村社会经济调查司
7	日本蓝皮书	日本研究报告(2018)	杨伯江	中华日本学会、中国社会科学院日本研究所
8	社会蓝皮书	2018年中国社会形势分析与预测	李培林、陈光金、张翼	中国社会科学院社会学研究所
9	新媒体蓝皮书	中国新媒体发展报告No.9(2018)	唐绪军	中国社会科学院新闻与传播研究所
10	新能源汽车蓝皮书	中国新能源汽车产业发展报告(2018)	中国汽车技术研究中心、日产(中国)投资有限公司、东风汽车有限公司	中国汽车技术研究中心、日产(中国)投资有限公司、东风汽车有限公司

第十届 "优秀皮书报告奖"一等奖获奖名单

(按报告名称拼音排序)

第十届"优秀皮书报告奖"一等奖获奖名单

序号	报告名称	作者	作者单位	所属皮书
1	2017年深圳文化发展回顾与2018年展望	王为理、陈长治、熊德昌、杨立青	深圳市社会科学院、深圳市文体旅游局文化产业发展处	《深圳蓝皮书:深圳文化发展报告(2018)》

续表

序号	报告名称	作者	作者单位	所属皮书
2	长江经济带产业绿色发展报告	吴传清、黄磊、郑开元、宋子逸、董旭	武汉大学经济与管理学院、武汉大学中国中部发展研究院、郑州航空工业管理学院	《长江经济带产业蓝皮书:长江经济带产业发展报告(2018)》
3	第13次中国城市女性生活质量调查报告(2017年度)	中国妇女杂志社华坤女性生活调查中心(梁民　执笔)	中国妇女杂志社	《女性生活蓝皮书:中国女性生活状况报告 No.12(2018)》
4	改革、创新、合作——深圳社会组织发展路径探索	深圳国际公益学院本书编写组	深圳国际公益学院	《深圳社会组织蓝皮书:深圳社会组织发展报告(2018)》
5	十年来未成年人互联网运用变化趋势	杨斌艳	中国社会科学院新闻与传播研究所	《青少年蓝皮书:中国未成年人互联网运用和阅读实践报告(2017~2018)》
6	印太地区经济发展与地缘经济格局演进	李艳芳	云南财经大学印度洋地区研究中心	《印度洋地区蓝皮书:印度洋地区发展报告(2018)》
7	增创经济发展新优势,推动江苏高质量发展——2017年江苏经济运行分析与2018年经济形势预测及对策	锦文、吴先满、方维慰、李洁、吕永刚、周睿、李慧	江苏省社会科学院	《江苏蓝皮书:2018年江苏经济发展分析与展望》
8	中国核能发展报告(2018)	张萌、王茜、张华祝、郑玉辉	中国核科技信息与经济研究院、中国核能行业协会	《核能发展蓝皮书:中国核能发展报告(2018)》

注：句首为标点符号、阿拉伯数字的排前。

附录2

皮书年会20周年纪念专题

皮书年会发展历程[*]

1990 年，中国社会科学院启动"经济蓝皮书"编撰工作。到 2000 年，全国已有 21 个省区市开始了皮书的编撰工作，以蓝皮书、黄皮书、绿皮书等冠名的年度报告先后出现，社会上形成了一股皮书热潮，让人不禁怀疑皮书出版会不会也将成为一个泡沫。为了规范皮书市场，2000 年 8 月，由中国社会科学院科研局、社会科学文献出版社、辽宁社会科学院主办，中共葫芦岛市委、葫芦岛市政府承办的首次全国皮书年会[①]（当时的会议名称

---

[*] 本部分涉及"国家新闻出版署"不同时期，其历史沿革如下所述。（1）1949 年，组建中央人民政府出版总署；（2）1954 年，出版总署撤销；（3）1982 年成立文化部出版事业管理局，1985 年改称国家出版局，直属国务院；（4）1987 年，改称新闻出版署；（5）2001 年，改称新闻出版总署；（6）2013 年，组建国家新闻出版广电总局；（7）2018 年 4 月，根据深化党和国家机构改革方案，改称国家新闻出版署，由中宣部统一管理。

[①] 2011 年之前，皮书年会未统一会议名称。2011 年，采用"皮书年会"的叫法。自 2012 年起。"全国皮书工作研讨会"正式更名为"全国皮书年会"。

为全国经济社会形势研讨会）在辽宁省葫芦岛市召开，首开皮书年会先河。本次会议以"规范皮书原创，维护皮书品牌"为主题，皮书作为一个名词正式确立，开始制定标准规范皮书出版。

由此，开启了社会科学文献出版社以皮书为抓手为中国学术、中国特色新型智库建设打造专业出版传播平台的道路。

2000 年 　　　　　　　　　　　　　　> > >

全国经济社会形势研讨会

2000 年 8 月 1~3 日，由中国社会科学院科研局、社会科学文献出版社、辽宁社会科学院主办，中共葫芦岛市委、葫芦岛市政府承办的全国经济社会形势研讨会在辽宁省葫芦岛市召开，首开皮书年会先河。中国社会科学院科研局局长黄浩涛，中共葫芦岛市委副书记王春生，葫芦岛市委常委、宣传部部长周连科，葫芦岛市副市长崔枫林出席会议。中国社会科学院数量经济与技术经济研究所所长汪同三、中国社会科学院社会学研究所副所长李培林分别做了 2000 年中国经济形势和社会形势的报告，以"经济蓝皮书""社会蓝皮书"为蓝本，引领、指导地方类皮书的编纂。

中国社会学会会长、中国社会科学院学术委员会委员陆学艺及来自北京、上海、天津、重庆、新疆等 16 个省、自治区、直辖市社会科学院的领导和专家学者共 50 余人参加会议。社会科学文献出版社社长兼总编辑谢寿光在会上讲话，会议由辽宁社会科学院副院长曹晓峰主持。

本次会议以"规范皮书原创，维护皮书品牌"为主题，皮书作为一个名词正式确立，开始从社会科学文献出版社内部使用的工作词语上升为一个专门的概念，作为一种学术成果出版形态进入公共话语体系。

2001 年 ＞＞＞

全国经济和社会形势分析与预测研讨会

2001 年 8 月，由社会科学文献出版社、山东社会科学院主办的全国经济和社会形势分析与预测研讨会在山东省泰安市举行，社会科学文献出版社社长谢寿光出席会议。中国社会科学院学术委员会委员陆学艺、中国社会科学院数量经济与技术经济研究所所长汪同三、中国社会科学院世界经济与政治研究所所长余永定出席会议。

2002 年 ＞＞＞

2002 年中国经济社会形势分析与预测
暨全国第三次蓝皮书工作会议

2002 年 8 月 10 ~ 11 日，由浙江省社会科学院、湖州市人民政府、社会科学文献出版社主办的"2002 年中国经济社会形势分析与预测暨全国第三次蓝皮书工作会议"在浙江省湖州市举行。会议主要对 2002 年全国经济社会形势进行分析与预测，总结、交流皮书编撰工作经验并讨论全国皮书编撰工作的合作机制，浙江省委宣传部副部长、浙江省社会科学院党委书记沈立江，浙江省社会科学院院长万斌，社会科学文献出版社社长谢寿光出席会议。会议期间，时任湖州市市长黄坤明看望会议代表。中国社会科学院学术委员会委员陆学艺、国务院发展研究中心社会发展部部长丁宁宁、中国社会科学院数量经济与技术经济研究所所长汪同三分别对 2002 年中国社会形势和经济形势做了报告。

　　会议认为，皮书的编撰是社会科学界对社会做出贡献、表现社科工作者聪明才智的有效形式；适应了瞬息万变的社会需求，适应了我们这个时代和社会转型时期对社科工作者的要求。皮书评估现状、分析原因、解答疑问、提出对策，开拓了一个新的研究领域，创造了一种新的成果形式，成为社会科学在中国现代化进程中、在新经济发展进程中一道独特的风景线，并将在中国社会科学研究史上留下光辉的一笔。

2003 年　　　　　　　　　　　　　　　　> > >

2003 年经济社会形势分析与预测
——暨全国蓝皮书年会

　　2003 年 9 月 20 日，由社会科学文献出版社、上海社会科学院主办的 "2003 年经济社会形势分析与预测——暨全国蓝皮书年会" 在上海召开，会议的主题是 "探讨皮书的特征和特性问题以及如何进一步科学规范皮书"。"中国经济形势分析与预测" 课题组负责人、中国社会科学院数量经济与技术经济研究所所长汪同三，"中国社会形势分析与预测"课题组负责人陆学艺等专家分别做了专题演讲。皮书的原创已经逐渐进入标准化、制度化的阶段，在本次会议上，首次对皮书的定义进行了阐释。

> 皮书这一概念最早流行于社会科学文献出版社，是该社自1997年以来出版的蓝皮书、绿皮书、黄皮书系列出版物的统称。随着皮书在国际、国内影响的日益增大，皮书这一称谓在社会上得到广泛流传，它作为资讯类图书的重要一支，推动了图书功能从阅读向查阅、使用方向的转化。

——社会科学文献出版社社长
谢寿光

2004 年　　　　　　　　　　　　　　　　　　　> > >

全国第五次皮书工作会议
暨中国经济社会形势报告会

2004年7月17～19日，由社会科学文献出版社、黑龙江省社会科学院联合主办的"全国第五次皮书工作会议暨中国经济社会形势报告会"在黑龙江省哈尔滨市召开，黑龙江省社会科学院院长曲伟、社会科学文献出版社社长谢寿光出席会议。"中国经济形势分析与预测"课题组负责人、中国社会科学院数量经济与技术经济研究所所长汪同三，"中国社会形势分析与预测"课题组负责人陆学艺、李培林等做了专题演讲。来自全国

18 个省、自治区、直辖市社会科学院的经济和社会形势分析与预测课题组负责人共 50 余位代表参加了会议。

与会专家介绍和交流了各地皮书工作的成功经验；探讨了皮书工作的区域合作机制，包括"西部蓝皮书""东北蓝皮书""泛珠江蓝皮书"等区域蓝皮书的编写和出版问题；研究了进一步发挥皮书的品牌效应，以及各地课题组之间的资源共享与整合等问题。会议针对当前社会上各种"皮书"的泛滥以及如何进一步规范皮书的编纂、提高皮书的质量等问题进行了探讨。与会代表还就如何提高会议质量、扩大会议影响等问题提出了建设性意见，如加大经济社会形势分析与预测报告的分量，进一步发挥对各课题组编写皮书的指导作用等。

2005 年 　　　　　　　　　　　　> > >

第六次全国经济社会形势分析和预测
暨蓝皮书工作研讨会

2005 年 8 月 15～16 日，由社会科学文献出版社、河南省社会科学院主办的"第六次全国经济社会形势分析和预测暨蓝皮书工作研讨会"在河南省郑州市举行。会议围绕如何进一步提升皮书的内在质量、明确皮书的内容特色和出版编辑的技术规范进行了研讨。中国社会科学院数量经济与技术经济研究所所长汪同三和中国社会科学院社会学研究所所长李培林分别就当前中国经济和社会的状况及运行态势做了专题报告。

来自中国社会科学院、地方社会科学院以及有关科研单位约

60 位代表参加了研讨会。研讨会的主题是：如何提高对经济社会形势分析预测的准确性、科学性、实效性。同时，交流全国各地对年度经济社会发展态势的研究成果，预测 2006 年经济社会发展的趋势，揭示经济社会发展中存在的突出问题，谋划解决问题的对策，为各级党委政府科学决策提供智力支持。在两天的会议中，代表们听取了中国社会科学院专家的学

> 皮书在中国约定俗成的说法是：以专家为主、以年度为时间单元，对实体运行做专业的分析预测研究，不仅是为了满足人们的阅读需求，更主要的是满足信息查阅的需求。我们希望能让一些没形成品牌的形成品牌，形成品牌的促进品牌的质量提升，皮书不仅仅满足阅读需求，还具备查询、使用的功能。

> ——社会科学文献出版社社长
> 谢寿光

术报告，交流了各自的工作经验，探讨了共同关心的问题。在本次会议上，皮书的定义有了较为完整的表述。

2006 年　　　　　　　　　　　　　　　　　　　> > >

第七届全国经济社会形势分析与预测
报告会暨蓝皮书工作会议

2006 年 8 月 12 ~ 14 日，由社会科学文献出版社主办、西北大学中国西部经济发展研究中心承办的"第七届全国经济社会形势分析与预测报告会暨蓝皮书工作会议"在陕西省西安市召开。会议同期发布了《西部蓝皮书：中国西部经济发展报告（2006）》，本次会议首次由高校承办，皮书原创主体开始由以中国社会科学院和地方社会科学院为主拓展到高校。

来自中国社会科学院、地方社会科学院以及清华大学、西北

大学等 50 多家单位约 130 人参加了会议。中国社会科学院荣誉学部委员陆学艺，中国社会科学院社会学研究所所长李培林，中国社会科学院数量经济与技术经济研究所副所长齐建国等就当前中国经济社会形势以及建构和谐社会等主题做专题报告；中国社会科学院荣誉学部委员、中国区域经济学会副会长陈栋生，中国区域经济学会秘书长陈耀，西北大学中国西部经济发展研究中心学术委员会主任何炼成等就中国区域经济发展问题及 2006 年版"西部蓝皮书"等主题分别发言。同时，各皮书课题组与出版业内人士就皮书的准入标准进行了深度研讨，中国社会学会秘书长、社会科学文献出版社社长谢寿光就皮书准入标准做总结发言。

会议认为，皮书作为一种代表社会科学研究成果的图书出版形态，近些年来受到了社会各界的普遍关注，为了防止皮书出版的泛滥化，无论是皮书课题组还是皮书出版机构，都应该深入认识皮书本质，全面提升皮书品质。会议围绕如何进一步提高皮书的质量，如何提升皮书品质、树立皮书品牌、增强皮书在国内外的影响力进行了研讨。同时，与会专家对由社会科学文献出版社起草的《皮书系列图书准入标准》《皮书技术标准及体例规范》《皮书系列准入标准若干说明》进行讨论，并提出修改、补充意见。

2007 年　　　　　　　　　　　　　　　　　> > >

2007 年中国经济社会形势分析
暨第八次全国皮书工作研讨会

2007 年 8 月 24~26 日，由社会科学文献出版社、深圳市社会科学院主办的"2007 年中国经济社会形势分析暨第八次全国皮书工作研讨会"在广东省深圳市召开。本次会议的主题是"皮书的功能及社会影响"。在本次会议上,《皮书操作手册》正式发布,以此来规范皮书的编撰格式和装帧设计。会议发布了社会科学文献出版社开发的 SSDB 皮书数据库,表明了皮书在多介质出版上跨出了更大的一步,实现了纸质出版与数字出版的完美结合。会议提出,皮书系列已经成为一种新的出版形态。

来自中国社会科学院、地方社会科学院以及福建师范大学、福建行政学院等研究院所和高校约 150 位专家学者参加了会议。

皮书已经成为中国出版界非常具有特色的文化品牌,不仅在出版界、学术界具有重要的影响,也在中央和地方各级政府决策研究和政策咨询方面发挥了重大的作用。

——深圳市委宣传部副部长
吴忠

皮书不仅需要实证评估、科学分析,还需要一种视角、一种情怀和一种理念,那就是人文主义的精神,而价值关怀正是皮书人文精神的重要体现。

——浙江省社会科学院
经济社会发展研究中心副主任
杨建华

从皮书的属性、社会功能角度来看,城市系列蓝皮书也具有开发的潜力。但是,城市系列蓝皮书的开发应该在取得地方政府支持的同时,挑选合适的选题,选取本地区的特色行业或领域来编写。因此,城市系列蓝皮书的开发是有重点、有深度的开发,而不是无节制的开发。

——广州市社会科学院软科学研究所所长
涂成林

学术独立性应该是蓝皮书有别于白皮书的最本质的特征,皮书至少应该具备四个关键词:独立的专家立场、独特的专业视角、严谨的学术分析、科学的实证方法。也只有把握住了这四个关键词,才能坚持学术独立性,提高皮书的社会效益。

——黑龙江省社会科学院社会学研究所所长
王爱丽

皮书出版的三点建议：进一步提高质量，坚持质量第一；坚持科学性，防止出现抄袭行为；坚持理论与实践的统一。

——湖南省长株潭城市群研究会会长
张萍

2008 年　　　　　　　　　　　　　　> > >

2008 年中国经济社会形势分析和预测
报告会暨第九次全国皮书工作研讨会

2008 年 9 月 19～20 日，由社会科学文献出版社主办、广西社会科学院承办的"2008 年中国经济社会形势分析和预测报告会暨第九次全国皮书工作研讨会"在广西壮族自治区南宁市召开。本次会议的主题是"加强皮书品牌化建设，规范皮书编写出版"。中国社会科学院数量经济与技术经济研究所所长汪同三，中国社会科学院社会学研究所所长李培林，社会科学文献出版社社长谢寿光，广西壮族自治区党委宣传部部务委员李海荣以及广西社会科学院院长吕余生等来自中国社会科学院、地方社会科学院、清华大学、西北大学的 100 多位领导和专家出席了会议。

中国社会科学院数量经济与技术经济研究所所长汪同三教授和中国社会科学院社会学研究所所长李培林教授从不同角度就美国雷曼兄弟控股公司宣布破产引发全球金融海啸和后奥运时代中国的经济和社会形势进行了分析和预测。中国著名东南亚研究专家、中国东南亚研究会副会长、广西社会科学院副院长古小松教授以"泛北部湾开发合作暨越南经济形势分析"为题做了专题报告。与会专家学者围绕皮书的可持续发展问题，分别从不同的角度进行了深入讨论。大家一致认为，今后的工作重点应该是着力加强皮书的原创性、实证性、前瞻性、时效性和权威性，真正把皮书工作打造成一个服务经济、服务社会的有效平台。

2009 年 　　　　　　　　　　　　　　　> > >

2009 年中国经济社会形势分析和预测
报告会暨第十次全国皮书工作研讨会

——中国皮书发展十年：品牌与创新之路

2009 年 8 月 14~16 日，由社会科学文献出版社主办、辽宁社会科学院承办的"2009 年中国经济社会形势分析和预测报告会暨第十次全国皮书工作研讨会"在辽宁省沈阳市和丹东市召开。本次会议的主题是"中国皮书发展十年：品牌与创新之路"。会议就皮书的定位、本质特征、基本功能等达成了共识，把皮书真正作为一个学术品牌、智库品牌来打造，是皮书全面进入品牌建设时期的动员和开端。

中国社会科学院一直非常支持社会科学文献出版社的发展壮大，尤其重视皮书系列品牌的成长，在学术资源整合、出版选题开发、出版资金补助、新书发布与研讨会等方面都给予了直接、全面的帮助。院领导将皮书作为院最重要的成果，介绍给前来视察的中央领导，表明皮书不仅是社会科学文献出版社的核心品牌，更是中国社会科学院的品牌，同时也是中国社会科学界的品牌。

——中国社会科学院副院长
李扬

皮书年会开始主题化的运作，探讨的问题更加深入、专业。

中国社会科学院副院长李扬、辽宁省委宣传部常务副部长马祥图等领导和专家出席了会议。中国社会科学院数量经济与技术经济研究所所长汪同三、中国社会科学院社会学研究所所长李培林分别做了"中国经济形势分析与预测"和"中国社会形势分析与预测"的报告。海外出版商——荷兰博睿学术出版社首次参加皮书年会。皮书的评价工作开始起步，会上颁发了首届"优秀皮书奖"。

2010 年　　　　　　　　　　　　　　　　　　　　> > >

2010 年中国经济社会形势报告会
暨第十一次全国皮书工作研讨会
——皮书价值的实现：皮书出版的创新与转型

2010 年 9 月 18 ~ 19 日，由社会科学文献出版社主办，福建师范大学、福建省人民政府发展研究中心承办的"2010 年中国经济社会形势报告会暨第十一次全国皮书工作研讨会"在福建福州举行。本次会议的主题是"皮书价值的实现：皮书出版的创新与转型"。中国社会科学院副院长高全立，福建省人民政府副省长张志南，福建省政协副主席、福建省社会科学院院长张帆，新闻出版总署出版管理司图书处处长洪勇刚，中国社会科学院社会学研究所所长李培林，中国文化软实力研究中心主任张国祚，社会科学文献出版社社长谢寿光，福建省人民政府发展研究中心主任李闽榕，福建师范大学党委书记罗萤等领导和专家共 200 余人参加了本次会议。

皮书作为一种重要的学术成果形式，每次出版和发布都得到了新闻媒体的大力支持，都会引起各级政府、学术界以及社会大众的广泛关注与反响。作为社科院直属的学术出版机构，作为中国皮书品牌的创建机构，社会科学文献出版社在编辑出版、宣传推广等方面做了大量工作，为社会科学事业发展做出了积极的贡献。

——中国社会科学院副院长
高全立

新闻出版总署一直高度关注社会科学文献出版社的皮书出版，并给予大力支持。在两年一届的"三个一百"原创出版工程中，在纪念抗日战争胜利65周年重点图书推荐中，社会科学文献出版社的原创皮书都受到表扬；对外交流与合作司也将皮书系列作为中国出版"走出去"的成功案例，在去年法兰克福书展上，皮书系列海外推广活动被列入中国主宾国重点活动之一。

——新闻出版总署出版管理司图书处处长
洪勇刚

2011 年　　　　　　　　　　　　＞＞＞

2011 年全国皮书研讨会

——皮书研创、出版、发布的规范与创新

2011 年 2 月 19 日，由中国社会科学院主办的"2011 年全国皮书研讨会"在北京京西宾馆举行。本次研讨会以"皮书研创、出版、发布的规范与创新"为主题，围绕贯彻落实中国社会科学院院长陈奎元、常务副院长王伟光关于加强皮书研创、出版和发布的指示精神，中国社会科学院领导、各皮书课题组、社会科学文献出版社就全面规范皮书的研创、出版和发布工作，大力提高皮书内容质量，强化皮书系列的整体品牌效应等方面达成了共识。这是由中国社会科学院首次主办的全国皮书研讨会。会议通过了《皮书主编工作条例》和《皮书编辑出版工作条例》。中国社会科学院常务副院长王伟光，新闻出版总署副署长邬书林，中

国社会科学院副院长李慎明、李扬参加了会议并做了重要讲话；来自全国各行业、各区域皮书课题组的主编及专家、学者代表200多人参加了会议。

这是一次特别的会议，标志着皮书及皮书研创出版从一个具体出版单位的出版产品和出版活动上升为由中国社会科学院牵头的活动。

在皮书编纂、出版过程中，要始终坚持正确的政治方向，出精品、促繁荣，把建设社会主义核心价值体系作为根本任务。同时，还要坚持严谨治学、精益求精，倾力打造无愧于时代和人民的哲学社会科学精品。各级政府机构尤其是决策咨询和研究部门，要重视对皮书成果的学习和参考，真正把皮书的重要成果应用到中国改革开放和经济社会发展的实践中去。

——中国社会科学院常务副院长
王伟光

在过去的若干年中，皮书出版取得了重要成绩，从少到多，由弱变强，影响不断扩大，社会效益和经济效益俱佳，成为出版的重要品牌。希望社会科学文献出版社把提高皮书质量放到中华民族伟大复兴中去规划。新闻出版总署将一如既往地支持皮书出版工作，把皮书打造成中国一流、在世界上有影响的重要出版物。

——新闻出版总署副署长
邬书林

要把皮书作为一项崇高的事业来对待，以敏锐的政治性、高度的责任感、精益求精的敬业精神投入到皮书的研创、出版与发布中。皮书不仅仅是一个图书品牌，更是中国哲学社会科学界的一个著名学术品牌。

——中国社会科学院副院长
李慎明

2011 年皮书年会
暨第二届"优秀皮书奖"颁奖大会
——皮书研创出版的结构优化和分类管理

2011 年 8 月 26 ~ 27 日，由中国社会科学院主办，社会科学文献出版社、安徽省合肥市政协、安徽省社会科学院共同承办的 2011 年皮书年会暨第二届"优秀皮书奖"颁奖大会在安徽省合肥市举办。本次会议的主题是"皮书研创出版的结构优化和分类管理"。中国社会科学院副院长李扬，合肥市市长吴存荣，中国社会科学院社会学研究所所长李培林，新闻出版总署出版管理司副司长陈亚明，合肥市政协主席董昭礼，安徽省委宣传部副部长、安徽省社会科学院院长陆勤毅，社会科学文献出版社社长谢寿光等有关领导出席了会议并讲话，来自中国社会科学院、地方社会科学院以及各高校、研究院所的近 200 名皮书课题组主编、专家、学者和媒体记者出席了会议。

本次会议首次升格为由中国社会科学院主办，并决定自 2012 年起，将"全国皮书工作研讨会"正式更名为"全国皮书年会"。

在中国社会科学院及有关专家学者的指导支持下，合肥市社会科学事业取得了长足发展，皮书编撰工作成果丰硕。从 2007 年开始，连续出版了"中国省会经济圈蓝皮书"，不仅产生了广泛的影响力，而且对推动合肥地方经济社会发展发挥了重要作用。

——合肥市市长
吴存荣

没有受到像社会科学院、各地研究院所、高等学校的专家和领导的重视，出版强国的目标是难以实现的。今天这么多专家、学者齐聚一堂，共同探讨皮书的发展，作为出版管理工作者，我们将一如既往地支持皮书出版，把皮书打造成中国一流、世界知名的图书品牌。

——新闻出版总署出版管理司副司长
陈亚明

第十三次全国皮书年会（2012）

—— 皮书内容创新与学术规范

2012 年 9 月 21～22 日，由中国社会科学院主办，社会科学文献出版社和江西省社会科学院共同承办的第十三次全国皮书年会（2012）在江西省南昌市隆重举行。本次年会的主

> 皮书已经成为中国哲学社会科学研究成果的权威出版发布平台，成为各级政府决策和学术界开展学术研究的重要参考。
>
> **——全国哲学社会科学规划办公室副主任赵川东**

题是"皮书内容创新与学术规范"。中国社会科学院常务副院长王伟光，江西省委常委、常务副省长凌成兴，中国社会科学院副院长李扬，全国哲学社会科学规划办公室副主任赵川东，中国社会科学院副秘书长、科研局局长晋保平，中国社会科学院社会学研究所所长李培林，江西省社会科学院院长汪玉奇，社会科学文献出版社社长谢寿光等领导和专家出席了会议。

中国社会科学院副院长李扬，中国社会科学院社会学研究所所长李培林分别以《中国金融改革与发展：实体经济发展提出的命题》和《2012～2013 年：经济增长趋缓中的社会形势》为题，就当前中国经济和社会形势进行了分析与预测。

继 2009 年、2011 年颁发"优秀皮书奖"后，第三届"优秀皮书奖"首次对皮书中的单篇报告进行了评选。本次评奖报告是经皮书主编或课题组推荐，从 2009～2011 年出版的 436 种皮书、8000 篇报告中推选出 356 篇参与评奖。

第十四次全国皮书年会（2013）
——皮书研创与智库建设

2013 年 8 月 24 ～ 25 日，由中国社会科学院主办，甘肃省社会科学院、社会科学文献出版社共同承办的第十四次全国皮书年会（2013）在甘肃省兰州市隆重召开。本次会议的主题是"皮书研创与智库建设"。中国社会科学院副院长李扬、李培林，国家新闻出版广电总局副局长邬书林，甘肃省委常委、宣传部部长连辑，全国哲学社会科学规划办公室副主任姜培茂，中国社会科学院副秘书长、科研局局长晋保平，甘肃省委宣传部副部长、甘肃省社会科学院党委书记范鹏，甘肃省社会科学院院长王福生，社会科学文献出版社社长谢寿光等来自全国各地的社会科学院、高校和政府研究机构的 300 余名皮书课题组主编、专家、学者出席了会议。

国家新闻出版广电总局副局长邬书林、中国社会科学院副院长李扬、中国社会科学院社会学研究所副所长张翼研究员分别做了专题演讲。与会课题组代表围绕皮书研创与智库建设、一流智库建设与皮书研创、地方智库创新与皮书研创、高校智库功能与皮书研创、智库影响力与皮书研创、文化大繁荣与智库影响力等主题进行热烈讨论，就如何研创高质量的皮书、建设一流智库达成了高度的共识，各皮书课题组将加强合作，共同推动全球智库交流和推广平台的建立。

会议下发了《关于印发〈中国社会科学院皮书资助规定（试

行）〉的通知》《院外皮书使用中国社会科学院创新工程学术出版项目标识的规定（试行)》以及《落后皮书淘汰办法（征求意见稿)》。2013 年，有 40 余种皮书列入"中国社会科学院创新工程学术出版资助项目"。《院外皮书使用中国社会科学院创新工程学术出版项目标识的规定（试行)》，于 2013 年 8 月 9 日实施。

智库能为政府决策提供科学依据，是国家软实力的重要组成部分，希望大家共同努力，壮大皮书队伍，加强智库式软实力平台建设，使政府决策更具前瞻性和科学性。

——甘肃省委常委、宣传部部长
连辑

皮书作为高端智库型产品，实现了对当前中国与世界热点问题科学、专业的年度监测，是哲学社会科学工作者服务于社会的最佳形式，是哲学社会科学人才培养特别是青年科研人才培养的重要平台，发挥着争取国际学术话语权、引导主流舆论的强大作用。

——全国哲学社会科学规划办公室副主任
姜培茂

2014 年　　　　　　　　　　　　　　　　＞＞＞

第十五次全国皮书年会（2014）

——大数据时代的皮书研创

2014 年 8 月 15～16 日，由中国社会科学院主办，贵州省社会科学院、社会科学文献出版社承办的第十五次全国皮书年会（2014）在贵州贵阳隆重召开。本次会议的主题是"大

今年以"大数据时代的皮书研创"为主题的全国皮书年会在贵州召开，必将有力推进贵州哲学社会科学智库建设，助力提升贵州哲学社会科学的资政决策能力。

——贵州省副省长
何力

数据时代的皮书研创"。中国社会科学院副院长李扬，贵州省副省长何力，贵州省政协副主席孔令中，中国出版协会常务副理事长邬书林，全国哲学社会科学规划办公室副主任姜培茂，社会科学文献出版社社长谢寿光，贵州省社会科学院党委书记金安江，贵州省社会科学院院长吴大华，中国社会科学院科研局副局长陈文学，国家新闻出版广电总局出版管理司副巡视员袁越伦等有关领导出席开幕式。来自中国社会科学院、地方社会科学院以及高校、政府研究机构等近 200 个皮书课题组的 300 多名皮书主编、专家、学者和媒体记者出席了会议。中国社会科学院副院长李扬、贵州省副省长何力发表讲话，会议开幕式由贵州省社会科学院院长吴大华主持。

本次皮书年会首次对皮书和皮书报告两个奖项进行颁奖，旨在进一步激励皮书课题组和皮书报告作者提升皮书的研创水平，扩大皮书品牌的社会影响力。

2015 年 　　　　　　　　　　　　　　　　　＞ ＞ ＞

第十六次全国皮书年会（2015）
——皮书研创与中国话语体系建设

2015 年 8 月 7～8 日，由中国社会科学院主办，社会科学文献出版社和湖北大学共同承办的第十六次全国皮书年会（2015）在湖北省恩施土家族苗族自治州召开。此次会议的主题是"皮书研创与中国话语体系建设"。中国社会科学院副院长李培林，中国出版协会常务副理事长邬书林，湖北省委宣传部副部长喻立平，中国社会科学院科研局局长马援，国家新闻出版广电总局出版管理司副司长许正明，中共恩施州委书记王海涛，社会科学文献出版社社长谢寿光，湖北大学党委书记刘建凡等相关领导出席开幕式。开幕式由中国社会科学院科研局局长马援主持。来自中国社会科学院、地方社会科学院、高校、政府研究机构的领导以及近 200 个皮书课题组的 380 多人出席了会议。

> 学术出版机构应在中国特色新型智库建设和中国话语体系建设中找到自己的位置，发挥更大的作用。希望社会科学文献出版社以皮书出版为依托，整合研创、传播、智库建设等资源，为中国话语体系建设和智库建设做出开创性的探索。
>
> ——国家新闻出版广电总局出版管理司副司长
> 许正明

> 我们要利用已有的优势，把皮书精心打造成一种在世界上比较独特的智库产品。要把皮书打造成优秀的"新型智库产品"，需要从皮书的影响力、话语权、学术含量等几个层面来定位。但目前，皮书还远不能满足世界对中国发展认知的渴望，我们必须建立起自己的一套核心理念和话语体系，使皮书成为理解中国道路、中国经验、中国话语体系的载体。
>
> ——中国社会科学院副院长
> 李培林

会议宣布了 2016 年授权使用"中国社会科学院创新工程学术出版项目"标识的 46 种院外皮书名单。中国社会科学院自 2014 年开始，授权首批 35 种优秀的院外皮书使用"中国社会科学院创新工程学术出版项目"标识，2015 年授权 41 种。通过这种方式，不断推广中国社会科学院创新工程的皮书管理经验，激励院外皮书课题组重视皮书的研创，提升皮书质量，扩大皮书品牌的影响力。

第十七次全国皮书年会（2016）

—— 皮书研创出版：专业化与规范性

2016 年 8 月 5~6 日，由中国社会科学院主办，社会科学文献出版社、河南省社会科学院、河南大学共同承办的第十七次全国皮书年会（2016）在河南省郑州市、开封市召开。中国社会科学院副院长蔡昉，河南省委常委、宣传部部长赵素萍，中国出版协会常务副理事长邬书林，中国社会科学院科研局局长马援，国家新闻出版广电总局出版管理司副司长许正明，社会科学文献出版社社长谢寿光，河南省社会科学院党委书记魏一明，河南省社会科学院院长张占仓，河南大学党委书记关爱和、常务副书记赵国祥等领导出席开幕式。开幕式由河南省社会科学院院长张占仓主持。来自全国 200 多个单位的 300 余人出席了本次皮书年会。本次年会标志着皮书的原创体系、规范体系、传播体系、话语体系全方位的建立和成熟。

专业化和规范性是皮书的价值所在，也是皮书能持续发展的立命之本。新形势下，中国哲学社会科学工作者担负着繁荣中国特色哲学社会科学的光荣使命。第一，加强话语体系建设，建造属于我们自己的语言体系；第二，不断创新，依据时代特点建言献策，发挥智库的功能；第三，注重学术规范，加强学风建设。

——中国社会科学院副院长
蔡昉

河南省社会科学院每年推出十几种皮书，不仅为河南省委、省政府科学决策提供了有益参考，也为海内外专家和学者了解、研究河南提供了很好的资料文献。本次皮书年会在河南省召开，给河南省带来了机遇，希望全省社会科学界抓住机遇乘势而上，以打造中原新型智库为己任，进一步发挥思想库、智囊团的积极作用，推出更多有价值、高质量的学术成果。

——河南省委常委、宣传部部长
赵素萍

第十八次全国皮书年会（2017）

——皮书专业化二十年（1997～2017）

2017 年 8 月 4～5 日，由中国社会科学院主办，社会科学文献出版社、青海省社会科学院共同承办的第十八次全国皮书年会（2017）在青海省西宁市召开。中国社会科学院院长王伟光，青海省委副书记、省长王建军，国家新闻出版广电总局副局长吴尚之，青海省委常委、宣传部部长张西明，中国出版协会常务副理事长邬书林，全国哲学社会科学规划办公室主任佘志远，青海省人民政府秘书长、办公厅主任张黄元，中国社会科学院国际合作局局长王镭，社会科学文献出版社社长谢寿光，青海省社会科学院院长陈玮等领导出席开幕式。来自全国近 300 个单位的 500 余人出席了本次皮书年会。

与会代表围绕"皮书专业化二十年（1997～2017）"的主题进行深入研讨和交流。中国社会科学院副院长李培林、蔡昉等 20 余位学者被授予"皮书专业化二十年·致敬人物"称号。

皮书专业化二十年致敬二十人包括：中国社会科学院副院长蔡昉，北京市社会科学院研究员戴建中，福建师范大学经济学院院长黄茂兴，中智科学技术评价研究中心理事长李闽榕，中国社会科学院副院长李培林，中国社会科学院原副院长李扬，中国社会科学院欧洲研究所编审沈雁南，中国社会科学院新闻与传播研究所所长唐绪军，中国社会科学院国家法治指数研究中心主任田禾，广州大学广州发展研究院院长涂成林，黑龙江省社会科学院副院长王爱丽，中国社会科学院学部委员汪同三，中共温州市委党校科研处处长王健，贵州省社会科学院院长吴大华，中国出版协会常务副理事长邬书林，社会科学文献出版社社长谢寿光，湖南省社会科学院原副院长张萍，中国社会科学院世界经济与政治研究所所长张宇燕，首都经济贸易大学城市经济与公共管理学院教授祝尔娟，中国社会科学院农村发展研究所研究员朱钢。

特别致敬人为已故中国社会科学院荣誉学部委员陆学艺、安徽省社会科学院研究员王开玉。

致敬媒体为中国网。

皮书作为中国特色哲学社会科学的优秀成果和知名品牌，经过二十年的专业化打造，已成为发挥新型智库作用的重要平台。"青海蓝皮书"的研创伴随皮书蓬勃发展的大势，也取得了长足进步和丰硕成果，不仅为省委、省政府的科学决策提供了有益参考，也为国内外专家和学者了解青海、认识青海、研究青海打开了一扇窗户。

——青海省委副书记、省长
王建军

二十年来，皮书系列已经成为中国出版界、学术界的知名品牌，为中国的学术出版和精品出版积累了成功的经验。社会科学文献出版社的皮书出版探索出了一条专业化、系列化、品牌化、数字化、国际化的发展道路，有力服务了中国经济社会发展，推动了中国特色新型智库建设，促进了传统出版的数字化转型升级，提升了中国学术国际影响力和传播力。

——国家新闻出版广电总局副局长
吴尚之

皮书这种出版形态在研究中国智库建设史、当代出版史、中国哲学社会科学史中是绕不开的词汇。二十年再出发，每一位皮书人应致力于对皮书进行全方位规范化管理，树立中国的学术出版标准；不断提升皮书的内容质量和影响力，搭建起中国智库产品和智库建设的交流服务平台和国际传播平台；发布各类皮书指数，并使之成为中国指数，让中国智库的声音响彻世界舞台。

——社会科学文献出版社社长
谢寿光

2018 年　　　　　　　　　　　　　　　　　　> > >

第十九次全国皮书年会（2018）

——新时代的皮书：未来与趋势

2018 年 8 月 3 日，第十九次全国皮书年会（2018）在山东省烟台市召开，会议由中国社会科学院主办，社会科学文献出版社、山东社会科学院和鲁东大学联合承办，本次年会的主题是"新时代的皮书：未来与趋势"。中国社会科学院副院长、党组副书记王京清，山东省副省长孙继业，中国社会科学院副院长、党组成员蔡昉，中国出版协会常务副理事长邬书林，山东省政协副主席、山东社会科学院党委书记唐洲雁，中国社会科学院科研局局长马援，社会科学文献出版社社长谢寿光，鲁东大学党委书记徐东升等领导出席开幕式。开幕式由山东社会科学院院长张述存主持。来自全国 300 多个皮书研创机构的 500 多人出席了本次皮书年会。

第一，新时代的皮书应紧跟时代发展潮流，为解决中国特色社会主义的重要理论和现实问题服务；第二，新时代的皮书应服务于智库建设，体现智库的价值与水平；第三，新时代的皮书应以科研为中心，围绕出顶尖成果做文章，打造"精品工程"；第四，新时代的皮书应着力为哲学社会科学人才的培养和青年科研人才的成长提供更为宽广的平台。

——中国社会科学院副院长、党组副书记
王京清

皮书是中国特色哲学社会科学的优秀成果和知名品牌，二十多年来，中国社会科学院发拂晓之先声，坚持为党和人民建言献策，不断提升皮书专业化水平。中国哲学社会科学的国际影响力显著增强，为建设中国特色新型智库、繁荣发展中国特色哲学社会科学做出了重要贡献。

——山东省副省长
孙继业

未来，皮书应当更深入地与时代融合、与社会融合、与媒体融合、与学术研究融合，努力打造新时代皮书的新高度。第一，新时代的皮书应更好地肩负社会责任；第二，新时代的皮书应成为出版机构与学术发展深度融合的典范；第三，新时代的皮书应积极构建全媒体传播格局。

——全国哲学社会科学规划办公室基金处处长　陈俊乾

山东社会科学院作为山东省委、省政府的思想库、智囊团，一直致力于打造国内一流新型智库。作为智库成果发布的重要平台，"山东蓝皮书"系列一直是山东社会科学院新型智库建设支持的重点，已经成为我院分析经济社会发展形势、预测年度发展趋势的权威性研究成果，在山东省经济社会发展中发挥着越来越重要的作用，为新时代现代化强省建设提供了重要决策参考。

——山东省政协副主席、山东社会科学院党委书记　唐洲雁

2019 年　　　　　　　　　　　　　　　> > >

第二十次全国皮书年会（2019）

——皮书与学术共同体建设

2019 年 8 月 9～10 日，第二十次全国皮书年会（2019）在黑龙江省哈尔滨市召开，会议由中国社会科学院主办，社会科学文献出版社、黑龙江省社会科学院联合承办。会议以"皮书与学术共同体建设"为主题，围绕学术共同体的特点与价值、皮书在学术共同体建设中的作用、皮书与学术共同体建设的未来、学术共同体建设的方法等主题进行讨论。

皮书年会20周年致敬人物

（以姓氏拼音为序）

蔡　昉（中国社会科学院副院长）

他是"人口与劳动绿皮书"的开创者，长期关心皮书年会的发展，多次参加皮书年会并发表学术演讲，高度认可皮书年会推动中国学术体系建设的重要作用。作为社会科学文献出版社曾经的分管领导，他对皮书的评价评奖、研创方法、价值实现等工作长期提出高屋建瓴的指导和指示。他多次亲自参与皮书海外学术交流研讨活动，助力皮书走向全球学术研究舞台。

陈光金（中国社会科学院社会学研究所所长）

他是皮书年会的建言者与助力者。自2007年开始担任"社会蓝皮书"副主编，2013年起担任主编，并多次担任总报告执笔人，使每一年度的"社会蓝皮书"都有鲜明的主题和特色，持续发挥"社会蓝皮书"的咨政功能。他多次参与皮书年会并做学术报告或主题演讲，紧扣当下社会热点主题，引人深思。他向与会代表、学术同行分享最新的研究成果和皮书研创经验，为皮书品牌建设与智库成果传播建言献策。

黄茂兴（福建师范大学经济学院院长）

他伴随皮书年会一同成长，从青年学者到知名教授，皮书铺就了他载满荣誉的学术之路。自2007年负责承担"中国省域竞争力蓝皮书"研创工作以来，连续十几年参加皮书年会，多次做大会发言，分享皮书研创经验，并参与组织"2010年中国经济社会形势报告会暨第十一次全国皮书工作研讨会"，通过皮书构建"官产学研"发展平台，打造了高校智库独特的影响力和竞争力。

李闽榕（中智科学技术评价研究中心理事长）

他是皮书价值的发现者，无论是担任地方政府部门智库负责人，还是作为省级新闻出版管理者，他对皮书这一学术品牌和出版品牌的价值都有深刻的认识。他策划组织了十余种皮书，以皮书研创带动了党和政府的发展规划工作、高校学科建设与青年人才培养。他曾多次参与皮书评审工作和皮书年会，并精心组织了"2010年中国经济社会形势报告会暨第十一次全国皮书工作研讨会"。他深度挖掘皮书和皮书年会平台价值，积极为皮书发展献计献策、共享编撰经验。

李培林（中国社会科学院原副院长）

他是皮书最早的作者和主编之一，20余年坚持组织参与的"社会蓝皮书"，已经成为中国社会发展历程和社会建设成就的重要学术记录；他与皮书年会的缘分早已结下，12次出席皮书年会并做学术报告，分享社会形势研究的最新成果和皮书研创经验；作为中国著名的社会学家，他多次在不同场合强调皮书的学术规范、研创方法和科学精神；作为曾经分管科研工作的院领导，他指导推动了皮书研创的体制机制创新。20年来，他为中国皮书事业发展和皮书学术共同体建设做出了突出贡献。

李扬（中国社会科学院原副院长）

他是"宏观经济蓝皮书""金融蓝皮书"的主要研创者，是第一位出席皮书年会的时任院领导。正是在他担任中国社会科学院副院长并分管社会科学文献出版社期间，皮书研创出版升格为由中国社会科学院党组直接领导和指导的学术活动。2011年，他根据时任中国社会科学院院长陈奎元的指示部署，在京西宾馆召开"2011年全国皮书研讨会"，当年皮书年会升级为由中国社会科学院主办，此前的"全国皮书工作研讨会"也从2011年开始正式定名为皮书年会。

孙海悦（《中国新闻出版广电报》记者）

笔耕十年、连续采访，记录皮书年会发展轨迹，见证皮书年会从机构行为演变为在行业内热议的现象与话题；参会八载、深入一线，讲述社会科学文献出版社致力于学术出版、建设皮书学术共同体、打造业内数字出版与国际出版标杆的历程与故事。她以丰富的文字和睿智的观察为业界提供了关于皮书最全面、最翔实和最深入的报道。

唐绪军（中国社会科学院新闻与传播研究所所长）

他是皮书年会忠实的"皮友"，自2013年担任"新媒体蓝皮书"主编以来从未缺席皮书年会，并连续6年站在"优秀皮书奖"一等奖的领奖台上；他多次受邀做大会主题发言，分享皮书研创、皮书发布与传播的经验，推动中国智库影响力和话语权建设。在2016年皮书年会发言中，他创造性地提出了"皮友"这一称谓，获得了与会者的广泛赞同，饱含了他对皮书事业同行者们最浓重的情谊。

涂成林（广州大学广州发展研究院院长）

他是皮书年会的同行者，2004 年以来，他积极参与历次会议，并 4 次担任主题发言嘉宾，积极分享地方智库品牌建设与"走出去"的成功经验；参与组织第一期全国皮书研创高级研修班，充分展示了皮书品牌的巨大影响力，得到国内皮书与智库同行的高度赞誉，为皮书年会注入具有地方实践经验的独特活力。他也是"广州蓝皮书"系列最早的策划人，发起组建中国首家皮书研究社会组织——广州市蓝皮书研究会，并主持成立广东省区域发展蓝皮书研究会，在皮书研创实践中勇于探索，以强烈的学术责任感与使命感为皮书研创交流平台建设献策献力。

汪同三（中国社会科学院学部委员）

他是皮书事业发展的开创者和见证人之一，9 次在会上做中国经济形势分析与预测的专题报告，为早期皮书年会打下了坚实的学术基础。他连续 16 年担任"经济蓝皮书"副主编，是主持编写工作时间最长的课题组成员和执笔人。他在"经济蓝皮书"中把经济理论和数理模型结合，对中国经济运行进行实时监测和形势分析，为中央宏观经济决策提供了科学的参考依据。

王爱丽（黑龙江省社会科学院副院长）

皮书年会举办 20 年来，她几乎未缺席并多次进行主题发言；2004 年任黑龙江省社会科学院社会学研究所副所长时，她在十分困难的条件下，促成了皮书年会在哈尔滨顺利召开，15 年后，皮书年会再次幕启冰城，她再度成为皮书年会承办机构代表；自主编《黑龙江社会发展报告》以来，她着眼重大民生问题，以大型问卷调查第一手资料，组织专业研究团队，严把皮书研创质量关，以科研良知为针，精准数据为线，编织出一部又一部经典的皮书报告。她对皮书事业的高度认同和对皮书年会的鼎力支持，堪称所有皮书人的典范！

王　健（中共温州市委党校科研处处长）

他是皮书年会热情的分享者和奉献者，自 2007 年主持"温州蓝皮书"研创工作以来，"温州蓝皮书"多次获得"优秀皮书奖"及"优秀皮书报告奖"，成为地方发展类皮书的研创标杆。他连续十余年参加皮书年会，不仅在年会上热情分享地方发展类皮书的优秀研创经验，同时积极组织全国皮书研创高级研修班，以皮书为抓手促进地方智库品牌建设，搭建起皮书编撰经验的交流平台。

王 力（特华博士后科研工作站执行站长）

作为一家知名社会智库的掌门人，他高度认同皮书的学术理念与价值，十余次参会，长期为皮书年会的发展提出宝贵建议。他长年坚守在皮书研创事业的第一线，始终认可皮书品牌的学术地位，紧跟社会热点，策划出版近 10 个系列的 30 多部皮书，多部皮书成为相关领域的首部智库报告，为行业的发展做出重大贡献。

王斯敏（光明日报社智库研究与发布中心主任）

她是皮书年会成果的传播者，多次带领记者团队参与皮书年会报道；她也是皮书事业发展进程的记录者，用手中的笔描绘出以皮书为代表的应用对策型成果服务时代发展的重要作用；她更是皮书智库建设的观察员与参与者，致力于智库建设与媒体传播研究，撰写、发布大量智库研究文章，为中国特色新型智库建设提供坚实的思想支撑。

王亚南（云南省社会科学院文化发展研究中心主任）

他军旅数载，却未曾弃笔；自幼想当科学家，却做了社会科学家。他自与皮书结缘以来，从未缺席皮书年会，是年会最为活跃的皮书人。他以开拓性视角深耕于"文化蓝皮书"，填补文化产业研究领域多个空白。他心系皮书建设，以开阔而深刻的思路与学者们共享皮书研创成果，为学术共同体建设献计献策。

邬书林（中国出版协会常务副理事长）

他高瞻远瞩，充分肯定皮书价值，将皮书出版上升到中华民族伟大复兴与实现中国出版强国梦的战略高度；作为行业专家，他深谋远虑，先后多次参加皮书年会并发表主题演讲，悉心指导皮书的规范化、国际化和数字化，推动皮书作为中国学术话语的建设；他将对皮书的期望与关怀转化为一次次激荡智慧的演说、一篇篇真知灼见的文章，指引着皮书事业发展的道路与方向。

吴大华（贵州省社会科学院院长）

他是皮书研创的积极参与者，皮书年会的热心组织者。作为一家地方社会科学院的掌门人，他不遗余力地投身于推动新型高端智库的建设中。自 2010 年担任贵州省社会科学院院长以来，连续 10 年从未缺席皮书年会，打造了以"贵州蓝皮书"为代表的一系列智库成果，推动了第十五次全国皮书年会及第五期全国皮书研创高级研修班在贵阳成功举办，特别是结合贵州实际研创大扶贫战略、大数据战略、大生态战略系列发展报告，充分发挥皮书价值，通过皮书研创助力贵州后发赶超。

谢寿光（社会科学文献出版社社长）

他被誉为"中国皮书第一人"，是皮书年会的开创者和总设计师，犹如一位在沙漠中执着灌溉的植树人；他执着地推进皮书年会从内部学术研讨会到中国智库人的嘉年华的发展历程。20 年皮书年会，20 次引人深思的年会演讲，他用岁月成就皮书事业的高度，用智慧为皮书发展绘制蓝图。从定义皮书概念到建设皮书品牌，从开展皮书评价到构建学术共同体，他不断地研究、践行和创新，使皮书年会始终保持强大的生命力和凝聚力。

张季风（中国社会科学院日本研究所副所长）

他是东渡扶桑的取经者，几十年学术积淀，终铸成"日本经济蓝皮书"。缜密的研究逻辑，开阔的研究视角，为大众了解和研究日本经济提供了智力支持和学术范式。他因撰写皮书而与皮书年会结缘，多年来，他坚持参加皮书年会，为皮书发展建言献策，为皮书年会的举办贡献力量，使皮书年会为更多人所知，令皮书品牌的影响力为更多人所认同。

郑春荣（同济大学德国研究中心主任）

他是皮书智库建设的助力者，他在皮书年会上提出"政策影响力、学术影响力、媒体影响力、社会影响力、国际影响力"的皮书评价标准和"目标、选题、团队、时间"的皮书研创关键要素，为皮书的智库化发展、标准化出版提供了思路。长期以来，他坚持参加皮书年会，高度认同皮书年会的办会精神，热切关心皮书发展，积极致力于皮书的对外传播与学术资源平台的建设，并不断完善皮书研创流程，努力提升皮书的质量与影响力，为皮书发展提供了新思维，为智库平台的建设贡献出卓越的力量。

皮书年会 20 周年特别致敬人物

（以姓氏拼音为序）

范广伟（社会科学文献出版社原副总编辑）

从编辑皮书到分管皮书业务，再到开创皮书评价评奖工作，他在社会科学文献出版社十余年间兢兢业业、精益求精；他策划组织了多种皮书的研创出版，与众多皮书课题组建立了良好的合作关系；他多次牵头组织皮书年会，为皮书从图书品牌到智库平台的跨越式发展奠定了坚实的基础。

陆学艺（中国社会科学院荣誉学部委员）

他是皮书年会的倡导者，曾担任"社会蓝皮书"主编。他及时提出关注皮书"泡沫"问题，从而促成了首次全国皮书年会（当时的会议名称为全国经济社会形势研讨会）的诞生，大力推动了皮书品牌的原创进程。他生前参加了多次皮书年会，他提出的"维护皮书严肃性，就是捍卫研究的水准与尊严"这一宗旨，不仅对于提升皮书品质、维护皮书品牌、规范皮书原创意义重大，也为皮书年会注入了灵魂！先生留下的思想宝库和学术精神将激励每一位皮书研创者不断前行。

王开玉（安徽省社会科学院研究员）

他是"安徽蓝皮书"的发起人，是安徽皮书平台建设的推动者。他以皮书为平台，聚合安徽的优秀智库资源及研究力量，为安徽发展建言献策，贡献智慧。他是皮书理念的践行者，是皮书年会坚定的支持者。他以皮书年会为纽带，建立了安徽智库团队与全国智库平台的链接。他主导承办了在安徽召开的 2011 年皮书年会暨第二届"优秀皮书奖"颁奖大会。他连年带领皮书团队参加全国皮书年会，并在平行论坛传播皮书思想，交流皮书研创及平台建设经验。他以孜孜不倦的精神和笔耕不辍的勤劳实现了一位皮书人的价值与担当。

皮书年会 20 周年致敬机构

（以首次承办皮书年会的时间为序）

机构名称	承办皮书年会年份（年）
辽宁社会科学院	2000、2009
山东社会科学院	2001、2018
黑龙江省社会科学院	2004、2019
河南省社会科学院	2005、2016

皮书年会的成功举办离不开承办方的鼎力相助，20 年来，他们与皮书紧密相连，为学术共同体建设共绘未来发展蓝图，见证并助力了皮书年会的起步期，皮书智库平台是他们培育和传播科研硕果的沃土，他们是皮书记忆里无可忘却的一笔。

附录 3

皮书大事记（2010～2020 年）[*]

2010 年

2010 年 5 月，中国皮书网正式改版上线。中国皮书网作为皮书系列出版物数字化的支持平台、皮书信息的发布和展示平台、与各皮书课题组开展互动交流的网络平台，在皮书系列的宣传和推广上发挥了重要作用。

2010 年 9 月 10 日，社会科学文献出版社成立了第一届皮书学术委员会^①，王国刚等 17 位知名专家受聘担任第一届皮书学术委员会委员，对全国的皮书进行指导，进一步规范皮书的准入标准，不断完善皮书的评价指标和评估。

2010 年，比较完整的皮书内容质量评价指标初步建立，包括原创性、实证性、前沿性、前瞻性、时效性、权威性，这是人文社会科学研究成果评价的初步探索。同时，皮书媒体影响力评

价指标也初步完善，包括国内主要媒体的报道情况，地方皮书在当地电视台和电台、本省主要日报、都市报和晚报的报道情况，百度检索网页数量等。

2011 年

2011 年 3 月，整合个人用户版、机构用户版的皮书数据库（二期）上线运营，在产品建设理念、技术平台建设方面取得了质的飞跃。

2011 年 3 月，《皮书主编工作条例》和《皮书编辑出版工作条例》正式颁布实施，成为皮书研创、编辑的重要操作规范之一，为皮书内容质量的提升起到积极推动作用。

2011 年 5 月，社会科学文献出版社公开出版发行的皮书达200 种。

2011 年 8 月，第二届"优秀皮书奖"颁发，《经济蓝皮书：2010 年中国经济形势分析与预测》《世界经济黄皮书：2010 年世界经济形势分析与预测》等获得"优秀皮书奖"，《农村经济绿皮书：中国农村经济形势分析与预测（2009～2010）》《人口与劳动绿皮书：中国人口与劳动问题报告 NO.11》等获得"优秀皮书奖·提名奖"。

2011 年 11 月，在由中国出版协会和中国新闻出版研究院主办的"2011 全国新闻出版业网站年会"上，中国皮书网在 2011年全国新闻出版业网站荣誉评选中荣获"2011 最具商业价值网站"的荣誉称号。社会科学文献出版社新版英文网站获得"2011 最具发展潜力网站"的荣誉称号。

2011 年 12 月，皮书系列正式被新闻出版总署列入"十二五"国家重点图书出版规划项目。

2011 年，皮书媒体影响力评价指标进行调整，细分为媒体报道覆盖率、媒体报道形态类型和时续性三项指标。

2012 年

2012 年 4 月，社会科学文献出版社与荷兰博睿学术出版社联合邀请中国社会科学院欧洲研究所所长、"欧洲蓝皮书"主编周弘，中国社会科学院社会学研究所所长、"社会蓝皮书"主编李培林在荷兰莱顿大学进行专题演讲。

2012 年 4 月，社会科学文献出版社在伦敦书展期间发布了《中国金融发展报告》《应对气候变化报告》《全球政治与安全报告》等皮书的英文版。中国社会科学院副院长李扬出席会议并发表了题为"全球经济失衡与中国经济发展"的主题演讲，中国社会科学院社会学研究所所长李培林、中国社会科学院财经战略研究院院长高培勇、中国社会科学院世界经济与政治研究所所长张宇燕等专家参加了活动。

2012 年 6 月，社会科学文献出版社第 1 部繁体版皮书——《香港发展报告（2012）》由和平图书有限公司（香港）出版，并在港澳台地区发行。

2012 年 9 月，社会科学文献出版社成立了第二届皮书学术委员会，进一步规范皮书的准入标准，不断促进皮书的研创质量。

2012 年 9 月，社会科学文献出版社公开出版发行的皮书达300 种。

2012 年 9 月，第三届"优秀皮书奖"首次对皮书中的单篇报告进行了评选。其中，《加速转型中的中国城镇化与城市发展——

"十一五"回顾与"十二五"展望》《全国省域经济综合竞争力总体评价报告》《中国经济形势分析与预测——2010 年秋季报告》等获得一等奖，《中国的低生育水平及有关认识问题》《西部经济十年发展报告及 2009 年经济形势预测》等获得二等奖。

2012 年 12 月，《中国社会科学院皮书资助规定（试行）》颁布执行。

2012 年 12 月，在由中国出版协会、中国新闻出版研究院主办的"2012（第六届）全国新闻出版业网站年会"上，中国皮书网在 2012 年全国新闻出版业网站荣誉评选中荣获"出版业网站百强"。

2012 年，社会科学文献出版社第 1 部日文版皮书——《低碳经济发展报告（2011）》由日本密涅瓦出版社出版，并在日本发行。

2012 年，皮书评价研究中心在实践的基础上，对皮书内容质量评价指标不断进行摸索和修正，实现指标分级、皮书分类评价，并将重复率评价引入强调学术道德。皮书评价研究中心针对皮书的特点开始差异化评价。

2013 年

2013 年 3 月初，为进一步加强皮书学术规范，提升皮书质量，维护好皮书品牌，社会科学文献出版社制定并颁布了《关于严格控制皮书内容重复率的规定》。该规定指出，皮书内容重复率合格标准为：整部皮书和单篇报告中引用政府公文、媒体报道、他人论文、著作，作者本人已发表或部分发表报告的字数占该报告总字数的百分比不超过 15%。

2013 年 3 月 22 日，社会科学文献出版社与荷兰博睿学术出版社在美国共同举办了"中国研究视角系列图书的发布会暨招待会"，发布了"人口与劳动绿皮书""环境绿皮书""教育蓝皮书"的英文版。

2013 年 6 月，由中国社会科学院科研局主办的"2013 年度中国社会科学院皮书工作会议"在北京举行。中国社会科学院副秘书长、科研局局长晋保平，科研局副局长朝克，科研局成果处处长薛增朝，获得资助的皮书主编，以及社会科学文献出版社负责皮书业务的相关领导参加了本次会议。晋保平副秘书长、薛增朝处长、谢寿光社长以及部分皮书主编围绕皮书资助、成果发布、出版管理等内容进行了发言。会议公布了纳入 2013 年"中国社会科学院创新工程学术出版资助项目"的皮书。

2013 年 7 月，在第五届中国数字出版博览会上，皮书数据库荣获"2012～2013 年度数字出版·优秀品牌"奖。

2013 年 8 月，第四届"优秀皮书奖"颁发，《社会蓝皮书：2012 年中国社会形势分析与预测》《温州蓝皮书：2012 年温州经济社会形势分析与预测》等获得一等奖；《新媒体蓝皮书：中国新媒体发展报告 No. 3 （2012）》《广州蓝皮书：2012 年中国广州社会形势分析与预测》等获得二等奖；《河南经济蓝皮书：2012 年河南经济形势分析与预测》《拉美黄皮书：拉丁美洲和加勒比发展报告 （2011～2012）》等获得三等奖。

2013 年 8 月，《气候变化绿皮书：中国应对气候变化的政策与行动》（英文版）荣获由中国版协国际合作出版工作委员会、中国新闻出版研究院、出版参考杂志社联合颁发的"第十二届输出版优秀图书"奖。

2013年，皮书数据库荣获"第三届中国出版政府奖·网络出版物奖"提名奖。

2013年，皮书媒体影响力评价指标再次进行了调整，相对完善。按照媒体的性质分为传统媒体影响力、新媒体影响力、学术期刊影响力三项指标。

2014 年

2014年1月，"食品安全绿皮书""全面小康蓝皮书"等首批淘汰皮书名单公布。此后，为加强皮书的日常化管理，社会科学文献出版社将根据皮书评价结果、皮书连续出版情况，定期公布淘汰皮书名单。

2014年1月，第七届全国新闻出版业网站年会暨互联网发展论坛在北京举办，本届年会以"战略制胜 管理创新"为主题。中国皮书网荣获"最具商业价值网站"的荣誉称号。

2014年1月，在皮书评价研究中心的基础上成立了皮书研究院，将全面统筹皮书学术规范、评价评奖、品牌发展等管理工作。

2014年3月28日，社会科学文献出版社与福建师范大学、联合国大学在美国纽约联合国大厦共同举办了"利用创新：培育国家创新竞争力以推动全球发展"国际学术研讨会。会上发布了由福建师范大学经济学院研创、社会科学文献出版社和德国施普林格出版集团联合出版的《世界创新竞争力发展报告》（英文版）。联合国副秘书长大卫·马龙博士出席并主持了会议。

2014年3月28日，社会科学文献出版社联合荷兰博睿学术出版社和美国东方瞭望信息服务集团公司在美国共同举办了"2014年社会科学文献出版社外文出版物发布暨招待会",会上发布了"人口与劳动绿皮书""低碳发展蓝皮书""社会蓝皮书""环境绿皮书""教育蓝皮书""气候变化绿皮书"的英文版。

2014年4月,出台《社会科学文献出版社皮书责任编辑管理规定》《社会科学文献出版社关于皮书准入与退出的若干规定》,为严格把关皮书质量,提高皮书的专业性提供了规范。

2014年5月,全面升级完善的新版皮书数据库上线。新版皮书数据库基于学术研究脉络构建子库产品,追踪社会热点推出学术专题,依托皮书研创力量建设学术共同体,提供以满足用户需求为目标的文献查询和知识服务。

2014年6月,社会科学文献出版社与北京报刊发行局签订合同,将部分重点皮书纳入邮政发行系统。2015年起,《经济蓝皮书:2015年中国经济形势分析与预测》《社会蓝皮书:2015年中国社会形势分析与预测》等正式进入全国邮发征订目录。此举不仅有利于社会科学文献出版社构建完整的图书发行综合服务平台,为文化产业发展提供更好的服务,而且能够及时有效地向读者传递中国经济、社会、文化传媒、行业及国别与地区发展的最新动态,进一步扩大皮书的品牌影响力。

2014年6月,《中国社会科学院皮书管理办法》正式颁布实施。

2014年6月,社会科学文献出版社公开出版发行的皮书达400种。

　　2014 年 7 月 22 日，第三届皮书学术评审委员会成立仪式暨第五届"优秀皮书奖"评审会①在北京召开。中国社会科学院副院长李扬、李培林，中国出版协会常务副理事长邬书林，中国社会科学院科研局局长马援等领导参加了本次会议。本届"优秀皮书奖"首次同时评选优秀皮书和优秀皮书报告。经分学科评审和大会汇评，最终匿名投票评选出第五届"优秀皮书奖"和"优秀皮书报告奖"。此外，该委员会还根据《中国社会科学院皮书管理办法》，审议并投票评选出纳入 2014 年"中国社会科学院创新工程学术出版资助项目"的皮书和 2015 年使用"中国社会科学院创新工程学术出版项目"标识的院外皮书。

　　2014 年 8 月，"私营企业蓝皮书""宜居城市蓝皮书"等第二批淘汰皮书名单公布。

　　2014 年 8 月，第五届"优秀皮书奖"颁发。自本届开始，"优秀皮书奖"每年同时评选优秀皮书和优秀皮书报告。《经济蓝皮书：2013 年中国经济形势分析与预测》《北京蓝皮书：北京公共服务发展报告（2012～2013）》等获得"优秀皮书奖"一等奖；《亚太蓝皮书：亚太地区发展报告（2013）》《反腐倡廉蓝皮书：中国反腐倡廉建设报告 No.3》等获得"优秀皮书奖"二等奖；《宏观经济蓝皮书：中国经济增长报告（2012～2013）》《华侨华人蓝皮书：华侨华人研究报告（2013）》等获得"优秀皮书奖"三等奖。《推进农业转移人口市民化的总体战略》《从高速增长转向高效增长：经济转型和供给机制改革》等获得"优秀

---

①　"优秀皮书奖"评审会（终评会）各时期的称谓如下：2014～2015 年，"优秀皮书奖"评审会；2016 年至今，"优秀皮书奖"终评会。

皮书报告奖"一等奖；《前景广阔的中国移动互联网》《工资上涨的两难：干预市场还是矫正市场》等获得"优秀皮书报告奖"二等奖；《我国社会信用体系建设的总体分析》《积极应对人口老龄化成为中央的战略部署》等获得"优秀皮书报告奖"三等奖。

2014 年 9 月，皮书数据库和列国志数据库双获由北京市新闻出版广电局发放的"音像、电子、网络出版物奖励扶持专项资金"。

2014 年 10 月 27 日，《社会蓝皮书：2014 年中国社会形势分析与预测》等纳入 2014 年"中国社会科学院创新工程学术出版资助项目"。

2014 年 12 月，在皮书出版中心的基础上成立皮书出版分社，全面负责我社皮书品牌维护及策划、管理工作。

2015 年

2015 年 3 月 27 日，社会科学文献出版社联合荷兰博睿学术出版社和美国东方瞭望信息服务集团公司在美国共同举办了"2015 年社会科学文献出版社外文出版物发布暨招待会"，会上发布了"社会蓝皮书"的英文版。

2015 年 4 月 28 日，第三届皮书学术评审委员会第二次会议暨第六届"优秀皮书奖"评审会在北京召开。中国社会科学院副院长李培林、蔡昉出席会议并讲话，中国出版协会常务副理事长邬书林等 30 位委员出席本次会议。经分学科评审和大会汇评，最终匿名投票评选出第六届"优秀皮书奖"和"优秀皮书报告奖"。此外，该委员会还根据《中国社会科学院皮书管理办法》，审议并投票评选出纳入 2015 年"中国社会科学院创新工程学术出版资助项目"的皮书和 2016 年使用"中国社会科学院创新工程学术出版项目"标识的院外皮书。

2015 年 8 月，第六届"优秀皮书奖"颁发。《法治蓝皮书：中国法治发展报告 No. 12（2014）》《京津冀蓝皮书：京津冀发展报告（2014）》等获得"优秀皮书奖"一等奖；《房地产蓝皮书：中国房地产发展报告 No. 11（2014）》《日本经济蓝皮书：日本经济与中日经贸关系研究报告（2014）》等获得"优秀皮书奖"二等奖；《教育蓝皮书：中国教育发展报告（2014）》《上海蓝皮书：上海经济发展报告（2014）》等获得"优秀皮书奖"三等奖。《城市化率达到50% 以后：拉美国家的经济、社会和政治转型》《国际人才在中国流动的壁垒与突破》等获得"优秀皮书报告奖"一等奖；《安徽社会阶层结构的现状与发展趋势》《社会文化价值观与社会现状感知》等获得"优秀皮书报告奖"二等奖；《科技背景下文化产业的业态裂变与跨界融合》《2013 年幸福感调查报告——基于中国 11 个中心城市的调查》等获得"优秀皮书报告奖"三等奖。

2015 年 11 月，《皮书手册：写作、编辑出版与评价指南》正式出版发行。该手册为皮书（智库报告）的写作、编辑、出版、评价提供了一整套通用规范，为皮书的读者、作者实现沟通提供了科学指导。

2015 年 11 月 3 日，《社会蓝皮书：2015 年中国社会形势分析与预测》等纳入 2015 年"中国社会科学院创新工程学术出版资助项目"。

2015 年 12 月，社会科学文献出版社公开出版发行的皮书达

500 种。

2015 年，社会科学文献出版社出版的外文版皮书达 100 余种，涉及英文、韩文、俄文、日文，以及繁体版等。

2015 年，皮书研究院对皮书内容质量评价指标再次进行调整，形成了一套比较完整的评价指标体系，突出数据的原创性以及数据分析的复杂性，同时，添加了文献计量指标。

2016 年

2016 年 3 月，皮书数据库荣获由中央网信办、人民网、新华网、中国网等联合颁发的"搜索中国正能量 点赞 2015"科技创新奖。

2016 年 4 月 1 日，社会科学文献出版社联合荷兰博睿学术出版社和美国东方瞭望信息服务集团公司在美国共同举办了"2016 年社会科学文献出版社外文出版物发布暨招待会"，会上发布了社会科学文献出版社与荷兰博睿学术出版社合作出版的英文版皮书——"人口与劳动绿皮书""环境绿皮书""气候变化绿皮书"。此外，社会科学文献出版社与美国东方瞭望信息服务集团公司合作出版的第 1 部英文版皮书"测绘地理信息蓝皮书"也在本次招待会上发布。

2016 年 4 月 20 日，第四届皮书学术评审委员会成立仪式暨第七届"优秀皮书奖"终评会在北京召开。中国社会科学院副院长蔡昉出席会议并讲话，近 30 位委员参加了本次会议。会议分别由中国社会科学院科研局局长马援、社会科学文献出版社社长谢寿光、中国社会科学院科研局副局长张国春主持。会议举行了第四届皮书学术评审委员会成立仪式。经分学科评审和大会汇评，最终匿名投票评选出第七届"优秀皮书奖"和"优秀皮书报告奖"。此外，皮书学术评审委员会还根据《中国社会科学院皮书管理办法》，审议并投票评选出纳入2016年"中国社会科学院创新工程学术出版资助项目"的皮书和2017年使用"中国社会科学院创新工程学术出版项目"标识的院外皮书。

2016年5月17日，国家新闻出版广电总局发布通知，实施《"十三五"国家重点图书、音像、电子出版物出版规划》。皮书系列入选"十三五"国家重点出版规划项目，皮书数据库被列入电子出版物骨干工程。

2016年5月25日，《社会蓝皮书：2016年中国社会形势分析与预测》等纳入2016年"中国社会科学院创新工程学术出版资助项目"。

2016年7月5日，2017年使用"中国社会科学院创新工程学术出版项目"标识的名单正式公布。《中国省域竞争力蓝皮书：中国省域经济综合竞争力发展报告》等自2017年1月1日起，使用该标识。

2016年8月，第七届"优秀皮书奖"颁发。《美国蓝皮书：美国研究报告（2015）》《北京蓝皮书：北京公共服务发展报告（2014～2015）》等获得"优秀皮书奖"一等奖；《城市蓝皮书：中国城市发展报告No.8》《日本蓝皮书：日本研究报告（2015）》等获得"优秀皮书奖"二等奖；《金融蓝皮书：中国金融发展报告（2015）》《德国蓝皮书：德国发展报告（2015）》等获得"优秀皮书奖"三等奖。《"十三五"时期中国人口发展战略研究》《广州青年就业发展研究报告》等获得"优秀皮书报告奖"一等奖；《2014～2015年西北地区经济社会发展形势分析与预测》《宏观经济紧缩的财政制度基础》等获得"优秀皮书报告奖"二等奖;《浦东新区综合配套改革试点中的政府职能转变情况评估》《新常态下的社会体制改革——2014~2015年黑龙江省社会形势分析与预测》等获得"优秀皮书报告奖"三等奖。

2016年9月,"煤炭市场蓝皮书""'两化'融合蓝皮书"等第三批淘汰皮书名单公布。皮书退出机制常态化。

2016年12月12~13日,第一期全国皮书研创高级研修班开班典礼在广州隆重举行。中国社会科学院新闻与传播研究所所长唐绪军、中国社会科学院社会学研究所所长陈光金、中国社会科学院欧洲研究所编审沈雁南,以及大数据领域专家中国社会科学院社会发展战略研究院副研究员陈华珊等作为讲师代表参加开班典礼。社会科学文献出版社社长谢寿光、广州大学广州发展研究院院长涂成林分别代表主办方、承办方出席并致辞。广州市委宣传部副巡视员贺忠出席开班仪式。开班典礼由社会科学文献出版社副总编辑、皮书研究院院长蔡继辉主持。皮书研创高级研修班的举办,是皮书质量管理前移、实现智库类成果精细化管理、探索智库机构合作新平台的一项举措。

2016年12月20日,皮书研究院被授予"全国科普工作先进集体"称号。

2016年12月,社会科学文献出版社公开出版发行的皮书达600种。

2017 年

2017年1月,随着微博、微信等新媒体在提升皮书社会影响力中起到了越来越重要的作用,皮书媒体影响力评价指标做了最新调整，增加了新媒体运营能力这一指标，该项指标重点考核了课题组运营微博、微信以及微信群的能力，对皮书的影响力传播渠道不断进行了挖掘。

2017 年 4 月 12 日，第四届皮书学术评审委员会第二次会议暨第八届"优秀皮书奖"终评会在北京召开。第四届皮书学术评审委员会主任、中国社会科学院副院长李培林出席会议并讲话。中国社会科学院国际研究学部主任张蕴岭、中国人民大学副校长贺耀敏、贵州省社会科学院院长吴大华、北京师范大学经济与工商管理学院院长赖德胜等 27 位委员参加了本次会议。经分学科评审和大会汇评，最终匿名投票评选出第八届"优秀皮书奖"和"优秀皮书报告奖"。此外，皮书学术评审委员会还根据《中国社会科学院皮书管理办法》，审议并投票评选出纳入 2017 年"中国社会科学院创新工程学术出版资助项目"的皮书和 2018 年使用"中国社会科学院创新工程学术出版项目"标识的院外皮书。

2017 年 5 月，《皮书手册：写作、编辑出版与评价指南》（第二版）正式出版发行。该手册在第一版的基础上，对皮书的写作、编辑、出版、评价进行了更为详细的指导。

2017 年 5 月，为了实现皮书品牌的可持续发展，进一步提升皮书的学术影响力和社会影响力，搭建起皮书研创交流的新平台，推动中国特色新型智库建设，促进皮书类智库报告的研创、出版和传播，社会科学文献出版社举办了第二期全国皮书研创高级研修班，研修班侧重"皮书策划与智库平台建设"主题，邀请已经连续出版多年、研创经验丰富的皮书主编和出版人，为学员们分享了皮书从研创、出版到传播等环节的重点难点问题。

2017 年 5 月，皮书投约稿平台建成，以此为基础，皮书数据库实现单篇智库报告的在线投约稿、编辑加工及在线优先出版。

2017 年 5 月，社会科学文献出版社不断对品牌进行保护，现保护类别已涵盖图书、数据库、出版服务等。

2017 年 7 月，为优化皮书稿件管理流程，社会科学文献出版社启动皮书预审预处理工作。预审工作是编辑出版的前提，要决定稿件取舍，为学术传播把关；要向作者提出修改意见，提高稿件质量；要向文稿编辑提出审稿重点。

2017 年 8 月 4 日，第八届"优秀皮书奖"颁发。《美国蓝皮书：美国研究报告（2016）》《新媒体蓝皮书：中国新媒体发展报告 No. 7（2016）》等获得第八届"优秀皮书奖"一等奖；《日本经济蓝皮书：日本经济与中日经贸关系研究报告（2016）》《德国蓝皮书：德国发展报告（2016）》等获得第八届"优秀皮书奖"二等奖；《国际形势黄皮书：全球政治与安全报告（2016）》《俄罗斯黄皮书：俄罗斯发展报告（2016）》等获得第八届"优秀皮书奖"三等奖。《2016 年大选：美国内政外交风向标》《广州市民间信仰及其管理办法调研报告》等获得第八届"优秀皮书报告奖"一等奖；《难民危机对于德国政治、经济与社会的影响》《中国企业在非洲：成就、问题与对策》等获得第八届"优秀皮书报告奖"二等奖；《英国脱欧公投与英欧关系：进程、结果与影响》《2015 年中亚形势及发展趋势》等获得第八届"优秀皮书报告奖"三等奖。

2017 年，皮书博物馆建成并对外开放。

2018 年

2018 年 3 月 15～16 日，2017 年版皮书评价暨第九届"优秀皮书奖"复评会在北京召开。相关领域学者、核心期刊编辑、资深媒体人等 28 位评委出席本次会议。会议依据《中国社会科学院皮书管理办法》，按照同行评审的要求，本着科学、客观、公正的原则，对 2017 年出版的 374 种皮书以及参评第九届"优秀皮书报告奖"的 332 篇候选报告进行了复评。中国社会科学院科研局局长马援、社会科学文献出版社社长谢寿光出席会议并致辞，社会科学文献出版社副总编辑、皮书研究院院长蔡继辉主持会议。

2018 年 4 月 19～20 日，为推动国别和区域研究相关机构的智库建设，搭建全国性的国别和区域研究交流新平台，提高国别区域和全球治理类皮书研创机构及相关科研机构的建言咨政能力，由社会科学文献出版社、河南省社会科学院联合主办的第三期全国皮书研创高级研修班在河南泓元大酒店隆重召开，本次研修班的主题为"智库参与全球治理与'一带一路'建设暨国别区域和全球治理类皮书的研创"。社会科学文献出版社社长谢寿光、河南省社会科学院副院长袁凯声代表主办方分别致辞，河南省社会科学院原院长张占仓、云南民族大学党委副书记刘荣作为讲师代表发言，中国社会科学院郑州研究院常务副院长郑秉文、郑州大学副校长张倩红出席开班典礼。

2018 年 6 月 8 日，第五届皮书学术委员会成立仪式暨第一次全体会议、第九届"优秀皮书奖"终评会在北京召开。第五届皮书学术委员会主任、中国社会科学院副院长李培林，中国社会科学院副院长蔡昉出席会议并讲话。中国社会科学院社会学研究所所长陈光金、西南政法大学校长付子堂、中国人民大学副校长贺耀敏等 26 位委员参加了本次会议。经分学科评审和大会汇评,最终匿名投票评选出第九届"优秀皮书奖"和"优秀皮书报告奖"。此外,皮书学术委员会还根据《中国社会科学院皮书管理办法》,审议并投票评选出纳入 2018 年"中国社会科学院创新工程学术出版资助项目"的皮书和 2019 年使用"中国社会科学院创新工程学术出版项目"标识的院外皮书。会上,中国社会科学院副院长李培林、中国社会科学院科研局局长马援、社会科学文献出版社社长谢寿光共同为皮书博物馆揭牌,标志着皮书博物馆实体馆正式对外开放。

2018 年 7 月,《皮书手册:写作、编辑出版与评价指南》(第三版) 正式出版发行。

2018 年 8 月 3 日,第九届"优秀皮书奖"颁发。《北京旅游绿皮书:北京旅游发展报告 (2017)》《法治蓝皮书:中国法治发展报告 No. 15 (2017)》等获得"优秀皮书奖"一等奖;《城市蓝皮书:中国城市发展报告 No. 10》《德国蓝皮书:德国发展报告 (2017)》等获得"优秀皮书奖"二等奖;《安徽蓝皮书:安徽社会发展报告 (2017)》《房地产蓝皮书:中国房地产发展报告 No. 14 (2017)》等获得"优秀皮书奖"三等奖。《2016～2017 年贵州法治发展现状及对策》《关注阶层心态,提高民众获得感》等获得"优秀皮书报告奖"一等奖;《2016～2017 年"三农"互联网金融发展:回顾、总结与展望》《2017 年:山东省社会形势分析与预测》等获得"优秀皮书报告奖"二等奖;《"安全文明":非传统安全研究新视角》《2016～2017 年中国区域经济发展形势与展望》等获得"优秀皮书报告奖"三等奖。

2018 年 11 月 26～28 日，第四期全国皮书研创高级研修班在中共温州市委党校召开。研修班的主题为：提升行业类皮书研创质量，搭建全国性的行业研究交流新平台，加强行业研究的平台建设与人才培养，推动行业智库建设。为更好地发挥皮书主编的主体责任，在第四期全国皮书研创高级研修班的课程前增加了皮书主编论坛，召集相关领域的皮书主编就智库建设、智库成果专业化进行一场思想的交锋。

2018 年 12 月，2019 年版皮书封面设计正式采用软精装。软精装是相对于硬壳精装而言的一种软面精装形式，工艺相对复杂，且装帧更具特色。采用圆脊软精装形式，封面相对柔软，且为锁线装订，书籍可以直接摊开阅读，阅读体验更佳。同时，增加了前、后勒口，使书籍不易变形、翘曲。这些需要一定的设备条件方可制作，仿造成本提高，增加了盗版及模仿的难度，皮书品牌的国际化程度进一步加强。

2019 年

2019 年 3 月 7～8 日，2018 年版皮书评价暨第十届"优秀皮书奖"复评会在北京召开。相关领域学者、核心期刊编辑、资深媒体人等 32 位评委出席了本次会议。依据《中国社会科学院皮书管理办法》的相关规定，按照同行评审的要求，本着科学、客观、公正的原则，评委们对 426 种 2018 年版皮书以及参评第十届"优秀皮书报告奖"的 407 篇候选报告进行了复评。中国社会科学院科研局局长马援、社会科学文献出版社社长谢寿光出席会议并致辞，社会科学文献出版社副总编辑、皮书研究院院长蔡继辉主持会议。

2019年3月26日，汽车类蓝皮书主编会议在社会科学文献出版社蓝厅召开。谢寿光社长、蔡继辉副总编辑、汽车类蓝皮书课题组主编或代表、各部门汽车类蓝皮书项目负责人等20余人参加了会议。此次会议是第一次针对某一行业召开的专门讨论会议，旨在同各皮书课题组的主编们交流，共同商讨汽车类蓝皮书的未来规划，提升汽车类蓝皮书的质量。会议就规范汽车相关蓝皮书品牌信息、对汽车相关蓝皮书实施分类管理、进一步探索不同类别蓝皮书的研创规范、搭建不同类别蓝皮书的合作平台等议题进行研讨。

2019年6月3日，第五届皮书学术委员会第二次全体会议暨第十届"优秀皮书奖"终评会在北京召开。中国社会科学院副院长蔡昉、高培勇，中国人民大学副校长贺耀敏，贵州省社会科学院院长吴大华等28位委员参加了本次会议。第五届皮书学术委员会主任李培林出席会议并讲话。经分学科评审和大会汇评，最终匿名投票评选出第十届"优秀皮书奖"和"优秀皮书报告奖"。此外，皮书学术委员会还根据《中国社会科学院皮书管理办法》，审议并投票评选出纳入2020年"中国社会科学院创新工程学术出版资助项目"的皮书和2020年使用"中国社会科学院创新工程学术出版项目"标识的院外皮书。

2019年10月23日，社会科学文献出版社召开2019年皮书编辑出版工作会议。会议主题为"进一步加强皮书管理，推动皮书高质量发展"，议题涵盖了皮书的出版、评价、经济效益、编辑转型、市场营销、装帧设计等各个方面，对当前皮书工作存在的问题进行总结和讨论，并提出了皮书未来发展的思路和建议。谢寿光社长、杨群总编辑参加会议并讲话。各皮书相关分社社长、编辑室主任、业务部门负责人以及皮书编辑参会。会议由蔡继辉副总编辑主持。会议强调以控制皮书总量为抓手，严格实行淘汰机制，通过对品种结构进行调整和优化，真正实现皮书高质量发展。

2019 年 11 月 26 日，发布《社会科学文献出版社关于进一步加强皮书管理的有关规定》，就皮书总量控制、严格执行准入退出机制、严把准入关和审稿关、各内容部门实行专业化分工、皮书管理前置等进行明确规定。

2019 年 11 月 28～30 日，由社会科学文献出版社与广州市社会科学院联合主办的第六期全国皮书研创高级研修班在广州顺利召开。本期研修班的主题为"皮书选题的设计与总报告的撰写"，重点探讨皮书总报告的撰写规范、撰写技巧、结构要求和优秀范式。来自全国各地的 60 余名皮书研创者（主编、执行主编、副主编、皮书报告作者）及皮书编辑参加了培训。

2019 年 12 月 17 日，皮书投约搞系统一期通过验收，可正式上线运营。

2019 年 12 月 24 日，发布《社会科学文献出版社皮书编辑管理规定》，就皮书编辑的分类、资格要求与资格申请、岗位职责、培训与考核、奖惩办法等进行修订。

2020 年

2020 年 3 月 16 日，启动并研发皮书在线评价系统。

2020 年 5 月 19～25 日，2019 年版皮书评价暨第十一届"优秀皮书奖"复评会在线上召开。相关领域学者、核心期刊编辑、资深媒体人等 29 位评委参加了本次会议。依据《中国社会科学院皮书管理办法》的相关规定，按照同行评审的要求，本着科学、客观、公正的原则，评委们对 435 种 2019 年版皮书以及参评第十一届"优秀皮书报告奖"的 646 篇候选报告进行了复评。中国社会科学院科研局局长马援、社会科学文献出版社社长谢寿光参加线上启动会（企业微信会议）并致辞，社会科学文献出版社副总编辑、皮书研究院院长蔡继辉主持线上会议。

图书在版编目（CIP）数据

皮书与智库共同体建设 / 谢曙光主编. －－北京：
社会科学文献出版社，2020.9
（皮书研究系列）
ISBN 978 - 7 - 5201 - 6801 - 4

Ⅰ.①皮… Ⅱ.①谢… Ⅲ.①社会科学 - 研究 - 中国
Ⅳ.①C12

中国版本图书馆 CIP 数据核字（2020）第 108072 号

皮书研究系列（七）
皮书与智库共同体建设

主　　编／谢曙光
副 主 编／蔡继辉　吴　丹

出 版 人／谢寿光
责任编辑／白　　云

出　　版／社会科学文献出版社·皮书研究院（010）59367073
　　　　　地址：北京市北三环中路甲29号院华龙大厦　邮编：100029
　　　　　网址：www.ssap.com.cn
发　　行／市场营销中心（010）59367081　59367083
印　　装／三河市龙林印务有限公司

规　　格／开　本：787mm×1092mm　1/16
　　　　　印　张：22.75　字　数：260 千字
版　　次／2020 年 9 月第 1 版　2020 年 9 月第 1 次印刷
书　　号／ISBN 978 - 7 - 5201 - 6801 - 4
定　　价／109.00 元